世界上最伟大的推销员

实训提升

刘平◎编著

第4版

国家一级出版社　中国纺织出版社　全国百佳图书出版单位

内 容 提 要

本书通过对《世界上最伟大的推销员》原著的精读，从推销员的实际工作出发，全面介绍了推销工作中的实用技巧。书中结合销售工作的常见场景，通过大量翔实的案例，系统讲解了近百种销售话术、成交方法和推销秘籍，有助于推销员快速提升销售业绩，早日成为日赚斗金的销售高手。

图书在版编目（CIP）数据

世界上最伟大的推销员：实训提升 / 刘平编著. —4版. --北京：中国纺织出版社，2018.6

ISBN 978-7-5180-3693-6

Ⅰ. ①世… Ⅱ. ①刘… Ⅲ. ①推销—通俗读物 Ⅳ. ①F713.3-49

中国版本图书馆CIP数据核字（2017）第138870号

策划编辑：于磊岚　　特约编辑：周馨蕾　　责任印制：储志伟

中国纺织出版社出版发行
地址：北京市朝阳区百子湾东里 A407 号楼　邮政编码：100124
销售电话：010—67004422　传真：010—87155801
http：//www.c-textilep.com
E-mail：faxing@c-textilep.com
中国纺织出版社天猫旗舰店
官方微博 http://weibo.com/2119887771
三河市宏盛印务有限公司印刷　各地新华书店经销
2018 年 6 月第 1 版第 1 次印刷
开本：710 × 1000　1/16　印张：21.5
字数：289 千字　定价：49.80 元

前　言 PREFACE

销售行业是造就最多世界超级富豪的行业，销售市场的前景和“钱”景无不令人心动。但推销工作却是世界上最困难的工作之一。

随着各类产品越来越丰富，产品同质化倾向越来越强，销售业务员越来越多，消费者越来越成熟，各行各业的市场都进入买方市场，销售难度越来越大。

这使得推销员常常感到迷茫和困惑——

为什么不管我使出什么办法推销，顾客都不买?

为什么我越殷勤，顾客越疏远?

为什么我的工作做得这么到位顾客还是挑三拣四?

为什么产品功能差不多，条件与顾客要求差不多，顾客还要犹豫?

为什么好不容易要达成的交易，在即将成交的时候，顾客却突然变卦?

为什么别人的业绩总比我高?

为什么做推销这么难……

这一切只能从自己身上寻找答案！促成成功销售的要素十分复杂，导致客户内心变化的内外在条件极多。你的业绩不理想可能是你韧劲不够、态度不佳、形象不好、服务不周、反应不快、技艺不精、工作不细……你让客户产生了疏离、疑虑、畏怯和反感……

可以这样说，现在的销售工作已经成为高难度、高技巧、高专业化的职业。作为推销员，既要让不同层次的客户满意，又要为公司和个人赢得利润。

你需要有心理学家的特质、沟通高手的才智、销售大师的睿智……所以，销售是一门艺术。

本书秉承被世界营销界奉为圭臬的奥格·曼狄诺的《世界上最伟大的推销员》的营销理念，从《世界上最伟大的推销员》原版中摘录出箴言警句，设置了“原著精读”栏目，以此谋篇，结合国内市场实际和推销人员所需，分解为98个秘籍；每一个秘籍后面还设计了“升级训练”，准备了推销员一定能用得上的数百个方法和建议。本书在讲解中采撷了若干推销大师的实战场景，力争熔真实性、实用性、操作性于一炉，集知识性、可读性、生动性为一体。相信你一定能够在里面找到自己成功的身影，从此让推销变得不再困难，让成功变得不再遥远。

本书在编写过程中，参考了大量市场营销领域的前沿理论成果，借鉴了一批国内外市场营销大师和民间销售高手的成熟销售技法，同时得到了一批业内专家的支持和同仁的帮助。在此向为本书的出版付出劳动的各位同仁表示感谢。

刘平

2018年2月

目 录 CONTENTS

第1章 顶尖推销员的N种“维生素”

在有限的人生里，人必须学会忍耐。因为大自然的行为一向是从容不迫的。树中之王橄榄树能够存活一百年的时间，而洋葱经过短短的九个星期就会枯萎。我立志成为现实生活中最伟大的推销员。怎么去做？我既没有渊博的知识，又没有丰富的经验，况且，我曾一度跌入愚昧与自怜的深渊。答案很简单：我不会让所谓的知识或者经验妨碍我的行程。造物主已经赐予我足够的知识和本能，这份天赋是其他生灵望尘莫及的。

第2章　巅峰情绪，决定巅峰成就

如果我为顾客带来风雨、忧郁、黑暗和悲观，那么他们也会报之以风雨、忧郁、黑暗和悲观，他们什么也不会买。相反地，如果我为顾客献上欢乐、喜悦、光明和笑声，他们也会报之以欢乐、喜悦、光明和笑声，我就能获得销售上的丰收，赚取成仓的金币。

第3章　让客户第一时间接纳你

外出推销时，忧心失败者还在考虑是否会遭到拒绝的时候，我要默诵这句话，去面对第一位顾客：“我现在就付诸行动。”面对紧闭的大门时，失败者怀着恐惧与惶惑的心情，在门外等候；我却默诵这句话，随即上前敲门：“我现在就付诸行动。”面对诱惑时，我默诵这句话，然后远离罪恶：“我现在就付诸行动。”只有行动才能决定我在商场上的价值，若要使价值加倍，我必须加倍努力。

第 4 章　亮出产品的卖点

我不再徒劳地模仿别人，而要展示自己的个性。我不但要宣扬它，还要推销它。我要学会求同存异，强调自己与众不同之处，回避人所共有的通性，并且要把这种原则运用到商品上。推销员和货物，两者皆独树一帜，我为此而自豪。我是独一无二的奇迹。物以稀为贵。我特立独行，因而身价百倍。

第 5 章　引爆客户的购买欲望

生命的奖赏远在旅途终点，而非起点附近。我不知道要走多少步才能达到目标，踏上第一千步的时候，仍然可能遭到失败。但成功就藏在拐角后面，除非拐了弯，我永远不知道还有多远。

再前进一步，如果没有用，就再向前一步。事实上，每次前进一点点并不太难。

第 6 章　用提问掌控销售方向

迎接黎明时，我是否心怀目标?

我是否对遇到的每一个人都和蔼可亲?

我是否尝试走得更远一些?

我是否对机会保持警觉?

我是否在每个问题中寻找好的一面?

第 7 章 嫌货才是买货人——异议的化解

逆境是一所最好的学校。每一次失败、每一次打击、每一次损失，都孕育着成功的萌芽。这一切都教会我下一次表现得更为出色。我不再对失败耿耿于怀，不再逃避现实，不再拒绝从以往的错误中获取经验。经验是来自苦难的精华，生活中最可怕的事情是不能从一次的失败中得到为下一次准备的智慧。每个人都有自己的学校，得到不同的经验。除此之外，别无他法。逆境往往是通向真理的重要途径。

第 8 章　耐心地说服客户

就像冲洗高山的雨滴、吞噬猛虎的蚂蚁、照亮大地的星辰、建起金字塔的奴隶，我也要一砖一瓦地建造起自己的城堡，因为我深知水滴石穿的道理，只要持之以恒，什么都可以做到。

我要尝试，尝试，再尝试。障碍是我成功路上的绊脚石，我迎接这项挑战。我要像水手一样，乘风破浪。

第 9 章　成交才是硬道理

如果人家要求你走一里路，那么你要自觉自愿地多走一里。千百年来，能够有这样的决心的人寥寥无几，而只有他们能够享受到成功的殊荣。

第 10 章　搭建客户关系网——永久销售的秘密

我不要心胸狭窄，我要与人分享，使它成长，温暖整个世界。我要用全身心的爱来迎接今天。从今往后，我要爱所有的人。仇恨将从我的血管中流走。我没有时间去恨，只有时间去爱。现在，我迈出成为一个优秀的人的第一步。有了爱，我将成为伟大的推销员，即使才疏智短，也能以爱心获得成功；相反地，如果没有爱，即使博学多识，也终将失败。我要用全身心的爱来迎接每一天。

第1章

顶尖推销员的N种“维生素”

在有限的人生里，人必须学会忍耐。因为大自然的行为一向是从容不迫的。树中之王橄榄树能够存活一百年的时间，而洋葱经过短短的九个星期就会枯萎。我立志成为现实生活中最伟大的推销员。怎么去做？我既没有渊博的知识，又没有丰富的经验，况且，我曾一度跌入愚昧与自怜的深渊。答案很简单：我不会让所谓的知识或者经验妨碍我的行程。造物主已经赐予我足够的知识和本能，这份天赋是其他生灵望尘莫及的。

➲ 原著精读

我是自然界最伟大的奇迹。

没有一个人和我一样，我的头脑、心灵、眼睛、耳朵、双手、头发、嘴唇都是与众不同的。言谈举止和我完全一样的人以前没有，现在没有，以后也不会有。虽然四海之内皆兄弟，然而人人各异。我是独一无二的造化。

我是自然界最伟大的奇迹。

我不可能像动物一样容易满足，我心中燃烧着代代相传的火焰，它激励我超越自己，我要使这团火燃得更旺，向世界宣布我的出类拔萃。

没有人能模仿我的笔迹、我的商标、我的成果、我的推销能力。从今往后，我要使自己的个性充分发展，因为这是我得以成功的一大资本。

我是自然界最伟大的奇迹。

我不再徒劳地模仿别人，而要展示自己的个性。我不但要宣扬它，还要推销它。我要学会去同存异，强调自己与众不同之处，回避人所共有的通性，并且要把这种原则运用到商品上。推销员和货物，两者皆独树一帜，我为此而自豪。

我是独一无二的奇迹。

物以稀为贵。我特立独行，因而身价百倍。我是千万年进化的终端产物，头脑和身体都超过以往的帝王与智者。

但是，我的技艺、我的头脑、我的心灵、我的身体，若不善加利用，都将随着时间的流逝而迟钝、腐朽甚至死亡。我的潜力无穷无尽，脑力、体能稍加开发，就能超过以往的任何成就。从今天开始，我就要开发潜力。

我不再因昨日的成绩沾沾自喜，不再为微不足道的成绩自吹自擂。我能做得比已经完成的更好。我的出生并非最后一个奇迹，为什么自己不能再创奇迹呢？

我是自然界最伟大的奇迹。

我不是随意来到这个世上的。我生来应为高山，而非草芥。从今往后，我要竭尽全力成为群峰之巅，将我的潜能发挥到最大限度。

我要吸取前人的经验，了解自己以及手中的货物，这样才能成倍地增加销量。我要字斟句酌，反复推敲推销时用的语言，因为这是成就事业的关键。我绝不忘记，许多成功的商人，其实只有一套说辞，却能使他们无往不利。我也要不断改进自己的仪态和风度，因为这是吸引别人的美德。

我是自然界最伟大的奇迹。

我要专心致志对抗眼前的挑战，我的行动会使我忘却其他一切，不让家事缠身。身在商场，不可恋家，否则会使我思想混沌。另一方面，当我与家人同处时，一定得把工作留在门外，否则会使家人感到冷落。

商场上没有一块属于家人的地方，同样，家中也没有谈论商务的地方，这两者必须截然分开，否则就会顾此失彼，这是很多人难以走出的误区。

我是自然界最伟大的奇迹。

我有双眼，可以观察；我有头脑，可以思考。现在我已洞悉了一个人一生中伟大的奥秘。我发现，一切问题、沮丧、悲伤，都是乔装打扮的机遇之神。我不再被他们的外表所蒙骗，我已睁开双眼，看破了他们的伪装。

我是自然界最伟大的奇迹。

飞禽走兽、花草树木、风雨山石、河流湖泊，都没有像我一样的起源，我在爱中孕育，肩负使命而生。过去我忽略了这个事实，从今往后，它将塑造我的性格，引导我的人生。

我是自然界最伟大的奇迹。

自然界不知何谓失败，终以胜利者的姿态出现，我也要如此，因为成功一旦降临，就会再度光顾。

我会成功，我会成为伟大的推销员，因为我举世无双。

我是自然界最伟大的奇迹。

秘籍 1 ：具备出众的个人素质

一个高素质的推销员，只有保持良好的精神状态才能把销售做好，没有一位顾客会对萎靡不振的推销员的产品感兴趣。那么，当推销员在复杂多变的市场环境中面临情绪的起起落落时，如何保持精神愉悦而不被打倒则甚为关键。其实答案很简单，那就是具备出众的个人素质！只有具备了良好的个人素质，在推销过程中遇到挫折或者考验时，才能够使客户对你另眼相看。

一位推销员到一家公司去推销，刚进门，该公司的部长要开会。这位部长极为傲慢地打了个手势说："你等我一下，散会后我们再谈。"说完就开会去了。

这时候，推销员的心里犯了嘀咕，但他的第一反应不是能不能将这笔生意做成功，而是如何消除对方的嚣张气焰。

约25分钟以后，部长出来了，见面就说："我还有事要忙，只能给你15分钟时间，你有什么事就快说吧。"说完，往椅子上一坐，接着腿跷到了桌子上。

这阵势下，如何谈生意？如果当时是你在场，你会愤慨吗？你会扭头就走吗？如果你这样做了，正中对方下怀，他会笑话你的懦弱和怯于挑战。而这位推销员的个人素质显然是一流的，他既没怒形于色，也没默默忍受，而是先考虑如何让对方把跷在桌子上的腿放下来。推销员说："张部长，您开了这么长时间的会，一定很累，我们先不谈生意，您先喝杯水休息一下。"接着他给部长倒了一杯水送了过去，并故意把水端到了部长的面前，但没有放下去。

结果，推销员赢了这场心理战：那位部长坐不住了，急忙把腿放下，站了起来，双手把水接下。"周经理，我们屋里谈。"那次两人聊了足有40分钟，最后不仅生意做成了，两人还成为很好的朋友。

从这里可以看出，一名优秀的推销员必须具备出众的心理素质和随机应变的本事，而这些，正是一位优秀推销员必备的个人素质。动不动就火冒三丈和灰心丧气的人，是干不好推销工作的。

由于传统观念束缚，人们总是把推销员同旧社会那些走街串巷的小商小贩往一起联想，对这一行业的人多多少少都心存一些偏见。推销员长年在外，四处奔波，饱受别人的冷言恶语，老板这边还有不断加码的业务指标，如果不善于心理调节，工作没有起色不说，心情也会不愉快的。其实，这种情绪，陈安之有，安东尼·罗宾也有，不管一个人多么伟大，总统也好，首富也好，都可能产生这种情绪。

《世界上最伟大的推销员》的作者奥格·曼狄诺对此的解释是："人类的情绪周期是我们面对的一个重要周期。几年前，加州大学的雷克斯·赫西教授进行了一项科学研究，结果表明人类情绪周期平均是五周。也就是说，一个人的心情由高兴变成沮丧，再回到高兴，往往需要五周的时间。”五个星期！你该如何调整自己的情绪？如果你不能把自己训练的具备出众的个人素质，你能在这五个星期里“平安度过”吗？学会化解自己的负面情绪正是个人素质的体现。

日本推销之神原一平的做法，非常值得我们借鉴。

原一平先生年轻时涉足推销事业，是因为家境贫困、被逼无奈。在最艰难的时候，他觉得自己前途茫茫、孤苦无助，已无法再坚持下去了，好在他善于进行自我心理调节，硬是靠顽强的毅力走过这段艰难时刻，熬过这段低谷期后，很快找到了推销的快乐。

出众的个人素质来自艰难困苦的生活打磨，只要你能在困苦生活中有意识地训练自己的耐性、信心、热情……只要你能挺过这段黎明前的黑暗，那么你的个人素质就会得到全方位的升华。当你再遇到这种考验的时候，你就会很自然地对自己说："最黑暗的时刻我都经历过，这点考验算得了什么！”坦然，就是你出众的个人素质最直接的体现。

升级训练

真的能够通过训练让自己具备出众的个人素质吗？答案是肯定的。一个优秀的推销员不是天生的，而是通过后天的努力才得以成功的。所以，只要通过持之以恒的训练，你一定能够在现有基础上取得质的飞跃！出众的个人素质主要体现在以下几个方面：

（一）人品端正，作风正派

人品端正是现代推销员必备的一个基本条件。"要做生意，先做人"，只有人品端正，别人才能尊重你，把你当朋友，信任你，才能成为生意上的伙伴。要设身处地为客户着想，真心诚意为客户服务，和客户交朋友，实行客户固定化策略，发展客户关系，因为客户是企业及其市场销售人员最重要的资源。不诚实的推销员绝不可能成就大事业，须知，欺骗客户就是欺骗自己！因为客户一般都通过推销员来获知这个企业的形象、企业的素质、企业的层次，推销员是这个企业与社会接触的最前沿，是向社会反映企业的一面镜子。社会大众通过对推销人员工作的认可来接受这个企业、这个企业的产品。如果一个企业推销员态度好、敬业、品德高尚，消费者会更快接受该企业的产品。

（二）信心

没有信心，则一事无成。如果你自己都不相信自己，也就很难指望别人会相信你。信心包括三个方面，第一是对自己的信心，你相信你能干好，是一位敬业的、优秀的推销员，那么你就能克服一切困难，干好你的工作。"事在人为"，只要你想干好，就一定能干好。第二是对企业的信心，相信企业能为你提供好产品，给你发挥才能、实现价值的机会，使你自己的一切活动完全纳入企业行为中，并以你能成为该企业的一员而骄傲，即一种企业自豪感，对企业的认同和一种忠诚。第三是对产品的信心，相信你所推销的产品是最优秀的，你是在用该产品向你的消费者、你的朋友提供最好的服务，这种产品一定能让对方幸福、快乐。

（三）勤于思考，做个有心人

自古“皇天不负有心人”。在与客户交流过程中，客户通常是不会轻易告诉我们他的真实意图的，其目的可能是为了进一步杀价，或者是为了避免一些不必要的麻烦。不过，即使客户在言语上掩饰得天衣无缝，但他的某些言行举止总会泄露一些“天机”。只有做一个有心人，才能捕捉到客户的每一个细小变化，发现一些“蛛丝马迹”，以此辨别出客户的真实意图。“世上无难事，只怕有心人”，做有心人，勤于思考，才能使我们的销售工作更上一层楼。“学为中，弃为下，悟为上。”勤于思考，才能领悟，才能提高，才能做得更好。

（四）能吃苦耐劳

推销员是企业的尖兵，必须具有良好的吃苦耐劳精神。这里所讲的吃苦耐劳，是一个广义的综合性概念，既包括个人的体格、体质及其健康状况，又包括个人的举止、言谈及其仪表风范等。仅就个人的体格和体质而言，要求推销员经常锻炼身体，保持强健的体魄和旺盛的精力。现代企业市场销售工作流动性大、活动范围大、连续作业时间较长，如果没有良好的体质，根本就无法胜任这项具有挑战性的工作。

（五）良好的心理素质

良好的心理素质是推销员所必须具备的又一个基本条件。推销员每天与人打交道，要经受无数次的挫折与打击，要应付形形色色的推销对象，必须加强心理训练，培养正确的推销态度。许多推销员受到一些挫折后，就掉头转行，却不知“不经历风雨，怎能见彩虹？”

（六）交际能力

营销工作的实质就是公关过程。一般来说，一名优秀的推销员一定是一名优秀的公关人员。如果问什么人的朋友最多，应该就是推销员，各种层次的，各种职业的，天南海北的朋友都有。可以说，你认识的人多就是资本，推销员必须有博大胸襟来容纳各种人。对于一名优秀的推销员来说，更是应尽可能抓住一切时间、一切机会来交朋友。

（七）韧性

做成一笔生意之前，会遇到许多问题与障碍，这时，我们就要对遇到的问题想办法解决，所以耐心非常重要。“百问不烦，百选不厌”这句话说起来容易，做起来比较困难。一遇困难就开始打退堂鼓，就灰心了，那是什么事都做不成的。

（八）反应要快

有人说推销员要具备“狐狸的狡猾、猎鹰的机敏”。的确，推销员应善于发现周围的每一条有用的信息，对周围每一个细小变化都能很快作出反应，并且思维要敏捷，一次生意的谈判过程就是一次反应速度的比赛，一次斗智的过程。

（九）热情

优秀的推销员必须永远对推销事业、对所推销的产品、对客户和自己保持足够持久的热情。因为只有具备足可熔金的热情，才能鼓足干劲，才能化解客户的冷漠与质疑；只有具备热情，才能保证你能发挥自己的全部力量和才能。一个人的能力有差异，但关键是看你能发挥出来多少，这就取决于热情。热情是可传递的，一个人全力投入工作，可带动周围的人，感染他们全力去干。

（十）责任心

推销员的一言一行、一举一动都代表公司，公司形象靠每个人来向社会大众传达，可以说推销员是企业的外交官，因此推销员必须有一种强烈的责任心。这里的责任心包括两个层次的含义，其一是推销员对公司的责任心，就是说推销员必须时刻意识到，你绝不仅仅代表你自己，同时也代表着你的公司及公司的产品。其二是推销员对顾客的责任，即为顾客提供满意的产品和服务，不能有欺诈行为。推销员这两方面的责任心，应成为整个推销活动的指导思想。

以上谈了作为一名优秀的推销员应具备的素质，请比照参考。我们应随时检查自己的行为与标准的差距，争取迅速成为一名优秀的推销员。

秘籍 2 ：掌握渊博的知识

推销员要和各种人打交道，除了要在语言、行为等表现上给人以良好的印象外，还必须对产品有全面的了解，拥有一定的知识作基础。比如产品的性能、规格、特点，与本产品类似产品的情况，产品销售的热点和趋势等等，推销员必须运用自己娴熟的谈话技巧，把产品介绍给对方，使对方对你的介绍产生兴趣。这直接关系到你的工作业绩。

“你真的知道你卖的到底是一个什么样的产品吗？”

如果你这样单刀直入地问推销员甚至是公司的主管们，往往会让他们心惊肉跳。自己不知道自己在卖什么，这说起来像是一个笑话，可是如果深究以下问题，你会发现一些新人甚至许多有推销资历的人都不曾深入思考过这个十分重要的问题：

“你的产品是卖给谁的？”

“客户为什么要选购你的产品？”

“你的产品给客户最核心的利益是什么？”

“你是如何介绍和传播公司产品的？”

……

其实，你应该深刻理解自己推销的产品是什么，一个好的产品有很多的层面值得我们去研究。

如何完备自己的推销知识体系，帮助客户解决问题，而不是给客户制造问题？假如让客户来问你，你再介绍自己的产品，会让客户感觉你是在回答他的问题，而不是在介绍产品，因此客户就不会反感。但是如果你在回答问题的过程中不能够提供足够的信息，客户就会从你的竞争对手那里购买产品。

洛阳轴承厂生产了一种圆锥推力轴承，推销员准备把该轴承卖给杭州汽车制造厂，曾经四次到杭州汽车制造厂去推销，都碰壁而回。最后，推销员了解到他们的竞争对手——东北一家轴承厂提供给客户的轴承是一种圆锥向心轴承。在了解这种情况之后，推销员再去拜访杭州汽车厂主管技术的负责人，向其详细介绍了他们厂生产的圆锥推力轴承与圆锥向心轴承相比在性能上有什么样的革新和提高，从而以产品的优势打动了客户。

这位推销员能够说服客户、打动客户的原因是什么呢？就在于他掌握了丰富的产品知识，充分地了解自己产品的优势。其实，不管谈的生意是什么，最终的目的都是让对方尽可能地接受自己的产品。

美国有一个名叫葛里斯曼的商人，当初在做销售安全玻璃的业务员时，他的业绩一直都是整个北美地区的第一名。在一次顶尖推销员颁奖大会上，主持人问："你有什么独特的方法来让你的业绩保持第一呢？"他说："将产品充分地展示给我的客户，一次示范胜过一千句话！"

"每当我去拜访客户的时候，我的皮箱里总是放着许多截成 15 厘米见方的安全玻璃，同时我会随身带着一个铁锤。每当我见到客户后，我会问他：'你相不相信安全玻璃？'之后，我就把玻璃放在他们面前，拿锤子使劲一敲。每当这个时候，客户都会被吓一跳，而当他们发现玻璃真的没有碎裂的时候，都会惊叹：'天哪，真不敢相信！'这时候我就直接问他们：'你想买多少？'之后，交易完成，整个过程还不到一分钟！"

可以想一想，如果推销员对自己所推销的产品没有百分之一百的了解和百分之二百的信心，怎么能够说得出这样掷地有声的话语？了解你的产品、精通你的产品、相信你的产品，才能够有针对性地推销，才能够突出介绍产品的优势与特色，才能够回答客户的询问与质疑，才能够充满热忱地向客户推销并获得成功。

推销员的知识面应该广、博，而不一定深、精。因为术业有专攻，推销员毕竟不等同于科研人员。推销员的知识结构可以说是一种杂学，可以涉及天文、地理、旅游、时事、文学、美术、音乐、体育、养花、钓鱼等。你可以为自己培养这样一种习惯：在每天候车时，从书报亭买一份日报或足球、篮球等杂志，以便更多了解各类人群的谈论话题。

升级训练

一名伟大的推销员必须具备扎实而丰富的产品知识。不过，推销员在推销工作中要与各种不同性格、不同层次的人打交道，光熟悉自己推销的产品还不行，还需要充实多方面的专业知识，并且要把多种专业知识内化为推销员自己头脑中的知识体系或知识结构。

这种知识体系或结构一般由以下几个方面构成：

（一）推销理论知识

推销工作的基本理论主要包括市场营销学、消费者心理学等。推销员必须了解这些学科的基本知识、基本原则、基本程序、基本职能，懂得市场营销学的基本理论，掌握市场调查和预测的基本方法，善于发现现实和潜在的客户需求，了解产品的市场规律和市场行情动向。

（二）推销环境知识

推销员接触的客户生活在特定的环境中，政治、经济、法律、社会文化对他们的购买行为产生着较大影响。因此，推销员必须了解推销区域的风土人情、宗教信仰、交通运输、语言习惯等，以利于克服工作中的困难，减少工作中的问题，促进推销工作的顺利完成。

（三）企业知识

推销员在向客户推销产品的过程中，也在推销着自己的企业，这就要求推销员在推销工作开始之前要掌握本企业的知识，熟悉本企业的情况。如掌握本公司的历史背景，在同行业中的地位，生产和销售能力，产品种类，技术水平，企业发展战略，定价策略，销售政策，服务项目等。只有了解这些情况，才能制订出符合市场情况的推销策略和计划，保证推销成功。

（四）产品知识

客户在购买产品时，要对产品进行全面了解。因此，产品知识就是推销员推销成功的前提。推销员要首先了解产品的性能、用途、价格、使用方法、维修、保养及管理程序等方面的知识，同时还要了解与其他公司的同类型产品之间的差别以及优缺点等，只有这样，才能够在向客户介绍产品的时候有话可说。

（五）市场知识

推销员应该掌握的市场知识有：熟悉行业的最新情报、同类产品的营销手法、受众阶层、流行趋势以及客户的购买力情况、潜在客户的需求及分布等。推销员只有掌握了相关的市场知识，运用市场运行的基本原理，努力挖掘市场潜力，开发潜在客户，才能更好地打开工作局面。

（六）法律知识

推销员在推销成功以后，要与客户签订买卖合同，这就要求推销员必须掌握一定的法律知识。要了解国家规范经济活动的各种法律，特别是与推销活动有关的法律规范。例如，经济合同法、反不正当竞争法、产品质量法、商标法及专利法等；对所签的合同要做到内容清楚，责任分明，计算准确，以便为以后履行合同提供方便。

（七）结算知识

推销员推销产品后，只有按时收回货款才能给企业带来效益，这就要求推销员必须掌握结算知识，它关系到利润的直接实现。结算知识包括付款方式和结算方式等内容，必须全面掌握、运用自如，才能达到预定的目标。

（八）客户知识

推销员应善于分析和了解客户的特点，要知晓有关心理学、社会学、行为学的知识；还要了解客户的类型、购物心理和行为，从而明确谁是你的真正客户，其购买动机和购买习惯如何，对交易条件、方式和时间有什么要求……针对不同客户的不同心理状况，采取不同的推销对策。

秘籍 3 ：深刻了解你的主“打”产品

在推销人员中，最多只有 30% 的人能做到完全认识自己推销的产品。更多的推销员只知道大概，有的甚至只知道价格，就开始了推销工作。这经常造成客户一问三不知的尴尬局面，或是在客户进一步详细询问时，就开始不知所云了。这样不但造成了客户对产品的怀疑，同样也造成公司名誉的损失，更是业务上毫无进展的重要原因。

有一些推销员在没有了解产品的情况下，误把产品在使用过程中出现的问题当成了质量问题，或是由于对产品的不了解，在销售过程中没有为顾客指明产品使用应该注意的事项，从而造成了不应出现的问题，这一点在特殊产品销售中尤其典型。

相信大家都知道《庖丁解牛》的故事，如果我们的推销员有庖丁的熟练程度，推销就不再是一件苦差事了。

《孙子兵法》里说："知己知彼，百战不殆。"在战争中，胜利者往往不是最强大的军队，但一定是知道敌人弱点的军队。其实做销售也是一个打仗的过程。销售业绩最好的不一定是业务能力最强的，但一定是最了解产品性能的。

著名的药行——余庆药行，熬药三年，才能到柜上当学徒；三年学徒要背几百个药方，才能正式上柜抓药。我们现在的推销人员对产品的认识并不应比那时药行对学徒的要求低，但现实却并不乐观。要想做好产品的销售，认识自己的产品尤其重要，丝毫不能马虎，这是成功推销的必由之路。

升级训练

推销的最终目的就是让客户尽可能完整地接受自己的产品。一些推销员不明白其中的道理，经常写计划书、建议书、可行性报告等，并且为了给客户留下一个美好印象，把这些书面文件搞得尽善尽美，无可挑剔。遗憾的是，这类会让专家点头不已的文件，放到客户面前往往毫无效果。为什么呢？他们不懂得客户更看重的是产品本身。

一般来说，对于推销的产品，推销员必须有以下认识：

（一）对产品有自信

不管是对自己还是对自己的产品，都要充满信心。连你自己都信不过的产品如何去卖给客户？而客户感觉到你的不自信，他还敢要你的产品吗？所以，自信心是第一的。

（二）了解产品的基本知识

与客户交谈不忌讳自己产品的缺点。在和客户谈到产品时，要告诉客户自己产品的缺点。不过应当是一句带过，不要也不能大谈缺点。说完缺点，接着告诉客户你产品的以下优点：

（1）产品的硬件特性：产品的性能、品质、材料、制造方法、重要零件、附属品、规格、改良之处及专利技术等。

（2）产品的软件特性：产品的软件是指设计的风格、色彩、流行性等。

（3）交易条件：付款方式、价格条件、物流状况、保证年限、维修条件、购买程序等。

（4）使用知识：产品的使用方法，如用途、操作方法、安全使用的注意事项等。

（三）了解有关价格和条件的知识

有关价格和条件的知识包括产品的价格、优惠条件、旧货的折价、付款的条件、综合性能和价格的平衡、对于购买者的优待、交货期限、保证期限、使用期限、售后服务、需要服务的项目和设备、退货条件等。

（四）了解有关同行业竞争产品的知识

在工作中，推销员应利用闲暇时间，随时注意同行业竞争对手（类似品、替代品）的举动，如竞争产品的销售额、销售方式、市场活动、价格变动、诉求重点、新品上市等各种情况。销售人员要能够有效地说服客户，除了必须具备完备的产品知识和明确的产品诉求重点外，还需要尊重一个基本的市场原则，即市场竞争的存在性，推销员可以对同类产品进行比较性分析，从而找出自身产品的优点与不利因素，在产品展示的过程中做到趋利避害。

秘籍 4：精通推销语言

一流的推销语言技巧并不是滔滔不绝、口若悬河，而是有的放矢、言简意赅。

在通常的印象中，能说会道总是推销最有力的武器。多数公司热衷于招聘口若悬河的推销员。他们第一次和客户见面就喋喋不休地介绍他们的保险、广告、印刷、产品等业务，这些人的口才确实很不错，但客户很少能给他们第二次机会，因为他们的表现让客户没有丝毫兴趣。

李先生从事寿险时间不足两个月，一上阵，就一股脑儿地向客户炫耀自己是保险业的专家，电话中将一大堆专业术语塞向客户，客户个个听了都感到压力很大。

当与客户见面后，李先生又是接二连三地大力发挥自己的专业，什么“豁免保费”、“费率”、“权益”、“受益人”等一大堆专业术语，让客户如坠云雾中，似乎在黑暗里摸索，对方的反感心理由此产生，拒绝是顺理成章的了，李先生便在不知不觉中，误了商机。

商谈中，如果推销员不顾及客户反应而滔滔不绝地长篇大论，试图以此说服客户来购买自己的产品，常常适得其反，不仅会引起客户的反感，而且也不能获得客户的反馈信息。正确的做法应该是，把你所要表达的话语，浓缩至一二百字，简洁清晰地诉说后，静待客户反应。

推销的重心实际上在客户身上，一定要围绕着客户、从客户的利益出发。销售是一项为客户带来价值的活动。如果只想销售出自己的产品，而很少去关注客户的感受，销售也会很难再进行下去。所以，在与客户面谈时，能否以精练、恰当的语言向客户表达你的诚意，让客户感受到你愿意与他共同解决问题，是销售取得成功的关键。

“我有口才天赋！”或许你会这样认为。

“我的口才不行，干推销这一行太吃力了。”或许你会自视甚低。

无数成功者的事例说明，人在智力上是有差别的，但是差别很小，智力超常者和智力低下者都占极少数，不到3%。天才和伟人之所以与众不同，其决定因素不是智商，也不是技能或者身体条件，而是人的心态。只要你在实践中注重加强口才训练，掌握正确的训练方法，即使天生笨嘴笨舌、不善言谈，也能通过训练成为一个善于说服客户、懂得如何与客户沟通的出色的推销员。

升级训练

人们常说，“良言一句三冬暖”，一流的推销语言归根结底就是要让客户感觉中听，对客户“少批评，少抱怨，多赞美，多肯定”，这就是推销语言的精髓。语言是传递信息的重要媒介，语言的表达能力不是天生就有的，而是通过后天的学习和训练才逐渐形成的。一般来说，推销员可以通过下面几种方式提高语言表达能力，掌握说话的技巧：

（一）思辩训练法

一般情况下，往往人心里怎么想，嘴上就怎么说。想与说，思维与表达交相传递、循环往复，以此在社会活动中交流思想、交换意见、传递信息。通过一定的训练，可以使思维敏捷，达到脱口而出。

1. 快速表达

我们可以多做一些即兴演讲，训练自己敏捷的思辩能力和说话的能力。

2. 限时反应

在时间上设置一定的紧张度，经刺激思维，促成“急中生智”。练习时要求练习对象在限定的时间里，完成一项内容的构思和表达任务。

3. 发散表达

为了使口语表达完美、严谨、开阔，就要使思维能够连缀、拓展、升华，由此及彼，举一反三。推销员在平时要注重知识的积累，按“字—词—

词组—句子—段落—篇章”的发散，写成书面文字，然后依次通顺流畅地表达出来。

4. 延伸表达

思考问题朝纵深方向发展，向深处发掘，从简单到复杂，由平面向立体转化，达到“柳暗花明”的境界。

（二）快语训练法

与人交谈，如果你吞吞吐吐，听者一定会感到没兴趣、不耐烦；若你说话简洁明了、雷厉风行，给人的印象就会与前者大相径庭。因此，快语训练必不可少。但这种训练不是要求加快语速，似开机关枪，而是一种不拖泥带水的说话方式。

1. 快速复述

听几段不同的录音，或是读几段不同材料的内容后，要求训练者用略快于平时的语速复述出来，可以依概要复述—细节复述—扩展复述—变式复述的顺序，由易到难地进行。

2. 快速讲述

就熟悉的事物作具体介绍，要求有条理、不重复、不加口头禅、语速快、主旨清、口齿清。

（三）反馈训练法

谈话双方要求对对方的话有所反应，以便更好地促进交流与沟通，以此培养敏锐洞察对方心理反应的能力。

（四）节奏法

汉语表达中，书面语是借助标点把句子断开，而在口语中我们常常借助的是停顿，有效地运用停顿可以使你的话语清楚。现实中有些人在说话的时候语速相当快，就像在爆豆子一样，往往他自己说完以后，别人都还没有反应过来他说的是什么。这就提醒了我们，在与人交谈时，一定要注意语句的停顿，使你的讲话轻松易懂。说话说得慢一些，停顿得当一些，声音响亮一些，你会发现，人们会更加注意地倾听你说话，而且他们会感觉你所说的每一句话都是从内心深处说出来的，是经过你慎重考虑后才说出来的，人们会认为你在对自己说的话负责任。我们也常感觉到，即使同一个意思，甚至同一句话，会说话的人，能让你觉得娓娓动听，不会说话的人，则让你觉得一头雾水。

（五）模仿法

在生活中找一位语言表达能力强的人，请他讲几段最精彩的话，录下来，供你进行模仿。你也可以把你喜欢的，又适合你模仿的播音员、演员的声音录下来，然后进行模仿。我们每天都听广播，看电视、电影，那么你就可以随时跟着播音员、主持人、演员进行模仿，注意他的声音、语调，他的神态、动作，边听边模仿，边看边模仿，天长日久，你的口语能力就能得到提高。这里要求要尽量模仿得像，要从模仿对象的语气、语速、表情、动作等多方面进行模仿，并在模仿中有创造，力争在模仿中超过对方。

（六）角色扮演法

角色一词，是从戏剧、电影中借用来的，是指演员扮演的戏剧或电影中的人物。我们这里的角色，与戏剧、电影中讲的角色，有着相同的意义。推销员在推销过程中很多时候也需要扮演不同的角色，有时要扮演专家，有时要扮演学生，甚至有时候还要“唱双簧”，因此，推销员平时必须不断地自我加强对不同角色的揣摩和模仿。这种训练法要求“演”的成分很重，它有别于对朗诵的要求。它不仅要求声音洪亮，充满感情，停顿得当；还要求能绘声绘色、惟妙惟肖地把人物的性格表现出来，而且要配有一定的动作和表情。

训练语言的方法很多，并不仅限于以上几种。只要在实践中加强口才训练，掌握正确的训练方法，即使你天生笨嘴拙舌、不善言谈，也会成为一名善于说服客户、懂得如何与客户沟通的出色的推销员！

秘籍 5：拥有“扫描”客户的眼光

顾客无处不在。所谓十步之内必有芳草，五步之内必有顾客，关键是你是否留心去发掘顾客。所以，更多时候，我们与其抱怨缺少客户，不如检讨自己为何缺少发现客户的眼睛。

有一次，原一平到一家百货公司买东西，他看中了一件商品，但觉得太贵，拿不定主意要还是不要。

正在这时，旁边有人问售货员："这个多少钱？"

问话的人要的东西跟原一平要的东西一模一样。

"这个要 7 万日元。"女售货员说。

"好的，我要了，麻烦你给我包起来。"

那人爽快地说。原一平觉得这人奇怪，一定是有钱人，自己总嫌贵，而他出手阔绰。原一平心生一计，何不跟踪这位顾客，以便寻找机会为他服务。

于是，他跟在那位顾客的背后。他发现那个人走进了一幢办公大楼，大楼门卫对他礼貌有加。原一平更坚定了信心：这个人一定是位有钱人。

于是，他去向门卫打听。"你好，请问刚刚进去的那位先生是……""你是什么人？"门卫问。

"是这样的，刚才在百货公司时我掉了东西，他好心地捡起来给我，却不肯告诉我大名，我想写封信感谢他。所以，请你告诉我他的姓名和公司详细地址。"

"哦，原来如此。他是 ×× 公司的总经理……"

原一平就这样又得到了一位顾客。

有一句话叫做："世界上并不缺乏美，而是缺乏发现美的眼睛。"其实做销售又何尝不是这样呢？"世界上并不缺少客户，只是缺少发现客户的眼睛。"如果我们都像原一平一样，把每一位来到自己面前的人都当做客户，我想，我们每个人都会有可观的客户群。

推销员应当养成随时发现潜在客户的习惯，让自己有一双"发现客户的眼睛"。因为在市场经济社会里，无论企业还是个人，都有可能是某种商品的购买者或某项劳务的享受者。对于一名推销员来说，他所销售的商品、服务，散布于千家万户、各行各业。这些个人、企业、组织不仅出现在推销员的市场调查、销售宣传、上门走访等工作时间内，更多的可能出现在八小时之外，如上街购物、周末郊游、出门做客等。因此，一名优秀的推销员应当随时随地优化自身的形象，注意自己的言行举止，牢记自身的工作职责。客户无时不在，无处不有，只要自己努力不懈地与各界朋友沟通合作，习惯成自然，那么你的客户就会越来越多。

升级训练

发现新客户，有许多渠道可供你尝试。

（一）从认识的人中发掘

你的日常活动不会在隔绝的状态下展开，这说明你已经认识了一大批人，这批人有可能成为你的产品或服务的潜在顾客。

不可否认，即便一个社交活动很少的人，也有家人和朋友，这些都是资源。一个人带一圈人，这是销售人员结交人的最快速的办法。告诉你身边的人你在干什么，目标是什么，获得他们的理解，你会很快找到潜在顾客，因为你身边的人都会帮你，愿意帮你。

如果你确信你所销售的产品是他们需要的，为什么不去和他们联系呢？向朋友或亲戚销售，多半不会遭受异议和失败，而异议和失败正是新手所恐惧的。他们喜欢你，相信你，希望你成功，所以总是很愿意帮你。尝试向他们推荐你确信的优质产品，他们将积极回应，并成为你最好的顾客。

与他们联系，告诉他们你已经开始了一项新职业或开创了新企业，你希望他们与你共享喜悦。他们会为你高兴，并希望知道更详细的信息，你可以通过他们检验你的讲解与示范技巧。

即便你的亲戚朋友不会成为你的顾客，也要与他们联系。寻找潜在顾客的第一条规律，是不要假设某人不能帮助你建立商业关系。他们自己也许不是潜在顾客，但是他们也许认识将成为你顾客的人，不要害怕要求别人推荐。在与亲戚朋友联系的时候，有助于取得他们的同意，与你分享你的新产品、新服务以及新的构思时的关键语句是：“我欣赏你的判断力，我希望听听你的观点。”这句话一定会使对方觉得自己重要，并愿意帮助你。

与最亲密的朋友联系之后，再转向熟人。如果方法正确，多数人将不仅给你提出恰当的建议，还有可能让你得到一个大顾客。

（二）借助专业人士的帮助

刚刚迈入一个新的行业，很多事情你根本无法下手，那些有经验的专业人士的建议，对你的价值非常大。我们不妨称他为导师吧。导师就是这样一种人，他比你有经验，对你所做的感兴趣，并愿意指导你的行动。导师愿意帮助面临困难的人，帮助别人从自己的经验中获得知识。导师可以从行业协会、权威人士、有影响力的人或者本地一些以营销见长的企业中去寻找。

多数企业会将新手与富有经验的老手组成一组，共同工作，让老手培训新手一段时期。这种企业导师制度在全世界运作良好。通过这种制度，企业资深员工的知识和经验获得承认，同时有助于培训新手。

当然你还可以委托广告代理企业或者其他企业为你寻找顾客，这方面需要代理商的支持。代理商多种多样，他们可以提供多种服务，你要根据你的实力和需要寻求合适的代理商。

（三）企业提供的名单

许多企业向销售人员提供业绩名单，如果你想成为一名优秀的业务高手，你就要珍惜这份名单，好好研究它，因为这里面有你的潜在顾客。如果你对这份名单花了足够多的心思，你将会以最小的代价获得最大的进步。

检查一下过去顾客的名单，你不但能获得将来的生意，而且还将获得他们推荐的生意。

（四）利用微博搜索

在微博中，有许多信息是潜在客户自己公开的，当你进入客户的首页时，或者用微博搜索客户，在搜索结果中，都有这样的信息。特别是，那些认证过的客户更是优质的客户资源，他们在简介、认证原因、标签、毕业学校及工作单位等多个方面，都提供了较为清晰的信息。

在微博中寻找新客户有多种方法，有时正好是你刷新首页或与别人互动时直接看到了某人有购买需求，有时则可以通过微博搜索主动地去发现潜在客户。

在微博中发现潜在客户的另一种方法是注意多观察。毕竟有时一些用户的简介、标签及公司都没有写清楚，有时搜索的关键词可能未必全部都能想到，此时，通过在微博浏览信息时多观察的方法，也许会让你发现新客户。

（五）结识像你一样的销售人员

你接触过很多的人，当然包括像你一样的销售人员。其他企业派出来的训练有素的销售人员，熟悉顾客的特性。只要他们不是你的竞争对手，他们一般都会和你结交；即便是竞争对手，你们也可以成为朋友。和他们搞好关系，你会收获很多经验，在对方拜访顾客的时候他还会记着你，若你有适合他们的顾客，你也一定要记着他们。如此一来，额外的业绩不说，你还会得到非常得力的商业伙伴。

（六）阅读报纸

寻找潜在顾客最有效的工具可能是每天投到你那里的报纸了。阅读的同时勾画出发现的所有机会。除非你做国际贸易，否则你可能更应该看本地新闻版、商业版和声明版。

学会阅读报纸只需练习几天时间，一旦你开始了，你将惊讶地发现许多有价值的信息，应注意随手勾画并做记录。

拿来当天的报纸，阅读每条头版新闻，勾下对你有一定商业价值的叙述。如果你在新闻中发现了想要与之联系的人，应为自己留一份新闻的复印件，接着寄出简要的短函："我在新闻中看到你，我在本地做生意，希望与你见面。我认为你可能需要这条新闻的复印件与朋友和家人共享。"并附上名片。

人们喜欢自己出现在新闻中，而且喜欢把文章的复印件邮给不在本地的亲戚朋友。通过提供这项小小的服务，你能够得到许多大生意。

（七）了解产品服务及技术人员

企业里的其他人在听到有价值的信息时会想到你。比如，你是汽车销售人员，当你的朋友、家人或同事中的某人知道某公司可能会买车的消息，就会告诉你。这是销售中相当有价值的信息，你可以安排访问。

形成定期检查企业服务和维修记录的习惯。询问本公司的顾客服务部门，你的顾客打过几次咨询电话。如果多次，你需要回访他们。也许他们处于增长阶段，你可以帮助他们赢得新的服务。

努力提供超过普通销售人员提供的服务，这将有助于你建立长期关系、建立信誉以及获得推荐业务。

（八）直接拜访

直接拜访能迅速掌握顾客的状况，效率极高，同时也能磨炼销售人员的销售技巧及培养选择潜在顾客的能力。

（九）连锁介绍法

乔·吉拉德是世界上销售汽车最多的一位超级汽车销售员，他平均每天能销售 5 辆汽车。

他是怎么做到的呢？连锁介绍法是他使用的一个方法，只要任何人介绍顾客从他那里买车，成交后，他会付给每个介绍人 25 美元，25 美元在当时虽不是一笔庞大的金额，但也足够吸引一些人——举手之劳即能赚到 25 美元，何乐而不为呢？

哪些人能当介绍人呢？当然每个人都能当介绍人，可是有些人更容易介绍大量的顾客。乔·吉拉德指出，银行的贷款员、汽车厂的修理人员、处理汽车亏损的保险公司职员，这些人几乎天天都能接触到有意购买新车的顾客。

每一个人都能使用连锁介绍法，但你要怎么进行才能成功呢？

乔·吉拉德说：“我严格规定自己‘一定要守信’、‘一定要迅速付钱’。如买车的客人忘了提到介绍人时，只要有人提及‘我介绍约翰向你买了部新车，怎么还没收到介绍费呢？’我一定告诉他：‘很抱歉，约翰没有告诉我，我立刻把钱送给你，你还有我的名片吗？麻烦你介绍顾客时，把你的名字写在我的名片上，这样我可以立刻把钱寄给你。’有些介绍人并无意赚取 25 美元，坚决不收这笔钱，因为他们认为收了钱心里会觉得不舒服，此时，我会送他们一份礼物或在好的饭店安排一顿免费的大餐。”

（十）销售信函

如一位汽车销售员，列出将近三百位需要寄送销售信函的潜在顾客，这些潜在顾客对车辆都有相当的认识，基于各种原因，目前还没有购买，但他相信他们一两年内都有可能实际地购车，他不可能每个月都亲自去追踪这三百位潜在顾客，因此他每个月针对这三百位潜在顾客都寄出一封别出心裁的卡片，卡片上不提及购车的事情，只祝贺每月的代表节庆，例如一月元旦、二月春节……每个月的卡片颜色都不一样，潜在顾客接到第四、第五封卡片时必然会对他的热诚感到感激，就算是自己不立刻购车，当朋友间有人提到想购车时，他们也会主动地介绍这位汽车销售员。

（十一）电话

电话最能突破时间与空间的限制，是最经济、最有效的接触顾客的工具，你若能规定自己每天至少打 5 个电话给新顾客，一年下来就能增加 1500 个与潜在顾客接触的机会。

（十二）展示会

展示会是获取潜在顾客的重要途径之一，事前你需要安排专门的人收集顾客的资料、顾客的兴趣点以及现场解答顾客的问题。

即使你的公司没有组织展示会，但你的顾客群体组织的展示会同样重要，当然你要有办法拿到他们的资料。

（十三）利用朋友圈

朋友圈是每个玩微信的人都必然会使用的功能，推销员可以在这里沟通交流、推广产品、发布促销信息等。发送的信息被好友分享后会多次裂变，从而发掘出众多的潜在客户。推销员进入朋友圈以后，可以通过加群、换群的方法，实现粉丝的快速增长，这就好比撒开一张巨大的网，就算鱼再少，也不怕一无所获。

秘籍 6：练就非凡的亲和力

成功的推销员都具有非凡的亲和力，他们非常容易博取客户对他们的信赖，让客户喜欢他们、接受他们。随和、豁达、有亲和力的推销员天生对别人感兴趣，喜欢与人交往，容易发现他人的优点，富于同情心，待人真诚。换句话说，他们很容易跟客户成为最好的朋友。

推销的本质是服务，不仅包含服务热情、服务规范和杜绝服务忌语等内容，更重要的是要体现友善的服务理念。因为，许多销售行为都建立在友善的基础上，我们喜欢从自己所喜欢、所接受、所信赖的人那里购买东西，喜欢从具有友谊基础的人那里购买东西，这样我们觉得放心。所以，一名推销员是不是能够很快地同客户建立起很好的友情基础，与业绩具有绝对的关系。

亲和力的建立同一个人的自信心和自我形象有绝对的关系。真诚的推销情感和高超的服务艺术，能赋予推销更深刻、更有特色的内容，使之具有更高的文化附加值。亲和推销的提出不仅是服务内容的增加、服务方式和服务手段的创新，更是公司亲和形象的塑造，这一切都能为自己亲和营销的顺利进行奠定基础。什么样的人最具有亲和力呢？通常，这个人要热诚、乐于助人、关心别人、具有幽默感、诚恳、值得信赖，而这些人格特质跟自信心又有绝对的关系。

亲和力应该体现在春风化雨般的沟通上，而不是见人就满脸堆笑，见人就凑上搭话，否则将被人误以为你别有用心、心怀叵测。

销售员小陈见了谁都很客气，总是很礼貌地寒暄几句。刚一开始，他的同事还很喜欢他的礼貌，可是时间一久，他发现自己并不能够深入地和人交流，他觉得自己和别人总是隔着一层。而他的同事也是以同样的礼貌回敬他，他觉得自己和同事的距离越来越远了。他真的觉得很累，他不明白，为什么小张为人大大咧咧，有时还对人发脾气，却反而有那么多知心朋友。小陈觉得自己可是全部按照人际交往的规范来执行的，结果怎么会这样呢？

可见，要想在自己周围迅速聚集起人气，并不是靠唯唯诺诺和刻意奉迎。对同事如此，对待客户也应该是这样，用你的亲和、友善去卸掉客户的心理防御大门。

世界上最成功的顶尖销售员都具有亲和力，也容易跟客户建立良好关系，都是容易和客户交上朋友的人。有一个故事很能说明这个问题：

两辆装满土豆的马车都停在自由市场上。一位女客户走到头一辆马车前问："今天土豆什么价？"农夫的老婆回答道："1.25 美元一袋。"

"噢，我的天！"女客户表示不满，"这价不是太高了吗？我上回买时才 1 美元一袋。""已经涨价了！"农夫的老婆懒懒地回答。

于是，女客户走到第二辆马车前，问同样的问题。

这车土豆的女老板不是漫不经心地对待自己的客户，而是和蔼诚恳地回答道："夫人，这是品种优良的土豆，是我们种的土豆当中最好的一种。您瞧，首先，这种土豆的芽眼都很小，削皮时不会造成什么浪费；第二，我们把次一点的土豆都挑出去了，这袋里装的全是又圆又大的好土豆；第三，我们在装袋之前已经将土豆洗得干干净净的了，即使把土豆放在客厅里也不会弄脏您的地毯——我知道您绝不想花钱买一堆土。我的土豆 1.5 美元一袋——我是给您搬到汽车里，还是您自己提走呢？"

这个女老板用自己和气的态度、老朋友式的语言和诚恳的方式，赢得了女客户的信赖，用比竞争对手还要高的价格，成功地卖掉了自己的土豆。

升级训练

怎样才能具有良好的人际亲和力呢？

（一）深刻认识自我

人贵有自知之明，一个人只有深入地了解自我，才能有了解他人的基础。"认识你自己"，这是古希腊著名哲学家苏格拉底的一句名言。每个人在成长的过程中，都会有一些创伤和问题，也许会在童年时代感觉到自卑，或者自傲，或者是以自我为中心，或者曾经遭受到各种各样的心灵上的创伤，这些问题的存在，都会影响到成年之后的人际亲和能力。要学习根据自我与他人的综合评价来全面地认识自己。

（二）在讨价还价中引入情感

卡耐基曾说过："人类最终、最深切的渴望就是做个重要人物的感觉，这也就是为什么多数人喜欢听奉承话的道理。"因为每个人都喜欢真诚的称赞，而不是虚伪的奉承，适当真诚地赞美对方，你会收到意想不到的效果。当一个人听到别人的称赞时，心中总是非常高兴，脸上堆满笑容，口里连说：“哪里，我没那么好。”“你真是很会讲话！”即使事后冷静地回想，明知对方所讲的可能是奉承话，却还是抹不去心中的那份喜悦。因此，在讨价还价中引入情感是人际交往中必备的技巧，带有情感的奉承话说得得体，会使你更迷人！

（三）防止烦躁情绪的干扰和破坏

当人们处在高度的压力下，就会出现焦虑的情绪，虽然懂得与人交往要亲和的原则，可是生理状况不允许他们做得很好，所以他们不由自主地发脾气，会因为一点鸡毛蒜皮的小事而生气，渐渐地便给自己的人际关系增添许多麻烦，人际亲和力就会下降。所以推销员要注意劳逸结合，工作和生活兼顾，紧张和松弛并存，有了一份好心情，才能有良好的人际亲和力。

（四）加强人际包容能力，加强对他人的理解能力

一个被我们所接受、喜欢和依赖的人，通常对我们的影响力和说服力也较大。亲和力的建立是人与人之间影响及说服能力发挥的最根本条件，亲和力之于人际关系的建立和影响力的发挥，就如同盖大楼之前须先打好地基的重要性是一样的。因此，要在人际交往的实践中，不断地放下自己固有的价值观标准，耐心地倾听来自他人内心深处的声音，便会看到一个个与自己不同的全新的内心世界。在不断放下的过程中，你的自我意识就会消减，对人的理解能力也会增强。能深入理解他人，人际亲和力自然就增强了。

（五）常以笑脸迎人

笑是人类区别于其他动物最独特的表情，笑会拉近人与人之间的距离，笑会让人建立起亲和力，笑脸像温暖的阳光，每个人都喜欢沐浴在这样的阳光里。不管在什么情况下，只要你总是面带微笑，就连对你有火气的人都会把火气压下去。对推销员来说，笑就是一把开启客户心门的万能钥匙。

（六）通过诚恳的语言体现友善

做人做事最基本的要求就是要诚实。通过这种方法，让客户喜欢你、接受你，当客户喜欢或接受你这个人的时候，自然也会比较容易接受和喜欢你的产品。有人仔细地做过调查，世界上最伟大的推销员之所以取得成功，并不光是依靠巧舌如簧的口才，还靠诚实。当你还在努力地去争取他人信任的时候，他却已经以自己的人格魅力征服了客户，并与之成了朋友。所以，无论以后还是现在，做人做事都应该以诚信为本。

总之，学习如何以有效的方式和他人建立起良好的友谊关系，是一名优秀的推销员不可或缺的能力。当你以这种态度去拜访一位潜在客户时，你已经从一开始就获得了50%的成功机会，因为你们之间已经存在某种程度的友谊了。

秘籍7：保持自省的习惯

小李是某化工设备有限公司的推销员。今天是他第三次去拜访化工研究院有机所了。他每次来拜访时，有机所负责设备采购的王经理都没有拒绝。王经理在跟小李交流时，提的问题很专业，看上去对公司产品也有一定的了解。但是，他对这些产品似乎又没有表示出多大兴趣，小李每次拜访都进展不大。问题到底出在哪里？

小李养成了一个很好的习惯：那就是每天晚上反省当天的行为。尤其是每次拜访完客户下班回家后，都要回想这一天推销过程中的每个细节。他知道当自己有勇气劝诫自己、原谅自己时，也就不害怕面对自己的任何错误了。他之所以会养成这个习惯，是因为他从事推销不久，发现自己在与客户洽谈时，尽管表现得神闲气定，但心里非常紧张，由于紧张，他就不能发挥出自己的真实水平。因此，他渐渐养成了访后反省的习惯，回家后他就会回顾自己在当天谈判过程中的表现：是否表现出在坚持原则下的灵活性和魄力；是否说了不该说的话，扫了对方的面子；选择说话的时机是否恰到好处；在讨价还价的过程中，是否把握好了分寸……就像围棋高手下完棋后一定要复盘一样，他总是多次进行这样的自我反省，希望每反省一次就能找出一些不足。

今天，通过“复盘”，他终于找到了三次连遇拒绝的原因，第四次前去拜访的时候，小李终于拿到了订单。

苏格拉底说：“没有经过反省的生命，是不值得活下去的。”有迷才有悟，过去的“迷”，正好是今日“悟”的契机。因此经常反省、检视自己，可以使自己避免偏离正道。

日本近代有两位一流的剑客：一位是宫本五臧，另一位是柳生又寿郎。宫本是柳生的师父。

当年，柳生拜师学艺时，问宫本：“师父，根据我的资质，要练多久才能成为一流的剑客呢？”

宫本答道：“最少也要10年吧！”

柳生说：“哇！ 10年太久了，假如我加倍努力地苦练，多久可以成为一流的剑客呢？”

宫本答道：“那就要20年了。”

柳生一脸狐疑，又问：“如果我晚上不睡觉，夜以继日地苦练，多久可以成为一流的剑客呢？”

宫本答道：“你晚上不睡觉练剑，必死无疑，不可能成为一流的剑客。”

柳生颇不以为然地说：“师父，这太矛盾了，为什么我越努力练剑，成为一流剑客的时间反而越长呢？”

宫本答道：“要当一流剑客的先决条件，就是必须永远留一只眼睛注视自己，不断地反省。现在你两只眼睛都看着一流剑客的招牌，哪里还有眼睛注视自己呢？”

柳生听了，满头大汗，当场开悟，终成一代名剑客。

要当一流的剑客，光是苦练剑术不管用，必须永远留一只眼睛注视自己，不断地反省；要当一流的推销员，光是学习推销技巧也不管用，也必须永远留一只眼睛注视自己，不断地反省。反省时应仔细地回忆当天与客户谈判的每一个细节，甚至双方说过的每一句话，这样就有可能找到问题的症结所在。当你再次拜访客户时就能有针对性地进行策略调整，一步步地走进客户心里。

因此，不管再忙再累，推销员最好每天晚上至少拿出半个小时的时间来，把当天的谈判过程像放电影一样在脑子里过一遍，不漏过任何一个细节，看看自己在哪些地方做得不周，做得不周的原因是什么，应该怎样解决；哪些地方做得还不错，还有没有更好的处理办法……如果有了重要的发现或切身的体会，就用笔把它们记录下来。慢慢地，你就不会再犯那些总想改又改不了的毛病了，在与客户交流的过程中，你也会变得越来越自信，而且感觉也会越来越好。

反省之后有了新的体会就应记录下来，所以，推销员最好在自己的电脑上设一个拜访客户的专用文件夹，每次拜访回到公司(或家里)后，就将当天拜访客户的一些重要内容记录下来，养成习惯。比如，你当天给客户报的是什么价格，附加了哪些条件；客户对你的报价及其条件有哪些反应或答复；你在当天的谈判过程中，对客户的性格、兴趣和爱好等有哪些新的发现和新的了解……这种记录与推销日记不同，不仅记录的内容更多，而且范围更宽，可以把你在拜访过程中所看到的和想到的都写进去。这样，你在每次拜访客户之前，就可以根据上次拜访客户的记录，总结出经验，找出不足，设计出有针对性的客户洽谈方案，从而使拜访的成功率一步步提高。

升级训练

我们每天应该反省些什么呢？是不是专门要弄得自己不高兴，跟自己过不去？不！以下几个方面就值得你去反省：

（1）人际关系。你今天有没有做过什么对自己人际关系不利的事？你今天与人争论，是否也有自己不对的地方？你是否说过不得体的话？某人对你不友善是否还有别的原因？

（2）做事的方法。反省今天所做的事情，做得是否得当，怎样做才会更好。

（3）生命的进程。反省自己至今做了些什么事，有无进步？是否在浪费时间？目标完成了多少？

你是否经常像上述的那样反省自己？如果没有，就从现在起培养反省的习惯吧！那么，一个人应该怎样培养反省习惯呢？

（一）抛弃“只知责人，不知责己”的思维意识

长期以来，不少人习惯了找借口逃避责任，年轻人更是如此：如果一直没有为公司的发展提出过合理方案，他可能解释说自己的阅历太浅；如果没有按进度完成任务，他也许会说自己经验太少，比不了那些前辈；作为一个部门负责人或者是创业者，一天，如果他发现因为计划表或者方案书上的明显错误，而导致了经营方向的偏离和失误，他也许会解释：“这些是我口头述说的，速记员写完后，我没有亲自审阅。”殊不知，当他为了逃避应该承担的责任而找借口时，他离成功也就越来越远！

通向成功的道路不是人们想象的那样一帆风顺，想少犯错误，就需要不停地反省自己，只有通过不断地“反省”和总结，改正自己的错误，才不会老在原处打转或再次被同一块石头绊倒。三毛曾说：“一个肯于虚心吸收观察一切，经常反省、审察自己缺点和优点的人，在求智慧上，就比那些不懂得自省和观察的人来得快多了。”

（二）要有自知之明

就像最有可能设计好一个人的就是他自己，而不是别人一样，最有可能完全了解一个人的也就是他自己，而不是别人。但是，正确地认识自己，实在不是一件容易的事情。不然，古人怎么会有“人贵有自知之明”、“好说己长便是短，自知己短便是长”之类的古训呢？自知之明，不仅是一种高尚的品德，而且是一种高深的智慧。因此，你即便能做到严于律己，即便能养成自省的习惯，也并不等于说能把自己看得清楚。就以对自己的评价来说，如果把自己估计得过高了，就会自大，看不到自己的短处；把自己估计得过低了，就会自卑，对自己缺乏信心。只有估准了，才算是有自知之明。很多人经常是处于一种既自大又自卑的矛盾状态中：一方面，自我感觉良好，看不到自己的缺点；另一方面，却又在应该展现自己的时候畏缩不前。对自己的评价都如此之难，如果要反省自己的某一个观念、某一种理论，那就更难了。

（三）培养深刻的自省能力

反省自我，还应该培养深刻的自省能力，这是我们提升个人境界、赢得成功的关键。我们每天早晨起床后，一直到晚上上床睡觉前，不知道要照多少次镜子，这个照镜子，就是一种自我检查，只不过是一种对外表的自我检查。相比之下，对本身内在的思想作自我检查，要比对外表的自我检查重要得多。可是，我们不妨问问自己：每天能作多少次这样的自我检查呢？我们不妨设想一下，如果某一天我们没有照镜子，那会是一种什么结果呢？也许，脸上的污点没有洗掉；也许，衣服的领子出了毛病……总之，问题都没有被发现，就出了门。可是，我们如果不对内在的思想作自我检查，那么，我们即便是出言不逊也不知道，举止不雅也不知道，心术不正也不知道……那是多么可怕！我们不妨养成这样一个习惯——每当夜里刚躺到床上的时候，都要想一想自己今天的所作所为，有什么不妥当的地方；每当出了问题的时候，首先从自己这个角度作一下检查，看看有什么不对；而且，还要经常地对自己作深层次、远距离的自我反省。

“人非圣贤，孰能无过？过而能改，善莫大焉。”可以说能不能知错即改、从善如流是成功者与失败者之间的最大区别。你有反省的习惯吗？趁早培养吧，它能修正你为人处世的方法，为你指引前进的方向。

秘籍 8：机智灵活的思维方式

在推销之前，一般的推销员都会有一套酝酿成熟的既定方案。但是“不怕一万，就怕万一”，推销中往往会有突如其来的变化，把原来构思的方案全部打乱了，这时你必须机智灵活，不仅要处变不惊，还要随机应变，如此方能化险为夷，变不利因素为积极因素，达到推销成功的目的。

某推销员当着一大群客户的面推销一种钢化玻璃酒杯。在他进行产品说明之后，就向客户做产品示范，也就是演示把一只钢化玻璃酒杯扔在地上而不碎，以此来说明杯子的经久耐用。可是他碰巧拿了一只质量没有过关的杯子，他猛地一扔，酒杯碎了。

这样的异常情况在他以往推销酒杯的过程中还未发生过，这大大出乎他的意料，他感到十分吃惊，而客户呢，更是目瞪口呆。因为他们原先已十分相信这个推销员的推销说明，只不过想亲眼看看，以得到证实罢了，结果却出现了如此尴尬的局面。

此时，如果推销员也不知所措，没了主意，让这种沉默继续下去，不到3分钟，准会有客户拂袖而去，推销也会因此而遭到惨败。但是，这位推销员灵机一动，说了一句话，不仅引得客户哄堂大笑，化解了尴尬的局面，而且还博得了客户的信任，从而大获全胜。

那么，这位推销员是怎么说的呢？

原来，当杯子砸碎之后，他没有流露出惊慌的情绪，反而对客户们笑了笑，然后沉着而幽默地说："你们看，像这样的杯子，我就不会卖给你们。"大家一听，都轻松地笑了起来，场内气氛变得活跃多了。紧接着，这位推销员乘机又扔了5只杯子，都成功了，因此博得了客户的信任，很快就推销出几十打酒杯。更富喜剧效果的是，对于推销中的那个失误，客户都以为是事先设计好的，砸碎杯子只是"卖关子"，吊吊大家的胃口而已。

还有一种场合也需要灵活机智。比如，当你正在与一位新客户谈生意时，一位老客户打电话来提出退货。这时，你多半会感到双重压力，既想在老客户那儿挽回败局，又怕在新客户面前泄露自己推销失利的消息。

在这双重压力下，你若不能临危不乱，很可能忙中出错，既未在老客户那里挽回败局，又因为自己的狼狈赶跑了新客户，闹成鸡飞蛋打的结果。

其实，这时你完全不必慌张，你可以在电话里客气地对老客户说："那没关系，不过我现在正在与一位朋友谈要紧事，我们明天见面详细谈谈，你看怎样？"

你这样说，老客户通常不会拒绝，而你还有一个机会和他谈判，以期维持原有的交易；而新客户呢，他一方面会因为你重视他而感到高兴，另一方面，也会因为你为了他而拒绝一次约会而感到歉意，这就非常有助于你与他成交，而免受老客户提出解约的影响。

意外的情况并不总是坏事，也许反而有助于你的推销。这时你应该抓住它，让它来帮助你促成眼前的交易。

在向新客户进行商品推销说明时，有时会突然碰到老朋友，那你就必须以亲热的语气与他寒暄、交谈，让两位客户坐在一起；同时，你应该以对待新客户的态度来对待老朋友。

这时，这位老朋友既然已确认你是个值得信赖的人，那么他一定会积极地帮助你推销商品。在交谈中，两位客户会逐渐熟悉，这样一来，商品说明便能顺利进行，而且效果也会很好。

随机应变的技巧没有什么定式，重要的原则就是在突发的事件面前沉着处理，避开和化解不利因素，抓住有利因素，使意外事件不影响成交，甚至能促成交易。

升级训练

想要在推销中表现得机智灵活，事先的思想准备仍是必需的，多设想一下可能发生的情况，多准备一些对策，在销售时便能自如地运用销售技巧。但这种准备绝不能限制自己的想象力，否则这种准备就会起反作用。

“兵无常势，水无常形”，最重要的是根据不断发展变化的主客观条件，时刻保持灵活的头脑以适应变化。那么如何才能培养自己随机应变的能力呢？

（1）多参加富有挑战性的活动。在实践中，我们必然会遇到各种各样的问题和实际困难，努力去解决问题和克服困难的过程，就是增强人的应变能力的过程。

（2）扩大个人的交往范围。尽力结识不同性质的人群，与性格、思想和自己不同的人做朋友。一般人比较容易结交思想、兴趣和自己相同的朋友，这样的朋友虽然很容易情投意合，但也很容易将自己的想法及创造力局限在狭隘的范围内。只有扩大交往范围，我们才可能遇到各种需要应变能力才能解决的问题。

（3）刻意与不同行业的人群交往。那些业绩不佳的销售人员，大多是因为自己把自己关在同行的圈圈之中。即使在公开的研讨会中，听到一些和自己不同行业的顶尖推销员的经验，却仍然有着“这虽然很适用于某种行业，但却不适合我”的顽固想法，这样的人不会有太好的成绩。

（4）加强自身的修养。应变能力高的人往往能够在复杂的环境中沉着应战，而不是紧张、莽撞行事。在工作、学习和日常生活中，遇事沉着冷静，学会自我检查、自我监督、自我鼓励，有助于培养良好的应变能力。

（5）注意改变不良的习惯和惰性。要改变我们遇事总是迟疑不决、优柔寡断的弱点，就要主动锻炼自己分析问题的能力，迅速作出决断，假如我们做事总是因循守旧、半途而废，那就要从小事做起，努力控制自己，不达目标不罢休。只要下决心锻炼，我们的应变能力是会不断增强的。

秘籍 9：时间上的运筹帷幄

时间是最宝贵的资源，时间对任何人都是公平的。无论你是成功者还是平凡人，每人每天都拥有同样的 24 小时。

对销售人员来说，珍惜时间就是提高效率、创造价值。运筹好时间就是销售人员对自己行为的管理，合理安排时间，使时间的配置达到最优，从而实现其价值的最大化。在这一意义上，时间管理就是自我管理。那么，你对自己在时间方面的安排和利用完全感到满意吗？时间就是金钱，这个概念对于推销恐怕比对任何其他的职业都更为明显。但是从来没有任何一个行业像推销业有那么多人在滥用时间。许多销售新手支配时间的样子，就好像青春是他们独有而永恒的资本，而优秀的销售人员总是善于管理并合理地利用时间，进而创造最大的时间价值。

要想做一名优秀的推销员，首先必须分清楚有关时间的一些基本概念，比如花费时间与投资时间；单位时间的价值与工作效率之间的关系，等等。下面来看一下一个时间运筹的例子：

一名销售新手平均每周可以有 40 个小时的推销时间，而多数推销人员用在与客户联系（通过电话联系或亲自登门拜访）的时间通常都不会高于这 40

个小时的 50%（一般情况下是 20%~30%）。如果你的业绩突出，你也可以像多数人一样，定期给自己放假，保证张弛有度。这样，你一年要工作 50 周，就以每周工作 20 小时计，每年你将有 1000 小时可供你支配。如果你每年可挣 20 万元人民币，那么你每小时的收入就是 200 元。

不管这个数字对你来说是多了一点还是少了一点，你都应该可以从中计算出时间的价值。许多销售大师在多年的销售实践中，积累并摸索了关于时间运筹的经验和技巧，并总结出了不少相关的理论。

早期的时间管理，仅限于备忘录式的时间管理，注重利用便笺和备忘录安排时间，比如何时开会，何时拜访客户，何时撰写报告等。

第二代的时间管理发展到强调利用日程表和预约表安排时间。

第三代的时间管理与前两代相比，强调应首先确定自己的价值观，即“我到底要的是什么？”然后据此设定长、中、短期目标和实施计划，同时还导入优先排序理念，强调做事情时要分清轻重缓急。

最新的时间管理理论主张，时间管理的关键在于自我管理，强调以自然原则为核心，将做事情的重心从事情的“急迫性”转移到“重要性”上来，注重通过团队中的有效授权、沟通等手段来提高时间的利用效率。

由上，我们可以看到：无论古老的还是最新的时间管理理论，都非常注重工作的效率和个人的自我约束力。

升级训练

“一寸光阴一寸金，寸金难买寸光阴”，对销售员而言，时间更是宝贵，要想成为一个成功的销售员，就必须培养自己合理高效安排时间的能力和素质。那么如何才能将时间管理得有效率呢？以下有几种方式可供推销员参考：

（一）学会制订计划

在时间的运用上，最忌讳的是缺乏事前计划，临时起意，想到哪里就做到哪里，这是最浪费时间的。实际上如果你遵从古人所说的“磨刀不误砍柴工”的话，在制订有效的计划中每花费 1 小时，在实施计划中就可能节省

3～4小时，并且会得到更好的结果。如果没有认真做计划，那么就只能证明你对做计划的意义认识不深刻。

一般来说，推销员应该于前一天下午或当天一大早制订出与近期的目标和活动相一致的每日计划，这对于有效地利用个人时间是必不可少的。

（二）按照优先次序对各项任务进行时间预算或分配

推销员应以外勤为主，不要占太多的时间在行政作业中，在公司开会、聊天、写报表的时间应尽可能缩短，另外对外勤时间与内勤时间的所占比例也应加以检查改善。若检查评估后，能将实际面对客户商谈的时间予以增加，一般无谓的时间减少，则时间管理的效益便可使业务绩效更突出。例如：原先作业的各项目时间分配为：午餐22%、交通20%、服务10%、等待15%、面对客户商谈33%等。检查调整后为：午餐22%、交通10%、服务10%、等待10%、面对客户商谈48%。这样，面对客户商谈的时间增加了，等待的时间减少了。推销的时间增多，绩效的提升将更快。

（三）规定最后时限

凡事必须定出最后完成的时间，这样才会迫使自己积极地掌握时间。有句俗话说："住得近的人容易晚到。"就是因为住得近，而忽略了时间。事实也的确如此，有的推销员为了方便上班，在离公司不远的地方租房子住，走几步路很快就能到达公司，因此也养成了拖拖拉拉的坏习惯，结果往往是快迟到的时候才惊觉时间已经来不及了。事实上，不是时间不够用，而是因为消极的心态让你疏忽了时间的重要性。因此，要改变自己的想法，就必须用正确而积极的态度面对时间管理，要求自己凡事都得限时完成，如此持之以恒，事情才会一件接着一件地完成，这才是有效率的工作。

（四）妥善地规划行程

推销员规划每天的行程时有几点需要考虑：

首先要尽可能增加有效工作时间，想办法缩短在途时间等。拜访不同的客户所需的拜访时间应该根据客户的销售规模和发展潜力区别对待，比如，拜访一家面积超过10000平方米的国际量贩店和拜访一家面积不超过50平方米的便利店所花费的时间当然应该不同；即使是同一家客户，由于拜访的目标不一定每次都一样，每次所需花费的时间也不一定相同。

其次要合理安排路线。推销员拜访客户时从甲客户到丙客户的行程安排中，遗漏了两者中间还有一个乙客户的存在，等到拜访完丙客户时，才又想到必须绕回去拜访乙客户，这就是事先未做好路线规划所致，如此一来，自然事倍功半。

另外，某些私人事务也可以在拜访客户的行程中顺道完成，来减少往返时间的浪费。例如，交水电费、交电话费、寄信、买车票等等，因此一份完整的行程安排表是不可或缺的。

（五）学会利用琐碎时间

工作与工作之间总会出现时间的空当，例如等车、等电梯、搭飞机，甚至上厕所时，或多或少都会有片刻的空闲时间，如果我们不善加利用，这些时间就会白白溜走；倘若能够善加利用，积累起来的时间所产生的效果也是非常可观的。推销员在等公共汽车时总有近 10 分钟的空当时间，若是毫无目标地与人闲聊或四下张望，就是缺乏效率的时间运用。如果每天利用这 10 分钟等车的时间想一想自己将要拜访的客户，想一想自己的开场白，对自己的下一步工作作一下安排，那么，你的推销工作一定能顺利展开。不要小看不起眼的几分钟，说不定正是由于这几分钟的规划，你的推销就取得了成功。

秘籍 10：始终如一地勤奋

要成为一名成功的销售人员，不是一朝一夕的事，需要长年累月的积累和奋斗。

在现实生活中，有很多销售人员本身条件很不错，不仅谈吐不俗、举止优雅，而且目标明确、信心很足。但是，他们不仅没有成为最优秀的销售员，反而沦为即将被淘汰的对象。这是为什么呢?

很重要的一点就是，他们有很远大的目标，但没有行动，缺少勤奋的精神。

一定要保持勤奋的工作态度。《致加西亚的信》中说：“如果你希望将自己的右臂锻炼得更强壮，唯一的途径就是利用它来做最艰苦的工作。相反，如果长期不使用你的右臂，让它养尊处优，其结果就是使它变得更虚弱甚至萎缩。”

全美四大推销大师之一的汤姆·霍金斯，从小就背负着父亲的期许，因此当他浪费了父亲毕生的积蓄，从律师学校休学回家时，他父亲失望地流下泪来说：“汤姆，我看你这辈子都不会成功了。”

汤姆第二天就离家出走了，接着他选择了房地产推销这个行业。他告诉自己：我会用我的勤奋，赢得我想要的成功。汤姆果然像疯子一样地工作，他每个月的售房量是其他人的 10 倍之多。几年后，他成了全美房地产销售冠军。

有人问他成功的原因何在，汤姆说：“支持我走到今天的秘诀只有一个，即勤奋进取，坚持到底。”

爱因斯坦说过，成功等于勤奋努力加上方法正确和讲究效率。他把勤奋称为成功的首要因素，要取得任何形式的成功，都必须具备勤奋的精神。

勤奋就是一种永不止步的进取精神。此外，勤奋的销售人员都有一个明确的奋斗方向，一旦目标确定就不会退缩，永远不会满足于现状。他们总有一股自强不息的劲头，他们的人生哲学就是：向前，向前，再向前。

升级训练

一个人怎样做才能勤奋起来呢?

(一)要有远大的志向

如果一个人没有远大的志向，那么做起事来就是三分钟的热度，三天打鱼两天晒网，顺利时很认真，一旦遇到挫折就失去了前进的勇气和决心。明朝学者王守仁说：“凡学之不勤，必其志未笃也。”所以，勤奋这种品质只有依靠志向才能持久。

（二）欲望要专，不能杂

那种这也想做那也想干的人，看起来很勤奋，但是，因为为欲望所惑，把握不住奋斗方向，最后的结果必然是一事无成。

（三）要做好艰苦奋斗的准备

销售工作是非常艰苦的工作，需要成年累月地与客户打交道，甚至逢年过节也需要招呼一下客户。这就需要销售人员做好艰苦奋斗的思想准备。

（四）养成“今日之事今日毕”的习惯

东晋诗人陶渊明有一首诗："盛年不再来，一日难再晨。及时当勉励，岁月不待人。"勤奋实际上是一种习惯的养成，而关键有两点：一是“及时”，不能将可在今天完成的事推到明天，推到将来去做，不珍惜时间的人是不会勤奋的；二是对勤奋的人来说，他们能从小事做起，从脚下做起，那种大事干不来，小事又不愿做的人，也是绝不会勤奋的。

（五）健康是勤奋的前提

但是，最需要我们注意的是，勤奋是重要的，但是身体的健康更加重要。身体是一切的本钱，如果你的销售水平很高，但却是一个病入膏肓的人，那么如何享受自己的成就呢？

在现实生活中，许多销售人员并没有严肃认真地对待自己的健康，并且没有或根本不想用科学的方法限制自己的不良生活方式和行为，而是随心所欲地放纵自己，一直没有保持健康的生活习惯。

销售员需要特别注意自己的身体健康，因为，人们每一种能力与才干的增加以及整个一生工作效能的增加，都有赖于身体的健康。身体健康与否决定一个人勇气和自信心的多少，一个身体健康的人在遇到困难的时候就不会感到犹豫不决，因为身体健康的人心理承受能力也大，而身体不健康的人则恰恰相反。

秘籍 11 ：热爱销售，并能将其当成一项事业

有人对各行各业被公认为“成功者”的人进行调查，发现他们有一个很大的共同点，这就是他们都非常热爱自己的工作。

干了一辈子推销工作的乔・吉拉德就说：“有人说我是天生的推销员，因为我十分热爱销售工作，我确实认为，我早年成功的主要原因是我热爱销售工作。我认为，同我在一起的其他推销员比我更有才能，但是我的销售额却比他们的多，这是因为我拜访的客户比他们多。在他们看来，推销工作是单调乏味的苦差事。在我看来，它却是一场比赛。”

你一定有过这样的体验：当上班时与别人发生别扭，或是工作中遭受意外的挫折，或是受到领导的责备批评，便会觉得工作没有乐趣。而上班时感到工作没有乐趣，下班后回到家并不一定能得到解脱。因为休息是工作的延伸，工作开心，下班后心里便会想着工作的欢乐，而且回味无穷，反之亦然。

怎样使自己工作时感到快乐呢?

快乐是一种感觉，当你感到工作有意义、有价值时，工作起来便会很愉快。而工作时心情舒畅，这快乐的情绪就会感染客户，这样，销售业绩自然就会好起来。反之，你若觉得工作没意思、没价值，那么工作时一定很不愉快，这种低沉情绪同样也会传染给客户，当然业绩不可能理想。

其实推销工作是很有意思的，你的努力会日复一日、月复一月地呈现出成果，它是展现能力的最佳舞台。不仅如此，在接触各式各样客户的过程中，你还可以一面工作，一面学习各种知识。

当你精通推销的奥秘，成为一名成功而老练的推销员后，不管将来你转向什么职业，你都能够成功。推销这一行，可以说是成就“万能选手”的行业。

升级训练

热爱工作，是每个人都需要了解的课题。首先，你要明白热情与自信的关系，你越有自信，你就越有热情；你越有热情，也就会越有自信。那么，作为一名销售人员，应该持有什么样的自信呢？

（一）我从事的是高尚的职业

化妆品的企业主相信他们能带给人们美丽的希望，从而建立全球性的企业；IBM 相信他们对客户的贡献在于替客户解决问题，从而成为世界上最大的信息处理公司；一位确信国家未来的命运掌握在自己手中的小学老师，在教育祖国的花朵时，你能感觉到他的眼神中那种神圣的光辉。作为一名专业的销售人员，就要坚信：我能提供给客户有意义的产品，我从事的是一种崇高的帮助他人的行业；我的客户可能正焦头烂额，而我提供的产品恰恰是我的客户所需要的；推销产品不是我的主要目的，重要的是我向客户提供了快捷优质的服务，节省了客户的时间。

（二）我的公司和产品是最好的

推销员要对公司及产品充满信心。对公司不自信、不热爱的推销员永远不会把自己看作公司的主人，永远不会全身心地扑在工作上，永远不会拿维护自我利益一样的精神来维护公司的利益；同样，对产品不自信、不热爱的销售人员永远也做不好业务。

你要了解自己所在的公司和产品，这一点相当重要，没有客户愿意和不懂公司和产品的外行业务人员打交道，因为你连自己所在的公司和所销售的产品都无法如数家珍，甚至信不过的话，你如何说服客户信任你所在的公司和你所销售的产品呢？

（三）我所接触到的每个客户，都是我生命中的贵人

关于贵人，有一个笼统的定义，即能改变你命运的人，能给你带来成功、能改变你的人际关系的人。如果结合我们的工作，可以理解为：让你有成就感、对你的工作给予肯定、愿意接受并维持与你客户关系的人，都可以算为贵人。现在面临的一个问题就是：谁是贵人？是啊，我们每天接触那么多客户，哪一位客户才是贵人呢？答案有两个：一个是“不知道”，另一个是“每一位客户都是贵人”。所以你毫无选择，必须把每一位客户都当成生命中的贵人，认真对待，热诚服务。

（四）客户的拒绝都是对我的考验

推销员通常要面对几十次的“不需要”、“没预算”、“不喜欢”、“太贵”的拒绝，才会得到一个有希望的客户。所以说，推销员每一次的成功都是建立在多次的失败、拒绝之上的。

在拒绝面前，推销员要有从容不迫的气度和遭遇拒绝后的执著，不因遭到拒绝而灰心丧气，放弃推销。一个推销员如果在推销失败、遭人拒绝、嘲笑后就畏惧、退缩、放弃了，那成功怎么会找上门来呢！

杰克·里布斯曾这样说：“任何理论在被他人认同之前，都必须做好心理准备，那就是一定会被拒绝 20 次，如果您想成功，就必须努力去寻找第 21 个会认同你的识货者。”所以，推销员应该把每一次拒绝看成自己的路标，一路上数着被拒绝的次数，次数越多，心里就越兴奋，告诉自己，达到 20 次拒绝时就会有一个认同者了。

被拒绝是一种过程，一种积累，一次学习的机会。只要你具有坚持不懈、永不放弃的心态，就有被客户接纳的那一天。

第2章

巅峰情绪，决定巅峰成就

如果我为顾客带来风雨、忧郁、黑暗和悲观，那么他们也会报之以风雨、忧郁、黑暗和悲观，他们什么也不会买。相反地，如果我为顾客献上欢乐、喜悦、光明和笑声，他们也会报之以欢乐、喜悦、光明和笑声，我就能获得销售上的丰收，赚取成仓的金币。

➲ 原著精读

今天我要学会控制情绪。

潮起潮落，冬去春来，夏末秋至，日出日落，月圆月缺，雁来雁往，花飞花谢，草长瓜熟，自然界万物都在循环往复的变化中，我也不例外，我的情绪会时好时坏。

今天我要学会控制情绪。

这是大自然的玩笑，很少有人窥破天机。每天我醒来时，不再有旧日的心情。昨日的快乐变成今日的哀愁，今日的悲伤又转为明日的喜悦。我心中像有一只轮子不停地转着，由乐而悲，由悲而喜，由喜而忧。这就好比花儿的变化，今天绽放的喜悦也会变成凋谢时的绝望。但是我要记住，正如今天枯败的花儿蕴藏着明天新生的种子，今天的悲伤也预示着明天的欢乐。

今天我要学会控制情绪。

我怎样才能控制情绪，以使每天卓有成效呢？除非我心平气和，否则迎来的又将是失败的一天。花草树木随着气候的变化而生长，但是我为自己创造天气。我要学会用自己的心灵弥补气候的不足。如果我为顾客带来风雨、忧郁、黑暗和悲观，那么他们也会报之以风雨、忧郁、黑暗和悲观，他们什么也不会买。相反地，如果我为顾客献上欢乐、喜悦、光明和笑声，他们也会报之以欢乐、喜悦、光明和笑声，我就能获得销售上的丰收，赚取成仓的金币。

今天我要学会控制情绪。

我怎样才能控制情绪，让每天充满幸福和欢乐？我要学会这个千古秘诀：弱者任思绪控制行为，强者让行为控制思绪。每天醒来当我被悲伤、自怜、失败的情绪包围时，我就这样与之对抗：

沮丧时，我引吭高歌。

悲伤时，我开怀大笑。

恐惧时，我勇往直前。

自卑时，我换上新装。

不安时，我提高嗓音。

穷困潦倒时，我想象未来的富有。

力不从心时，我回想过去的成功。

自轻自贱时，我想想自己的目标。

自高自大时，我要追寻失败的记忆。

纵情享受时，我要记得挨饿的日子。

洋洋得意时，我要想想竞争的对手。

沾沾自喜时，不要忘了那忍辱的时刻。

自以为是时，看看自己能否让风止步。

腰缠万贯时，想想那些食不果腹的人。

骄傲自满时，要想到自己怯懦的时候。

不可一世时，我要抬头，仰望群星。

总之，今天我要学会控制自己的情绪。

从今往后，我明白了，只有低能者才会江郎才尽，我并非低能者，我必须不断对抗那些企图摧垮我的力量。失望与悲伤一眼就会被识破，而其他许多敌人是不易觉察的。它们往往面带微笑，招手而来，却随时可能将我摧毁。对它们，我永远不能放松警惕。

今天我要学会控制情绪。

有了这项新本领，我也更能体察别人的情绪变化。我宽容怒气冲冲的人，因为他尚未懂得控制自己的情绪，我可以忍受他的指责与辱骂，因为我知道明天他会改变，重新变得随和。

我不再只凭一面之交来判断一个人，也不再因一时的怨恨与人绝交，今天不肯花一分钱购买金篷马车的人，明天也许会用全部家当换取树苗。知道了这个秘密，我可以获得极大的财富。

今天我要学会控制自己的情绪。

我从此领悟了人类情绪变化的奥秘。对于自己千变万化的个性，我不再听之任之，我知道，只有积极主动地控制情绪，才能掌握自己的命运。

秘籍 12 ：用自信拉开帷幕

“真的，我现在到客户那里去，只要一看见‘谢绝推销’的牌子，我心里就发憷，就想马上往回走。”

相信很多新入职的推销员都遇到过这种情况。

其实，这只是心理因素在作怪。相反，这类客户反倒更容易攻下来：一是很多推销员见了这块牌子就打退堂鼓，也就是说你的竞争对手少了；二是这类客户其实是不习惯与推销员打交道，只要你的推销恰到好处，就更容易成功。真正的推销不单是说服微笑的客户，更多的是对客户的拒绝说“不”。而这种说“不”的自信和勇气会为你争取更多的推销机会，同时，你的自信也会使客户对你的产品充满信心，从而为你带来意想不到的收获和业绩。推销不仅是口才之战，更是心理之战。良好的心理素质是一名优秀的推销员必不可少的技能。

一次，推销员张姗拜访某跨国公司的采购部门后，经理递给她一份下游客户的“采购员谈判技巧”。只见“谈判技巧”上写着：

（1）永远不要去喜欢一个推销员，尽管他是我们的合作者。

（2）要把推销员当成你的头号敌人。

（3）永远不要接受第一次报价，让推销员乞求你，这将为我们提供更多的机会。

（4）对推销员随时使用的口号是：“你可以做得更好！”

（5）永远保持最低价纪录，并且还要不断地要求降价，直到推销员停止提供折扣。

（6）永远把自己当成某人的下级，而推销员永远有自己的上级，那个上级完全有可能给你提供额外的折扣。

（7）如果推销员轻易接受你的条件，或者到休息室思考，或者出去打电话请示汇报，那么，你就可以认为他还有回旋余地，你要再次让他降价。

……

（27）每当推销员的对手正在进行促销时，你就问他“你们为什么不做促销？”并要求同样的条件。

（28）永远记住这个口号：“你卖我买，但我不总是买你卖的。”

虽然这是站在买方角度上设计的心理战术，但相信任何一个推销员看了这份材料都会感到震惊，甚至会把自己好不容易建立起来的自信击溃！推销员张姗也不例外。“看完这个，我真后悔选择推销员这个职业！”张姗说道。但是推销员李试并不这么认为，他把材料拿过去看了看，对张姗轻松地一笑：“我给你几条建议！”

（1）你要把对方的采购作为我们的头号敌人，永远与他们玩心理游戏！

（2）永远不要在第一次报价后就开始妥协，对方的贪婪是无止境的，要记得给自己留退路。

（3）对方的采购人员越嚣张，你就越要沉稳，把精明和算计都藏在肚子里。

（4）就算他喊着说要换供应商，你也不要慌张，不要急着降价。

（5）对于你所面对的采购人员，要把他身上的每一个毛孔都摸透，你的信念永远是：“他可以买得更多！”

……

看着同事李试口若悬河的样子，张姗惭愧地低下了头，她明白：自己还没有完全建立起自信心，而这份自信正是成为一名优秀推销员的必备潜质。

对于推销员来说，每次与客户见面可以说都是一场残酷的心理游戏，如果你给了客户说“不”的机会，那是不幸的，但是，如果你被一个“不”字击垮了，那就更不幸了。正如世界上没有克服不了的困难一样，世界上也没有任何一种工作是可以轻而易举完成的。是推销就有竞争，是竞争就有困难，因此，逃避不是办法，应当积极地去面对它。

升级训练

自信是一种美妙的生活态度，当你接受自我并与人愉悦相处时，你将体验到从没有过的自信——自信地按照自己的方式做事；尽情地享受生活，对一切充满好奇；轻松地面对拒绝和失败等不利后果。如何使自信成为内在品质是一件困难的事情，如果不能从别人那儿获得肯定，你就无法相信自己；如果不能接受对你有益的积极建议，你也无法相信自己。

为什么大部分人就没有这种恒心呢？因为大多数人没有自信，害怕接二连三的失败让自己更加不敢面对现实，那样，自己连做梦的勇气都没有了。所以，他们开始自我设限，还安慰自己说很多人都是这样的；他们习惯了逃避责任，成天为自己找借口，把所有责任都推给社会、家庭和亲朋好友；他们慢慢失去了热忱，心态开始消极，情绪开始消沉，想象力开始消减，行动也就消极了。所以，他们不成功就理所当然了。事实上，世界没有变，是他们原本该自信的心态变得自卑了。

也就是说，你要想让客户高高兴兴从口袋里拿出钱来购买你的产品，首先要让他相信你的产品，在此之前，你必须先让他相信你这个人。所有的业务经理都希望自己选中的推销员有自信，意思就是要他们个个都积极进取，主动进攻。一定要记住：推销的前提是建立全面的自信。

如何树立自己的信心？

（一）正向强化，大胆表现

当我们需要建立信心的时候，可以在脑子里不断强化这个观点：人都是有自卑情结的，任何人都会自卑。接下来我们开始对自己说：我肯定没有问题，我了解的肯定比别人多，研究的肯定比别人深，他们是外行，我是内行。而且要知道，人都是有自卑情结的，人与人其实没有什么不同，只是有人敢说、有人敢做、有人敢想。

这样不断正向强化，我们就会信心大增。如此会形成良性的循环，让我们更加有信心，对生活更加热爱。

（二）大胆正视，心地坦荡

一个人的眼神可以透露出许多有关他的信息。某人不正视你的时候，你的直觉会问自己："他想要隐藏什么呢？他怕什么呢？他会对我不利吗？"不正视别人意味着：在你旁边我感到很自卑，我感到不如你；我怕你。躲避别人的眼神意味着：我有罪恶感；我做了或想到什么我不希望你知道的事；我怕接触你的眼神，你就会看穿我。这都是一些不好的信息。

正视客户等于告诉客户：我很诚实，而且光明正大。我相信我告诉你的话是真的，不心虚。

（三）当众发言，增加信心

拿破仑·希尔指出，有许多思路敏锐、天资高的人，却无法发挥他们的长处参与讨论。并不是他们不想参与，而只是因为他们缺少信心。

在会议中沉默寡言的人都认为："我的意见可能没有价值，如果说出来，别人可能会觉得愚蠢，我最好什么都不说。而且，其他人可能都比我懂得多，我并不想让他们知道我是这么无知。"这些人常常会对自己许下很渺茫的诺言："等下一次再发言。"可是他们很清楚自己是无法实现这个诺言的。每次不发言，这些沉默寡言的人就又中了一次缺少信心的毒素，从而愈来愈丧失自信。

从积极的角度来看，如果尽量发言，就会增加信心，下次也更容易发言。所以，要多发言，这是信心的"维生素"。

（四）肯定思维，消除自卑

肯定与否定，两种不同的措辞，可以将同一件事实，形容成有天壤之别的不同结果。可见措辞这件事，诚然是任何天才都无法比拟的魔术师。在任何情况下，只要常用有价值的措辞或叙述方法，就可以将同一个事实完全改观，当然也能驱除自卑感，而令人享受愉快的生活。

秘籍 13 ：没有做不到，只怕想不到

“想挑战自己吗？做推销吧！”这是一则推销广告中写到的，虽然你没怎么做过推销，但是现在的你如果想从这方面入手来锻炼一下自己，那就从推销做起吧！那些成功的推销员们，又有谁是天生的推销专家？他们也是在不断的尝试，积累经验，不断的努力学习再加上不断的坚持，到最后才把推销做得非常好，成为推销高手的。

世界推销大师乔·吉拉德曾荣登世界吉尼斯纪录大全世界销售第一的宝座，他所保持的世界汽车销售纪录是连续 12 年平均每天销售 6 辆车，至今无人能破。

然而谁能想到，这个能够在短短 3 年内走上世界第一，并被吉尼斯世界纪录称为“世界上最伟大的推销员”的人，在此之前还是一个大家公认的失败者，他患有相当严重的口吃，换过四十个工作仍一事无成，甚至曾经当过小偷、开过赌场。

就是这样一个谁都不看好，而且背了一身债务、几乎走投无路的人，竟然能够创造一个无人能破的奇迹。乔·吉拉德是怎样做到的呢？

第一，乔·吉拉德把销售行业认定为自己的一项事业来做，发自内心地认同销售行业。在一个人发自内心地爱上工作的情况下，这种促使人努力工作的潜在力量是无穷大的，他会觉得“工作是快乐的”。

第二，乔·吉拉德热衷于从他人的成功经验中学习，受启发后再思考，找到属于自己的方法。

第三，懂得在逆境中成长、在痛苦中强大的道理。乔·吉拉德从以往失败的人生经历中深深体会到，任何事情都不是随随便便就可以成功的，但我们却要感谢这些挫折和痛苦，感谢对你不好的人。因为是他们不断地促使你变得强大。

第四，确定目标，心无杂念，专注重复是成功的开始。既然确定了目标，就必须做到锁定目标，专注重复，所以乔·吉拉德不断地跟客户接触、接触再接触，他坚信，每个客户身后都有两百多位朋友，只要自己服务好现有的客户，通过老客户介绍新客户，自己的生意将会做得越来越大。

第五，诚实，诚实是推销的最佳策略，尤其是客户事后可以查证的事。乔·吉拉德善于把握诚实与奉承的关系，在真诚之外，几句赞美可以使气氛变得更愉快，推销也更容易成交。

做推销，没有做不到，只怕想不到。这并不是狂热的激励法，想一想，除非你生活在真空中，否则你能够离开买卖交易吗？自从有了以物易物的先例，这项传统沿袭至今，世界上有人需要某一样东西，就会有人把它当成商品来交易，推销也就不可避免地发生，推销员也就不可避免地出现。

对于某些推销新人来说，推销则是他最后的选择，他往往因为找不到合适的工作而选择推销。而另一些人则在推销经理人的劝说下，放弃了原来不喜欢的工作，开始尝试做推销。然而，更多的人是因为推销能提供很多机会而选择它，并且它的回报比较丰厚。调查表明，在所有行业中，推销员的回报是最高的。

如果你的志向是做世界上最伟大的推销员，如果你的目标是拿下任何你想拿下的客户，如果你的偶像是推销大师乔·吉拉德、雷德、卡耐基，那么你就要保持一个好心态，重新认识推销工作，重新认识你自己。不要因为忙碌而过于盲目，更不要因为太盲目而导致自己过于忙碌。现在有很多推销员就处于这种忙碌而又盲目的状态。所以你必须尽快调整，清楚自己想要的是什么、该干的是什么、该怎样去做才能达到目标，只有自己明确了这些，才真的有可能实现自己的计划。

升级训练

世界上最伟大的推销员绝不是天生的，没有人生来就是推销天才，假如你热爱推销工作，愿意为推销事业奉献自己毕生的精力，你也可以成为世界上最伟大的推销员。推销是对人生观和社交能力的考验。好的推销员不一定是专业人士，但一定很懂行；不一定学历高，但一定善于调整自己的心态！在决定是否从事推销职业之前，你还必须明确以下几个问题：

（一）你是否能承受很大的压力

一旦做了推销这一行，谁不想成为优秀的推销员呢？优秀意味着得到公司的认可、可观的推销提成以及同行的肯定，但也意味着你要承受很大的压力。想想明天就是公司推销业绩统计的日子，而你的任务只完成了一半，你会是怎样地忧虑，这样的压力是很多从事其他职业的人难以想象的。因此，要想做一名出色的推销员，就必定要有超乎常人的抗压能力。

（二）你是否有积极的心态，有敢于亮剑的勇气

谁都知道，推销的工作是量化的，只计结果，不计过程。推销处在激烈的市场竞争之中，一进入公司，你就会有严格的工作指标，能否完成任务将是你能否留任的唯一标准。如何打好这场没有硝烟的战争，是每一个选择了推销行业的人时刻面临的问题，因此，你不能有丝毫的退缩和懦弱。那么什么是积极的心态呢？就是无论遇到什么样的问题和困难，你都要有“我能做到”的决心和自信。具有积极心态的人，遇事的态度是不轻易否定，而心态消极的推销员，什么都没有做，就抱怨：“老总，补钙的产品都做滥了，怎么你还代理，这产品肯定销不出去。”然后就躺在自己的结论上睡大觉。

（三）你的责任心是不是很强

做推销，并不是简单地将你的产品卖出去就算成功，因为你不能够总靠天天跑客户的办公室来赢利，你还要有自己稳定的客户群。如何维护好你的客户群，就要靠你的声誉和你的责任心。想尽一切办法把东西卖给客户以后就什么都不再管的推销员，永远不会有好声誉，更不会有稳定的客户群。客户买了产品，出了问题，你必须尽力去解决。也就是说，你推销的不仅是你的产品，还有服务和责任。

（四）你有没有强烈的欲望和工作的激情

你是一个充满激情的人吗？你对成功的欲望是不是很强？对做推销的人

来说，温和、无欲无求是毫无裨益的，这不应该是一名迈向成功的推销新人的特质。只有你有欲望，有目标，才会有动力。

（五）你是一个有耐心的人吗

做推销员，你应该将“拒绝”视为一件非常平常的事情，因为你所面对的客户肯定有着不同的需求，所以也许你的方法都没有问题，但同样还是没有把产品成功地推销给你的客户。在这种情况下，你不能烦躁，也不能气馁，应当继续你的尝试，直到成功。当你一天拨了 100 个电话都遭到拒绝之后，你是不是还会拨第 101 个？也许这第 101 个就是你成功的开始。

秘籍 14：积极的自我暗示与确认

如果有人告诉你，你的命运是由你自己“画”出来的，你一定会感到惊奇，但这是事实，这个事实已被无数伟人和成功人士验证。这就是我们每个人固有的“心理图像”，它是自我暗示的来源。

什么是“心理图像”？“心理图像”是怎么形成的？

原来，我们每个人的自我形象就像一部电脑，要由自己来编排数据和输入程序。你的生活环境，你的经历，别人对你的评价和反应，你从过去的成功和失败中获得的经验都会为你提供有关“我是谁”的数据信息。你通过反复编排把自己的形象输入“电脑”，于是，在你心灵深处就出现了一个能够指引你思维方式的自我意向。然而，假如你的自我从一开始就受到了压制，你根据各种信息编排的数据就有可能产生误差，以致输入的自我形象出现问题，要么夸大真实的“自己”，要么贬低真实的“自己”。

编程过程中，是谁在为你控制操作？就是自我暗示。自我暗示最初来源于你的心理图像，但因为人有想象的禀赋，想象的能动性又会改变你的自我暗示，反过来再重新修改你的心理图像。通常，一个人的想象力越丰富、越牢固，他的自我暗示也越发清晰和坚定。这就是我们平常所说“直觉的指引”或“跟着感觉走”的内涵和来由。

实现理想的过程中，人的目标或许会根据现实情况和条件加以调整，但若不是有意纠正，自我暗示描绘的“主色”和“主调”不会发生本质改变。例如，某人自我暗示中的天空是蔚蓝的，他的总体生活就是再有挫折，也不会偏离阳光；相反，若一个人的自我暗示从一开始就误入了阴霾，那么，很可能他的整个人生都难以离开阴雨和泥泞。

积极的心理暗示终会让你梦想成真，消极的心理暗示总是让你美梦难成。这就是心理学家用一个生动的比喻告诉我们的：正确的梦导致正确的人生，错误的梦导致错误的人生；然而，没有梦，就没有人生。于是，让自己“做梦”，就成了今天的心理学家要教给推销员的心理暗示法。

升级训练

积极的心理暗示能产生奇妙的力量。不管是什么工作，如果一开始就有完成它的暗示，工作就必能完成。推销员可以从以下几方面出发进行积极的自我暗示：

（一）停止自我诋毁

有内在自卑感的人总在不停地自我诋毁：我不行，我不好看，我太倒霉了，我太不幸了，从小到大从没有人真的欣赏过我，这个世界上再不会有人爱我了……根据你的遭遇，你最初的心理图像有一定的真实性，但因为你缺少积极的自我暗示，你的心理图像成了被动的、定型的相片，挂在你心灵的墙壁上。试想，假如你每天一动不动地盯着一张愁眉不展的照片，怎么会有好心情呢？

现在你的问题就错在自己的心理层面挂上了这么一张倒霉的照片。但不要忘了，你有自己的能动性，只要你想，你立即可以取下那张照片换上一张新的：开心的，快乐的，欢笑的。一旦你心理层面的照片笑起来，你也会跟着笑起来。所以，当我们对自己感到不自信，对未来绝望的时候，可以试着对自己说一些积极和鼓励的话，如“我可以战胜一切困难”、“我能一点一点地把事情做好”……你从反复暗示中获得力量的时候，也就是你战胜困难、重拾自信的时刻，你的人生将因此截然不同。

（二）不要夸大不幸

现代人的负面情绪、烦恼和压力，都来自于我们的思考能力，而人的思考有滑入负面思考的天然倾向性。一不小心，你的思考习惯就会变成负面的了，进而会夸大这种消极的倾向，比如童年家庭遭遇、生活境况不如意、一次工作失误、一次疾病来袭等，都有可能使原本就已消极的自我暗示变得更加消极。其实很多时候，真正让你感到不如意的不是倒霉的现状，而是倒霉的心情。

俗话说：人生没有过不去的河。所有不如意的发生都无必然性，对于长长的人生和具有能动性的人而言，一旦学会战略上藐视不幸，战术上重视它，你不但能很快“转危为安”，还能把失落和挫折变成未来的财富。

（三）学会在失意中肯定自己

失意中肯定自己不容易。一旦学会在失意中肯定自己，你就等于在失意的战役中取得了胜利。人生是一场由两大战役组成的战斗：一是和世界战斗，二是和自己战斗。在大工业文明下，和世界的战斗愈加需要人的智力和心力，所以说不断战胜自己是当代人的精神需求。“不以物喜，不以己悲”讲的就是以心智赢得世界的道理。所以，不管你失落得如何惨烈，只要你相信自己，积极的自我暗示一定会把你带出低谷。

（四）学会放松

每人的内心都有一种“成功机制”，就是我们平常所说的进取心。但进取的动力不能靠压力和强迫，而是机体的健康和目标的确立。一个能积极自我暗示的人不会轻易放弃目标，但假如这时身体过于紧张，也不利于进取心的发挥。所以，劳累或生病时要学会放松，让身体尽快恢复活力。一旦你的身心都获得了调整，重整旗鼓后的你自然会打开新局面。

（五）尝试梦想成真的练习

想象力是人得以成功的资本，也是世界得以发展和改变的动因。往小处说，生活是想象的结果；往大处看，世界是想象的结晶。没有想象力，就没有人的立足之地；没有想象力，今天的世界只能是一片莽丛。拿破仑说：“想象力统治世界。”格林·克拉克认为：“人类所有的才能中，和神最接近的就是想象力。”亨利·凯瑟尔宣称：“你可以想象你的未来。”所以，是想象力让人脱离了生存的狭隘，是想象力让人变成他梦想成为的那个人，是想象力使人成为“我自己”。

（六）接受变化

我们应当在不可侵犯的东西中寻找幸福。那就是：科学、变化和爱。人难以改变自己的症结就在于，他不大容易接受变化。他认为自己定型了，事到如今已经没有回旋的余地了。这时如果能改变自己的思维，接受变化，你的“心理图像”就会从消极走向积极。

新进加盟公司的俞小娜根据接受变化的新思维做了练习，她把自己分成两个“我”：一个是今天的我，一个是明天的我；今天的我是现实的我，明天的我是理想的我。尽量用美好的理想去充实明天的我，然后对今天的我说：“听着伙计，我一定要追上你，我能行。”将这样的反复练习用于工作后，俞小娜说：“这一招还真灵，什么样的变化都能慢慢应付了。”

这就是自己创建的自我暗示，它从一开始就是个积极、健康的孩子。

（七）设定目标

人需要不断自我激励才能最大限度地发挥潜能。心理学家告诉我们，一个没有受激励的人，仅能发挥其能力的20%～30%，一旦他受到激励，其能力可以发挥到80%～90%，相当于激励前的3～4倍。发展自己需要自觉的自我激励。为此，不断设定目标是最有效的努力。体育竞技中，运动员的进步无不是设定目标的结果。若能将它运用于工作，那么，每回冲击目标的行动都会变成一次创造的使命。

（八）用夸大和预想失意的方式增强免疫力

人生不可能一帆风顺，有时还会遇到风暴和险情。所以，生活在优越环境中的你，最好有意识地锻炼自己对失意和挫折的抗受力，以增强自己的心理免疫功能。练习：把自己关在一间没有人的房间里，独自静坐30分钟，让过去的失意重现，并有意夸大它，一旦你自觉激发出自己的求生本能，内心的成功机制将赋予你超越自我的力量。

秘籍 15：“拔出”心中的自卑

一个人贫穷点儿没关系，地位低些也没关系。这些都是外在的，是可以凭自己的努力改变的，或者说得极端些，不改变又怎么样呢？各人有各人的生活，只要不妨碍别人，活出尊严，穷些、苦些又怎么样呢？但如果一个人自轻自贱，就算你地位再高，财富再多，人家仍会觉得你有缺陷，觉得你需要改变。

我们要说的是，自轻、自贱的孪生兄弟，就是自卑。

升级训练

在与客户的交往中，切忌自卑。那样只会让你不停地感到气馁，这样恶性循环下来，只能让你在客户面前更加不知所言、不知所措了。

在推销工作中，常见的一种心理障碍是有些推销员总认为自己的工作低人一等，是在恳求别人买东西，存在着很强的自卑感。

职业自卑感的产生既有社会的原因，也有推销员自身的原因。那么，如何来克服自己的职业自卑感呢？

（一）塑造自己坚强的性格

一个产生职业自卑心理的人，与其性格特征有很大关系，因此，对于已露出自卑苗头的人来说，要注意通过锻炼、自我教育等方法，培养自己坚强的性格。

努力寻找自己所从事职业的光辉点，消除自己的认知偏见，认识此种职业在社会生活中的不可替代性，不断提高职业的自豪感和成就感。

不断总结和摸索职业工作的经验和规律，努力做好本职工作，使自己成为本行业的“状元”。同时也可以发挥自己的特长，从事第二职业，从各方面进行“补偿”，充分发掘自己在社会生活中的价值。

不断提高自信心，在适当的场合、适当的时间，努力表现自己，使自己的工作成绩显现出来，让别人充分看到自己所从事的职业在社会生活中的不可替代性，从而改变某些人的偏见，为自己创造良好的工作环境。

（二）要学会保持心理平衡

自卑是失去心理平衡的一种精神状态，要恢复这种失调的心理，就要在比较中认识自己，根据自己各方面的条件，提出心理要求，并经常、及时地对自己的要求进行反思和调整。

虽然推销员对待客户一定要和蔼可亲，要善于察言观色，但并不是要卑躬屈膝，在工作的时候要不卑不亢，坚持原则，并维护自己的人格和尊严。

（三）正确看待挫折

心理学认为，羞怯的人通常有被陌生人拒绝的不愉快经历，所以造成了现在心中的阴影。我们必须正确看待以前的失败，过去的事情就让它过去好了，不要自怨自艾，更不能一蹶不振！让自己真正放下记忆中失败的包袱吧！这样，你才有足够的勇气去面对下一个客户。

（四）学会模仿

在你自己的生活圈中，总是有这样的人，和他们交谈有如沐春风的感觉。他们的一言一行、一举一动是怎样吸引住你和他人的目光呢？不妨细心观察一下，模仿他们那优美的仪态和谈话的技巧，学习再学习，相信自己也可以做得同样好。

内在的气质和风度最终要靠自己来塑造，放下一切心里的包袱和枷锁，勇敢地展示自己，只要自己有充分的信心，由羞怯走向从容自如，你一定可以做到！

秘籍 16 ：坚持到底，永不放弃

有些推销员一旦被客户拒绝，觉得面子上下不来，就会打退堂鼓、半途而废。你可知道，成功或许就在你放弃的同时与你擦肩而过！

在推销过程中，当你被一个客户拒绝一次、两次、三次，甚至更多次的时候，你心里是否在想：这个客户真是麻烦，我无法说服他，干脆放弃算了。如果你是这样想的，你就失去了这个客户。所谓推销就要列出一张长长的能够使你赚钱的客户名单并实现一个个的销售目标，其关键就是盯住目标，永不放弃。

你每完成一个交易对象，都已经在他们身上花了一定的时间、金钱和精力，为何要舍近求远，去寻找新客户？但是，很多推销员做不到这点，老客户其实是一群你可以找到的最适合的客户。他们已经用订单证明了他们是你的好买主，而且，如果你的工作成效不错的话，他们已经相信你的人品、工作能力和你所推销的产品——千万不要让这些人溜走了。因为，推销就是一场胜少败多的马拉松比赛，即使最好的推销员也难免要经历无数次被拒绝。推销员的心理素质必须过硬，无论客户拒绝多少次，也要盯住目标不放松。美国联合保险公司有一位名叫麦克的推销员，正是凭借一张“厚脸皮”获得了“王牌明星推销员”的光荣称号。

炎热的一天，刚刚从事保险推销的麦克在佛罗里达州一个城市推销保险，他一次又一次被人们拒之门外，最终无功而返。

第二天，当他从公司出发时，他向同事们讲述了昨天的事，同事们都劝他放弃那些顽固的客户：“换个地方吧！你怎么好意思第二次敲开一个拒绝过你的客户的家门呢？如果他们仍然拒绝你，你的脸面往哪儿搁呀！”

可是，麦克充满自信地说：“在我看来，订单比面子重要几千倍。昨天的拒绝，并不说明今天仍然不接受，我一定要盯住目标不放松，让客户觉得我是一个非常有耐力的人，直到他们成为我的客户。”

他又去了以前的客户那里继续推销，功夫不负有心人，结果签回了八十多份新的保险单。

可见，推销是一个坚持不懈的过程。但这句话的意思并不是让你不断地开发新客户，不断地重复交易的程序，而是要你明白：只要你有机会，就不要半途而废。

有一次，原一平打算拜访某公司总经理，这位总经理日理万机，是个不折不扣的“工作狂人”，不但不易接近，连见他一面都很困难。

经过再三考虑，原一平决定采用直冲式拜访。

“你好，我是原一平，我想拜访总经理，麻烦你替我通知一下，只要几分钟就可以了。”

秘书是位训练有素的人，进去一会儿后又出来。

“很抱歉，我们总经理不在，你以后有时间再来吧！”

出来的时候，原一平问旁边的警卫：“警卫先生，车库里那部轿车好漂亮啊，请问，是你们总经理的座驾吗？”

“是啊！”

于是原一平就守在车库铁门旁，竟不知不觉睡着了，正在此时，有人推开铁门，原一平被推了一个大筋斗，当他回过神来，那部豪华轿车已载着总经理扬长而去。第二天，坚持不懈的原一平又来到该公司，秘书还是说总经理不在。

原一平知道硬撞不行，决定采取“守株待兔”的方法。他静静地站在该公司的大门边，等待这位总经理的出现。

1个小时，2个小时，10个小时过去了，原一平还在守候着。

功夫不负有心人，原一平终于等到总经理的豪华轿车出现，原一平一个箭步冲上去，一手抓着车窗，另一手拿着名片。

“总经理您好，请原谅我鲁莽的行为，不过，我已经拜访您好几次了，每次您的秘书都不让我进去，不得已我才用这种方式来拜见您，请您多多包涵。”

总经理连忙叫司机停车，打开车门请原一平上车。

结果，总经理不但接受了拜访，还向原一平购买了保险。

升级训练

即使最有勇气的推销员，大概也产生过惧怕被客户拒绝的心理。实际上，就算是最老牌的推销员，在与一个完全不认识的潜在客户见面时，心里也会发憷。这时候，往往电话那头一句“某某不在”，一下子就卸掉了这个推销员的紧张不安和所有的负担。他心里的潜台词是：我可是努力工作了，但客户不在，那我就没什么办法了。但其实这个负担仍然压在推销员的肩上：你还是没有约到客户，除非你不做推销员，否则你无论如何也避免不了被拒绝的可能。怎样才能战胜自己惧怕被客户拒绝的心理呢？

销售其实就是一场数字游戏。有个成功的概率在里面，区别只在于经验多、技巧好的人成功率高一些，比如见了 10 个客户可以成功完成 2 单交易。而经验少、技巧差的人成功率可能就低一些，比如见了 10 个客户却一个交易也没完成。被拒绝没什么可怕。假如你一天下来要见 100 个客户，而你见了 90 个客户都被拒绝了，只能说明你越来越接近成功，剩下来的 10 个客户可能就会有 8 个与你成交。反过来，如果你刚开始见的 8 个都成功了，说不定你接下来就要开始吃闭门羹了，这就是概率。关键的问题是你必须去做，必须不断地去尝试。没有数量，谈何成功的概率？

那么，如何在理解概率的基础上建立自信，或者，起码是能够尽可能避免被失败搞得垂头丧气呢？

（1）列出你每月必须完成的销售额，然后计算一下如果要完成这些销售额必须做成多少个订单，需要与多少位客户达成交易。

（2）根据自己可能的成功概率，列出你每天需拜访的客户名单。当然，你所开列的名单应该已经经过你的筛选，也就是你认为有和他们做生意的可能性的潜在客户。例如，你一天必须做成 2 单交易，而你的成功概率大约是拜访 50 人成功 1 人，那么，你就得开列 100 位潜在客户名单，依次拜访，最终就可能得到你需要的 2 张订单。

（3）每当遇到挫折的时候，你就要告诉自己：太好了，又过了一个拒绝的数字，这不过是这 100 位里面失败的概率，在我拜访完拒绝我的全部客户之后，剩下的肯定就是我真正的客户了。

秘籍 17 ：用100%热情做事

杰克·韦尔奇说："A 类人与 B 类人最大的差别就是热情。"

拿破仑·希尔说："要想获得这个世界上最大的奖赏，你必须像最伟大的开拓者一样，将所拥有的梦想转化成为实现梦想而献身的热情，以此来发展和销售自己的才能。"

爱默生说得更直接："没有热情，就别想完成任何伟大的事。"

有一天，三个人做了一个小游戏：同时在纸片上把他们曾经见过的性格最好的朋友的名字写下来，还要解释为什么选这个人。

结果公布后，第一个人解释了他为什么会选择他所写下的那个人："每次他走进房间，给人的感觉都是容光焕发，好像生活又焕然一新。他热情活泼，乐观开朗，总是非常振奋人心。"

第二个人也解释了他的理由："他不管在什么场合，做什么事情，都是尽其所能，全力以赴。"

第三个人说："他对一切事情都尽心尽力。"

做这个小游戏的三个人是美国几家大刊物的记者，他们见多识广，几乎踏遍了世界的每一个角落，结交过各种各样的朋友。他们互相看了对方纸片上的名字之后，发现他们竟然不约而同地写上了澳大利亚墨尔本市一位著名律师的名字，这正是因为这个律师拥有无与伦比的热情。

凭借热情，一个人可以释放出潜在的巨大能量，发展出一种坚强的个性；凭借热情，一个人可以把枯燥乏味的工作变得生动有趣，使自己充满活力。

热情会创造奇迹，如果你都能像麦当劳店里的员工一样工作，将会创造一个又一个奇迹。

麦当劳店内员工的工作其实很简单，并且有一套非常有效的生产流程在背后支援。他们也很少遇到不寻常的要求，跟客户打交道也不会面临很多困难。但就是这么简单的工作，员工们对此却倾注了 100% 的热情。他们永远面带微笑，非常有礼貌地向客人请示，热情让他们做事机敏——工作起来速度既快，质量又好。

杜鲁门总统说：“我研究过许多伟人和名人的生活，发现凡是获得顶尖成就的人，不分男女，都有一个共同的特点，就是对自己手头的工作，都能投入全部的活力与狂热。”

一个对工作毫无热情和期望的人，很难想象他能够在本职工作中做出可圈可点的成绩来。

对工作热情投入的人，对生活充满着希望，对未来也满怀憧憬。把每天的工作看成是生活的一部分，从中发现无穷的乐趣。当你每天用 100% 的热情去做事时，你每天都会尽自己所能力求完美，没有什么能阻挡你成功，而你周围的每一个人也会从你这里感染这种热情。

有一次，一家杂志社派一位摄影师到理财专家家里拍照。摄影师一会儿打光，一会儿要求理财专家调整姿势。

专家不耐烦地抱怨：“我是个大忙人，没有时间在这里消磨啊！”

可是摄影师依然我行我素，完全投入工作之中，一直到满意收工为止。

事后，有朋友问专家：“你为什么能容忍对方如此侵占你宝贵的时间呢？”

他说：“这位摄影师显然要求很高，除非拍到满意的镜头，否则怎么会罢休呢？最重要的是，看到他那份对工作的执著，我怎么忍心去打消他那股热情？”

不管是什么样的事业，要想获得成功，首先需要的就是工作热情。销售人员尤其要注意工作的热情度，因为你热情与否直接会影响到客户的购买心态。如果你能够拿出 100% 的热情来对待每一位客户，你就会发现，原来每天平凡的工作竟是如此充实、美好。

升级训练

那么，如何才能提高我们的工作热情呢？

（一）在工作中找到乐趣

许多人困在周而复始、没有变化的工作中，觉得枯燥乏味。如果把训练放在“期待新鲜的每一天”上，学着对每天的人、物、事感兴趣，或许工作就不是那么无聊了。当你对工作充满浓厚的兴趣，认为自己的工作十分神圣，自然会竭尽全力去做，不管遇到多少困难都会以积极乐观的态度去面对。

（二）从工作中找到价值感

曾经，有许多人看到自己从事的工作就是眼前的样子，没有很好地了解工作，没有看到工作的价值和意义。但今天，越来越多的人理解了工作的意义，这使得他们更富有激情、更热情地投入到工作中去，并将工作提升到一个较高的高度。

（三）找到自己最擅长的部分

许多人找不到工作兴趣，其实可以从现有的工作中找出自己最擅长的部分，以此来提高工作热情度。

（四）定一个可以完成的工作目标

一个人必须确定他的目标，如果他立志要成功的话。他必须知道他正在为什么目标而工作，然后才能锲而不舍地完成它。一个知道自己目标的人，就不会因为挫折和失败而泄气了。

目标是一种激励，一个好的目标将会激励人们充满热情地工作，而一个目标的实现，又会让人更有热情去实现下一个目标。

看一个人能否达成自己的心愿，看他工作时的精神和态度便知。一个人工作时，如果能以不倦怠的精神和火焰般的热忱，充分发挥自己的特长，他就不会觉得劳苦。

热情是实现愿望最有效的工作方式。如果你能够让人们相信，你的愿望确实是你自己想要实现的目标，那么即使你有很多缺点，别人也会原谅你。只有那些对自己的愿望有真正热情的人，才有可能把自己的愿望变成美好的现实。

带着热情工作，而不仅仅是为了完成任务，那么重复的日子便不再是枯燥乏味和机械琐碎的。每一次进步都可以带来无限的欣喜，每一项成功都能让人精神振奋，继而以充沛的精力投入新的工作中去。

秘籍 18：激情是成功的炼金石

真正充满激情的人，应该是永远坚强而不服输、永远积极面对当前挫折、永远和命运抗争的人。内心里充满激情，工作时就会兴奋，精神也就会振奋，同时也会鼓舞和带动周围的人提高工作效率，这就是激情的感染力量。

在职业生涯中，要想把工作做得又快又好，把自己的事业经营得大有起色，必须保持一股工作的激情。真正充满激情的人应该始终相信命运是掌控在自己手中的，即使在自己最落魄不堪、人生最低潮的时候，也会让自己在逆境中找到生存的机会，这样的人才充满魅力，让人不得不折服。只有当激情发自内心，又表现为一种强大的精神力量时，才能征服自身与环境，创造出一个又一个令人叹服的业绩，保证自己在激烈的竞争中立于不败之地。

激情对于一名员工来说就如同生命一样重要，也是成为一名优秀员工的可贵品质。正如拿破仑·希尔所说："要想获得这个世界上的最高奖赏，你就必须拥有过去最伟大的开拓者所拥有的、将梦想转化为全部有价值的献身热情，以此来发展和销售自己的才能。"激情是一种动力，在你遇到逆境、失败和挫折的时候，它会给你力量，指引你去行动，去奋斗，去迈向成功。凭借激情，我们可以把枯燥乏味的工作变得生动有趣，使自己充满活力，充满对事业的狂热追求；凭借激情，我们可以感染周围的同事，获得他们的理解和支持，拥有良好的人际关系；凭借激情，我们可以发掘出自身潜在的巨大能量，补充身体的潜力，发展坚强的个性；凭借激情，我们更可以获得老板的赏识、提拔和重用，赢得珍贵的成长和发展的机会。

激情是一个人保持高度的自觉，把全身的每一个细胞都激活起来，完成他心中渴望的事情；激情是一种强劲的情绪，一种对人、事物和信仰的强烈情感。工作中需要注入巨大的激情，才能取得最大的价值和最大的成功。

鲍威尔是一家公司的采购员，工作非常勤奋，对工作有一种近乎狂热的激情。他所在的部门并不需要特别的专业技术，只要能满足其他部门的需要就可以了。但鲍威尔千方百计找到供货最便宜的供应商，买进上百种公司急需的货物。

鲍威尔兢兢业业地为公司工作，节省了许多资金，这些成绩是大家有目共睹的。在他29岁那年，他为公司节省的资金已超过80万美元。

公司副总经理知道这件事后，马上就增加了鲍威尔的薪水。鲍威尔在工作上的刻苦努力博得了高级主管的赏识，他在36岁时成为这家公司的副总裁，年薪超过50万美元。

对于职场中人而言，当你正确地认识了自身价值和能力以及社会责任时，当你对自己的工作有兴趣、感到个人潜力得到发挥时，你就会产生一种肯定性的情感和积极态度，把自觉自愿承担的种种义务看作“应该做的”，并产生一种巨大的精神动力。即使在各种条件比较差的情况下，非但不会放松自己的要求，反而会更加积极主动地提高自己的各种能力，创造性地完成自己的工作。

这就是热情激发出的激情。热情好比是帆，激情就是吹动帆的风。有了帆，船固然可以正常航行，但如果有风相助，那船就可以乘风破浪、逆流而上。生活告诉我们，灵感可以催生不朽的艺术，激情能够创造不凡的业绩。

著名人寿保险推销员法兰克·派特正是凭着超人的工作激情，以一名退役棒球手的身份创造了保险行业的销售奇迹。

法兰克·派特在打球时就因为动作无力，缺乏激情，而被当时的球队开除。球队经理告诉他，如果他还像这样缺乏激情，那他的棒球生涯就快要结束了。后来，他参加了亚特兰斯克球队，月薪从 175 美元减为 25 美元，薪水很少，激发不了他的打球激情，但他还是决定试一试。他想成为最有激情的球员，结果他做到了。他是这样描述的："我一上场，就好像全身带电一样。我自信地站在球场上，我认为没有人能击败我。我强力地击出高球，使接球的人双手都麻木了。记得我有一次以强烈的气势冲入三垒，那位三垒手吓呆了，球漏接了，我就盗垒成功了。当时气温高达华氏 100 度，我仍然在球场上奔来跑去，其实，当时我极有可能中暑倒下去。"

派特退役后进入了保险行业。在经历了 10 个月令人沮丧的推销之后，他被卡耐基先生一语惊破。卡耐基说："派特，你毫无生气的言谈怎么能使大家感兴趣呢？"于是他决定以打球的激情投入到推销工作中去。有一天，他进了一个店铺，充满激情地说服店铺的主人买保险。店主大概从未遇到过如此热情的推销员，只见他挺直了身子，睁大眼睛，一直听派特把话说完，最终他没有拒绝推销，买了一份保险。从那天开始，派特真正展开了自己的推销事业。在 12 年的推销生涯中，他目睹了许多推销员靠激情成倍地增加收入，同样也目睹了更多人由于缺少激情而一事无成。

对待工作的激情不是心血来潮、兴之所至，而是一种觉悟、追求和境界。如果你用一种富有诗意的心态、愉快乐观的精神和饱满的生活热情，把工作看成一项成就，你就会受到人们的尊敬和欢迎。

升级训练

员工和企业、同事、工作之间的关系，可以用感情、热情、激情来概括。这三种情感如同三根纽带，连接着你的事业、努力和成功。

感情是热情和激情产生的土壤。员工是企业的一分子，那么必须树立主人翁的意识，这不仅是对员工责任心的培养和要求，更是让员工能把自己的事业和成功与企业联系起来。只有当一个员工对供职的企业、对所从事的工作产生了感情，他才会忠诚于公司，忠诚于职业，他才会负起责任，投入热情。

有些刚刚参加工作的人说："说实话，工作了这么长时间了，我也不知道自己到底从中学到了什么，每天上司要求我做什么事情，我就会按照他的要求去做，从来没有想过这个工作是否适合我，我到底在这个公司能有多大的发展。只知道为了生存，我还必须在这个公司干下去。时间长了，我就对这种机械式的工作方式感到厌倦了，每天提不起精神来，工作对我而言，已经成为平淡无味的东西了。"

通过他的话，我们可以看到他身上存在的问题。一个只是为了生存而勉强工作的人，怎么可能对工作产生感情，进而对公司产生感情？一个无法产生感情的工作，热情和激情就没有了激发的突破口。唯一存在的理由就是生存，就是谋生。在这个前提下，完全可以想见他的工作状态会是什么样的。

对工作的感情，简单地说，就是你愿意为工作付出你的全部努力，它寄托了你的喜怒哀乐，成了你的一种生活方式。

一个人在同一个环境中待得久了，似乎不可避免地会产生厌烦心理，究其原因，是因为他们的热情在减少，已经不像刚开始时那么高涨了。其实很多人在开始的时候都是热情万丈，但持续一段时间后激情就开始减退了，这是因为他们没有从工作中找到乐趣、尊严、成就感以及和谐的人际关系，缺少这些，即使是自己喜欢的工作，没多久也会失去热情。

一项工作从事的时间久了，往往容易有"审美疲劳"，但如果你善于发掘，你就会产生新鲜感。工作上的乐趣所带来那种感觉是非常有魔力的，在这个过程中，你通过学习、实践、犯错、改正、创新，不断了解并掌握要点，从而征服它，这种满足感是任何词汇都无法形容的。

要想保持对工作持久的新鲜感，首先必须改变工作只是一种谋生手段的认识，把自己的事业、成功和目前的工作连接起来，要经常问自己："你在为谁工作？"其次，给自己不断树立新的目标，挖掘新鲜感；把曾经的梦想捡起来，找机会实现它。审视自己的工作，看看有哪些事情一直拖着没有处理，然后把它做完。

第3章

让客户第一时间接纳你

外出推销时，忧心失败者还在考虑是否会遭到拒绝的时候，我要默诵这句话，去面对第一位顾客：“我现在就付诸行动。”面对紧闭的大门时，失败者怀着恐惧与惶惑的心情，在门外等候；我却默诵这句话，随即上前敲门：“我现在就付诸行动。”面对诱惑时，我默诵这句话，然后远离罪恶：“我现在就付诸行动。”只有行动才能决定我在商场上的价值，若要使价值加倍，我必须加倍努力。

➲ 原著精读

我的幻想毫无价值，我的计划渺如尘埃，我的目标不可能达到。

一切的一切毫无意义——除非我付诸行动。

我现在就付诸行动。

一张地图，不论多么详尽，比例多么精确，它永远不能带着它的主人在地面上移动半步；一个国家的法律，不论多么公正，永远不可能完全杜绝罪恶的发生；任何宝典，即使是我手中的羊皮卷，也永远不可能创造财富；只有行动才能使地图、法律、宝典、梦想、计划、目标具有现实意义。行动，像食物和水一样，能滋润我，使我成功。

我现在就付诸行动。

拖延使我裹足不前，它来自恐惧。现在我从所有勇敢的心灵深处，发现了这一秘密。我知道，想克服恐惧，必须毫不犹豫，立即行动，唯有如此，心中的慌乱方得以平定。现在我知道，行动会使猛狮般的恐惧，减缓为蚂蚁般的平静。

我现在就付诸行动。

从此我要记住萤火虫的启迪：只有振翅的时候，才能发出光芒。我要成为一只萤火虫，即使在艳阳高照的白天，我也要发出光芒。让别人像蝴蝶一样，舞动翅膀，靠花朵的施舍生活；我要做萤火虫，照亮大地。

我现在就付诸行动。

我不把今天的事情留给明天，现在就付诸行动吧！即使我的行为不会带来快乐与成功，但是行动失败总比坐以待毙好。行动也许不会结出快乐的果实，但没有行动，所有的果实都无法收获。

我现在就付诸行动。

立即行动，立即行动，立即行动。从今往后，我要一遍又一遍，每时每刻重复这句话，直到成为习惯，好比呼吸一般，成为本能，好比眨眼一样。

有了这句话，我就能调整自己的情绪，迎接失败者避而远之的每一次挑战。

我现在就付诸行动。

外出推销时，失败者还在考虑是否遭到拒绝的时候，我要默诵这句话，面对第一个顾客。

我现在就付诸行动。

面对紧闭的大门时，失败者怀着恐惧与惶惑的心情，在门外等候；我默诵这句话，随即上前敲门。

我现在就付诸行动。

面对诱惑时，我默诵这句话，然后远离罪恶。

我现在就付诸行动。

只有行动才能决定我在商场上的价值。若要使价值加倍，我必须加倍努力。我要前往失败者惧怕的地方，当失败者休息的时候，我要继续工作；失败者沉默的时候，我开口推销；失败者在一番周详的计划之后，只拜访一家，而我要拜访十户可能买我东西的人家；在失败者认为太晚时，我能够说大功告成。

我现在就付诸行动。

现在是我的所有。明日是为懒汉保留的工作日，我并不懒惰；明日是弃恶从善的日子，我并不邪恶；明日是弱者变强者的日子，我并不软弱；明日是失败者借口成功的日子，我并未失败。

我现在就付诸行动。

我是雄狮，我是苍鹰，饥即食，渴即饮。除非行动，否则死路一条。

我渴望成功、快乐、心灵的平静。除非行动，否则我将在失败、不幸、夜不成眠的日子中死亡。

此时，此地，此人。

我现在就付诸行动。

秘籍 19 ：适合时宜地着装

爱美之心，人皆有之，自古就有“云想衣裳花想容”一说。其实，得体的着装不仅可以使自己显得更加美丽，还可以体现出一个人良好的修养和独到的品位。

西方的服装设计大师认为 :“服装不能造出完人，但是第一印象的 80% 来自于着装。”这也就是我们常说的“先看罗衣后看人”。又有推销专家称 :“推销的成功在于推销自己。”可见，对于推销员来说，要有效地推销自己，进而成功地销售产品，掌握一定的着装技能是非常有必要的。

升级训练

着装的基本要求是干净整洁，既要能符合时尚美感，又要能恰当地体现个性风采。穿出得体的服装首先需要了解自身体形的特点，在着装时扬长避短，展现自己的最佳外形。在服装款式方面，建议推销员挑选款式简单的服装，因为这样的服装比较容易搭配，也会显得落落大方。对于过于新潮、夸张而又不适合自己的款式，还是避免为妙。同时，推销员要想在着装上进一步提升自己，还应该注意着装与以下因素的结合 :

（一）着装与色彩变化

色彩的深浅会给人不同的感受，比如，深色服装会让人们产生视觉上的收缩感，穿上会显得庄重、严肃一些 ；而浅色的服装会有扩张感，使人显得轻松、活泼。色彩还有冷、暖色调之分，分别给人以稳重或轻盈的视觉效果。比如，冷色调的宝蓝色可以给人沉稳的感觉，而暖色调的橙色往往可以带给人热情奔放的印象。因此，可以根据自己的不同需要进行色彩的选择和搭配。

（二）着装与时间变化

如果在白天工作时间与刚结识不久的潜在客户会面，建议着装要正式，以表现出专业性；而晚上、周末、工休时间与客户在非正式的场合会面，则可以穿得休闲一些。因为在工作之余，客户为了放松自己，在穿着上一般较为随意，这时你如果穿得太正式，就会给客户留下刻板的印象。但是如果参加较正式的晚宴，则需要遵循场合原则，穿正式晚宴装。

每年有春夏秋冬四季之分，每个季节都应该有适合该季节气候特点的服装：冬天应穿着保暖性好的衣服，而夏天则应穿着轻薄、凉爽的衣服。在着装时要选择与气候相适应的服装。

着装除了随时段和季节而变以外，还应该顺应时代的潮流。虽然一味跟着潮流走不一定会产生好的效果，但是背离当今的时代特点和大众的审美观，也会使自己显得与别人格格不入。

（三）着装与场合变化

场合可以分为正式场合和非正式场合。在正式场合，如与客户会谈、参加正式会议或出席晚宴等，推销员的衣着应庄重、考究。男士可穿质地较好的西装，打领带；女士可以穿正式的职业套装或晚礼服。

（四）着装与地点变化

地点即所处地点或准备前往的地点。如果是在自己家里接待客户，可以穿着舒适的休闲服，但要干净整洁；如果是去客户家里拜访，则既可以穿职业套装，也可以穿干净整洁的休闲装；如果是去公司或单位拜访，穿职业套装会显得专业；而到酒店拜访，并在酒店的工作间示范产品功效时，则宜穿着轻便的服装，因为如果衣冠楚楚地在工作间示范产品，不仅在示范操作时碍手碍脚，也有可能会令别人产生排斥感，感到你不属于他们这个圈子。

总之，干净整洁、搭配和谐、适合自己的着装，会让推销员在举手投足之间流露出自然的美感和迷人的魅力。恰当的穿衣之道不仅能令自己感觉舒适、信心十足，也能给客户留下良好的第一印象，唤起客户对你的好感，使之乐意与你交谈，在无形之中双方的关系也就变得融洽、亲和了。

秘籍 20：展现积极健康的仪容

仪容，简单讲是指人体不需要着装的部位。主要是指面部，广义上还包括头发、手部等。仪容在很大程度上取决于遗传因素，但后天的修饰、装扮也很重要。积极健康的仪容是经修饰、美化后的容貌状态，是自然美与修饰美的结合。五官端正、发型大方、脸色健康、表情自然、精神饱满是构成仪容美的基本内容。

见面时“先入为主”的现象很常见，由此形成的对个人整体的看法很难改变。如果不注意个人仪容仪表方面的礼仪，因此形成负面影响，势必给销售谈判的进程带来不必要的麻烦，甚至可能使整个谈判计划失败。

推销员小李喜欢留胡子，他认为这样才显得自己成熟稳重，因而对于同事劝说自己刮干净胡子的建议不以为然。他认为只要销售的产品质量好，价格有竞争优势，就可以把产品销售出去，而与自己是否留胡子没有丝毫关系。

可是当他去拜访客户时，却被客户拒之门外，理由是：“我不与嬉皮士谈交易。”

作为直接面向客户的销售人员，面部修饰的第一原则是洁净，同时要保持卫生和自然，给客户以朝气蓬勃、诚实可信的感觉。而上例中的小李身为年轻人，却留着胡子，给客户留下生活懒散、没有责任心、为人轻佻的感觉，于是无论他怎样磨破嘴皮，顾客也无心倾听，更不要说赢得客户的信任和尊重了。试想有谁愿意和一个看上去邋里邋遢，持有游戏人生态度的人合作呢？

美国推销大王乔·吉拉德说：“推销产品前先推销自己。”第一印象在很大程度上影响着以后人们对你的评价。因此，作为推销员，要想给客户留下良好的第一印象，使他们对你好感倍增的话，容貌就必须修饰得当，必须在尊重自己和客户的基础上，突出自己的职业性、服务性，力求给客户留下一种积极、健康的感觉。

积极健康的仪容包括以下要求：

（一）利用天生条件并加以修饰

天生丽质令人羡慕，但人不可能十全十美，容貌客观上存在着差别。然而，因容貌具有可塑性，每个人都可以经过化妆、美容等方式使容貌增色；即使容貌较好，也必须通过得体的打扮更好地呈现和保持，显示出不同的韵味和个性。因此，人们应充分利用现代美容、化妆的技巧，来表现高雅的气质和迷人的风采。

（二）保持积极的心态

神态和表情属仪容的重要构成因素，是精神状态的自然流露。热情开朗、乐观向上的情绪占主导地位时，可以使人心旷神怡、满面生辉；终日悲哀苦闷，自然会容颜不佳。面部是心灵的镜子，它表现出人的学识、教养和心情，积极的情感比涂脂抹粉更重要。护肤化妆为表，保持积极的心态是本，销售人员应表本兼顾，力求使自己始终保持积极的心态，从而具有积极健康的仪容。

升级训练

推销员化妆应选择恰到好处的妆容，使自己看起来更加自信和神采飞扬。

（一）化妆要遵循一定的原则

时间：白天是工作的时间，宜化淡妆，这样会显得清雅大方；夜晚因为光线的原因，可适当加重妆容。

场合：在与顾客会面时，宜化淡妆，这样既庄重又不至于分散客户的注意力；参加正式的社交活动，如晚宴时，可以化晚宴妆以配合灯光的效果，同时可以打扮得隆重一些来配合妆容。

地点：在自己家里会客的话，同样应该适当化妆以显示对客人的尊重。应尽量避免在公共场所当众化妆或补妆。重视个人形象是一件好事，但是一有空闲就旁若无人地对镜修饰，则显得比较失礼。

（二）男士仪容重在“洁”

男性在日常工作和生活中无须化妆，但是需要保持健康、整洁的仪容。试想，如果你脸色苍白、嘴唇黯淡地去会见客户，会给客户造成什么印象？既会觉得你信心不足，又可能令客户担忧你的健康状况。

更何况，在现代社会，男子美容已经呈现出大众化的趋势。由于生理因素和活动量大，男性皮肤比较粗、毛孔大，表皮容易角质化，同时，汗液和油脂分泌量也较多，会使灰尘和污垢积聚，堵塞毛孔，引起细菌感染，皮肤发炎。因而，男性推销员更应该注意“面子问题”。

如果注意以下几方面，就能让自己信心倍增，并以最佳的仪态面对客户：

1. 干净、整洁、大方

人们都不喜欢与邋遢、不拘小节的人交往。由于男性皮脂分泌较多，汗腺也较发达，容易产生异味，故应该更加注意讲究卫生，勤洗脸、洗发、洗澡、剪指甲、换衣服，随时保持身体干净卫生。吸烟者，还应避免烟味太浓。

2. 整体格调健康舒适

这里是指胡须、头发等对外观有影响的因素。不是说男性不能留胡须或长发，而是要根据自己的性格及外形条件决定是否留胡须或长发。无论是否留胡须，都应保持干净，力求将整洁大方的仪容展现给客户，而不要总让人觉得你有“沧桑感”。如果留长发，请注意保持干净整洁。建议男性不留长发，发尾不超过耳根，发式以线条简洁、流畅、自然为好，给人以健康舒适的感觉。

3. 养成自我保健意识

男士平常也应使用基本的护肤品，特别是在容易引起皮肤干燥的秋冬季节。如果你皮肤干裂、嘴唇脱皮，在向客户销售护肤品时，何来说服力呢？只有当你皮肤光洁、嘴唇滋润，在销售护肤品时才能给客户信心。因此，男性要养成自我保健的意识。

（三）女士仪容重在“雅”

女性除了要具备“洁”以外，在仪容上还要体现出“雅”来。“雅”是一种由内至外散发出的高雅气质。具体说来，女性销售员在修饰仪容时应注意以下几方面：

1. 妆容配合气质

女性应该注意，化妆风格应该和自己的气质相近，这样才能更好地表现出自己外在的“神”和内在的“雅”来。建议平时多留意一些时尚或化妆杂志，多学习一些化妆手法。

2. 典雅不失清新

女性化妆应体现典雅又不失清新的职业女性格调，表现出成熟、干练而又亲切的职业形象，让客户感到你值得信赖。

3. 靓丽而不俗气

推销日用化妆品的女性销售代表不妨把自己装扮得靓丽一些，令自己神采飞扬，以此来感染客户。但要掌握一个“度”，化妆过度就会显得俗气。

4. 时尚兼具个性

时尚是在某一个时间段内，大多数人对美所达成的一种共识。你要有敏锐的时尚触觉，并从中捕捉适合自己个性的元素，而不要轻易受潮流左右，因为潮流不一定适合每一个人。因此女性的妆容应该展现出既时尚又和谐的自然美感，这才是“雅”的体现。

总之，修饰仪容要讲究协调，即要与推销员自身的外貌、气质、身份以及外部的环境相协调，给人以“浓妆淡抹总相宜”的感觉。

无论男性还是女性，培养气质、加强自身修养都是打造良好形象的重要组成部分。高雅的气质源于内在的涵养，建议平时多读书看报，给人知书达理、善解人意的印象。同时，还要注意言谈举止得体大方。这样内外结合，相得益彰，才会显得气质高雅、魅力无穷。

（四）面部修饰细节

推销员在进行面部修饰时，总体来说，应以洁净、卫生、自然为重。

下面，将在贯彻这一总体要求的前提下，具体介绍一下在进行面部修饰时，须特别重视的细节：

1. 斑点与瘊子的修饰

如果不能完美地遮盖，干脆不要遮盖。应更强调自己非常有自信的部位，以分散视线。如果嘴角边和眼角边上长有痣，还是强调一下嘴部的妆容。

如果没有笔状遮瑕膏，用细刷涂抹一般遮瑕膏也可以。涂抹时要像画圆圈一样，要大于小斑点部位的范围，然后再用棉棒轻轻铺开，以防止和其他部位产生界线。不必遮盖所有斑点，只重点遮盖凸出的几个点，就会显得格外自然。

2. 耳部的修饰

在人的面部，双耳算不上是抢眼之处，但仍然处在他人的注意之中。修饰耳部时，需注意两点：

（1）耳部的除垢。对不少人而言，在清洁面部时，耳部特别是耳孔之内，往往会被忽略。想想看，作为推销员的你，工作中，耳孔里的分泌物及落入的灰尘映入客户的视野，那该是一种怎样的尴尬？因此，推销员务必每天进行耳部除垢，但一定要注意此举不宜在工作岗位上进行。

（2）耳毛的修剪。有人到了一定的年龄，耳孔周围便会长出一些浓密的耳毛。推销员一旦发现此种情况出现在自己身上，应及时对其进行修剪，不然会很不美观。

3. 眼部的修饰

深邃而神采飞扬的美丽眼眸总能散发出十足的魅力，可惜不是所有的人都拥有完美的双眼。没有关系，找出自己的不足，然后根据你双眼的形状和大小选择适合的化妆术，相信你也可以拥有一双电眼！

（1）眼影的修饰。眼影粉一般有两种：带亮光的和不带亮光的。带亮光的眼影粉，历史较久远，用的人也很多，但始终难以掌握，现在多用于专业化妆。时下的眼影粉、膏或霜，都盛行珠光的质感。在涂眼影的时候应该尽量避免打满整个眼窝，尤其是眼睛浮肿者，只需打在眼皮褶缝内；单眼皮则可以缩小上色的范围，选择单一色，就能展现眼部的魅力了，实在不需要过多的色彩。

上眼影时自眼中至眼角，并与眼睑、眉骨色调配合协调统一，掌握好分寸。柔软丰富的刷毛一次可以蘸很多眼影粉，所以它最适合在需要往整个眼上涂眼影时使用。当然，还要考虑时尚流行，与穿着服装匹配和谐，突出清丽自然的感觉。

人的眼部十分容易患病，眼部一旦生病，极易传染于人，而且看起来有损仪容，例如沙眼便是这样一种令人生畏的眼病。所以推销员要特别注意眼病的预防和治疗。如患有传染性的眼病，就应及时治疗、休息，绝不可与客户直接进行接触。

（2）眼镜的佩戴。镜片的清洁工作尤其要引起每一位戴眼镜推销员高度的重视。如有必要，还应定期对镜架进行清洗。

同时要注意墨镜的戴法。墨镜，即太阳镜，它主要适合人们在户外活动时佩戴，以防止紫外线损伤眼睛。推销员在室内工作时如果佩戴墨镜，好似存心让他人“不识庐山真面目”，是不当的行为。

4. 眉部修饰

在一个人的面部，眉毛虽然不一定像眼睛一样引人注目，但是同样非常重要。很多人都能意识到眉毛在面部化妆中的重要性，但是画上的眉往往很生硬。对眉部进行修饰，重点应当注意下列三个问题：

（1）眉形的美观。眉形的美观与否，对所有人都很重要。大凡美观的眉形，不仅形态正常而优美，而且还应当又黑又浓。怎样描出眉毛的风采？方法之一就是增大眉骨和眼睛上眼睑之间的距离，保持眉毛的干净和整洁。对于那些不够美观的眉形，诸如残眉、断眉、竖眉、八字眉，或是过淡、过稀的眉毛，必要时应采取措施，进行修饰。

（2）眉毛的梳理。梳理眉毛可使用眉笔和眉粉。眉笔属于传统化妆品，使用年代甚久，效果也很理想，很受职业女性欢迎。灰色眉笔适合黑发女性；而褐色眉笔适合金发、棕发及红发者。画眉最好用灰褐色眉笔，不是直接往眉毛上画，而是用眉笔的笔芯轻轻向眉尾处扫，这样画出的眉真实而自然，否则就会盖住眼睛的神采。

（3）眉部的清洁。在洗脸、化妆以及其他可能的情况下，推销员都要特别留意一下自己的眉部是否清洁。修眉时注意尽量保持自然的原有眉型，只能修掉四周散乱的眉毛。特别应当注意，要防止眉部出现诸如灰尘、死皮或是掉下来的眉毛等异物。

5. 鼻部的修饰

鼻子位于整张脸庞的正中央，其形象对容貌的影响不容小视。鼻子既突出又醒目，要想获得理想的化妆效果，重点应当关注以下三个问题：

（1）“黑头”的清理。鼻子上的黑头是由于油脂分泌过旺引起的，如果不及时清理，就会与空气中的灰尘接触，从而形成黑头。如果黑头不清理干净，就会沉积得越来越多，时间久了，便会增大毛孔，使皮肤变得粗糙。正确的做法，一是平时要认真进行清洗，二是可用专门对付它们的“鼻贴”，将其处理掉。

（2）加强鼻部立体感。其实，只要将带有银白色闪亮效果的化妆品涂于合适的位置，即可利用光线反射的原理，加强鼻部的立体感。涂抹粉底后，于鼻梁位置以化妆刷垂直扫上银白色闪粉。人中两侧位置轻轻扫上银白色闪粉。

（3）鼻毛的修剪。要注意修剪鼻毛，不要让它在鼻孔外面“显露”。还有就是注意清洁鼻子内外，起码不要让人看到“乌溜溜”的鼻孔。平时还要对鼻部的周围认真清洗，切勿乱挤乱抠，以免造成局部感染。

6. 口部的修饰

口部的修饰要注意什么呢？从仪表修饰这个角度来讲，口部的修饰通常涉及面比较广泛，口部要力求无异味，无异物。那要养成什么习惯呢？吃完饭之后要及时刷牙或漱口。除了口腔之内，嘴巴的“周边地带”亦应被包含在内。推销员在进行口部修饰时，应当注意以下六个方面的问题：

（1）刷牙。刷牙是保持口腔清洁的主要方法，它能消除口腔内软白污物、食物碎片和部分牙面菌斑，而且有按摩牙龈作用，从而减少口腔异味。推销员要搞好口腔卫生，防止口中产生异味。

（2）洗牙。逢人见面，牙必外露。洗牙能使你的牙齿洁白美观，还你自信笑容。维护牙齿，除了要做到无异物、无异味之外，还要注意使之保持洁白，并且及时去除有碍于口腔卫生的牙石。

（3）口红。亮光口红含有一定量油脂，可以滋润口唇，涂后显得年轻自然。选择亮光口红宜选优质的，涂时最好先勾画唇线轮廓，然后在唇线的范围内涂匀。应仔细，不要涂出线外，避免唇膏涂花了。注意唇纹以浅而淡为宜，通常涂一次最好，不宜涂两次。

（4）禁食。这里所说的禁食，主要是指推销员在工作岗位上，为了防止自己的口中因为饮食方面的原因而产生异味，故应当暂时避免食用一些气味过于刺鼻的饮食，主要包括葱、蒜、韭菜、腐乳、虾酱、烈酒等。

（5）护唇。当一个人闭口不言时，其嘴唇通常极为惹人注目。因此，推销员平时应有意识地呵护自己的嘴唇。晚妆可用珠光唇膏，选择鲜红色，在灯光下显现艳丽光泽。日妆可以轻淡柔和的红色为佳，凸显自然纯美。要想方设法不使自己的唇部开裂、爆皮。另外，还应避免嘴角残留异物。

（6）剃须。男子嘴唇的修饰与女士不同，只能染上薄薄的油色，而不能有明显的边缘线，也不要用唇膏来改变嘴唇的轮廓和形状。若无特殊的宗教信仰或民族习惯，男性推销员一定要坚持每日上班之前剃须，切忌胡子拉碴地在工作岗位上抛头露面。

秘籍 21：举止优雅宜人

举止是指人的动作和表情，日常生活中人的一举手、一投足、一颦一笑都可统称为举止。举止可以说是一种不说话的“语言”，通过它能反映一个人的素质、受教育的程度以及能够被人信任的程度。爱默生曾说：“优美的身姿胜过美丽的容貌，而优雅的举止又胜过优美的身姿。优雅的举止是最好的艺术，它比任何绘画和雕塑作品更让人心旷神怡。”

在现实生活中，一个人的言行举止直接关系到一件事情的成败得失，它甚至比一个人的内在品质更容易引起人们的注意。因而米德尔顿大主教告诫人们：“高贵的品质一旦与不雅的举止纠缠在一起，也会让人充满厌倦。”

曾经有一个推销员，在与客户交换名片落座后，一直把对方的名片拿在手上把玩，最后客户面露愠色，要回名片，转身离去。

举止是展示一个人才华和修养的重要外在表现，恰到好处、恰如其分的举止会使人充满魅力，并赢得他人的尊敬。

莉萨是一家健身器材公司的销售员，好不容易联系到一个大客户，他们约好在客户的公司见面。

大客户就是大客户，莉萨在客户的公司等了近20分钟，客户还没来，急得莉萨踱来踱去，忽然感觉脚底下软绵绵的，俯身一看，原来鞋底下粘了一块口香糖。她从包里掏出手帕纸，把口香糖裹在里面，但是发现整个大厅都没有垃圾桶，于是莉萨跑到门外很远的地方找到垃圾桶，并把口香糖丢了进去。

莉萨这些落落大方的行为举止正好被这位大客户看见，并给他留下了很好的印象。在接下来的谈判中，他很快就跟莉萨签了单。

良好的行为举止是推销员言行一致、表里如一的反映，是尊重客户的体现。推销员举止不当，忽略礼仪，往往会在无形中破坏交谈的结果。客户是聪明的，他们只向值得信赖、举止端庄的推销员购买产品。

一个人优雅、得体、自然的举止，不是为了某种场合硬装出来的，而应该成为日常生活中的个人修养，是一种长久熏陶，顺乎自然的结果。这要求推销员在平时多注重个人修养的培养，多积累礼仪知识，甚至从不随地吐痰、不随手扔垃圾等点滴文明行为做起。有些推销员甚至还会参加一些专业的礼仪训练，让自己的一言一行都能表达出心中的那份真诚。

升级训练

现代交际场合中，人们比以往更注重外表和风度，因为一旦第一印象形成就很难改变。所以，在营销过程中，要想给客户留下好印象，外在美不可或缺，谈吐高雅、举止得体这些内涵的由内而外体现，则更要具备。这就要求推销员要有意识地在日常生活中培养自己的气质，养成良好的站、坐、行姿态，做到举止端庄，优雅得体、风度翩翩。以下列举一些推销员日常生活中应当注意的细节：

（一）行动敏捷

气质不凡、风度翩翩、服饰美观的人，往往给人以好感，使人在沟通过程中产生良好的第一印象。第一印象，是以后交往的依据。除了标准的站姿及日常生活的行姿以外，敏捷快速的动作，也是对举止的一大要求。如何才能提高速度呢？具体说来可从以下几方面做起：动作要利落，注意尺度的拿捏；姿势端正，不拖泥带水；在室内行走注意不要把脚拖在地上，穿的鞋子要合适；说话要段落分明，口齿清楚，绝对不可喋喋不休。

同时，手势也是销售员举止中不可缺少的动作，一个恰如其分的手势，能增进客户对所介绍商品的性能、特点、功能的理解，也能起到活跃气氛、增强感染力、刺激客户购买欲的作用。

（二）坐行有度

不仅站姿，行走、入座时同样要保持一种得体、优雅的姿态。正确的坐姿应该是上体自然坐直，两腿自然弯曲，双脚平落地上，双膝并拢，臀部坐在椅子中央，两手放在膝上，挺胸收腹，目平视，嘴微闭，面带笑容。要注意的是入座时，走到座位前面再转身，转身后右脚向后退半步，然后轻稳地坐下。

坐姿要端正，不要跷二郎腿，不得坐在工作台上。双目要平视，始终面带微笑，自然地注视客户。有些推销员入座时，整个人趴在工作台上，这种坐姿极大地影响了企业形象。不要伏在桌面上，也不要斜靠在椅背上，更不要把腿放到沙发扶手上或茶几上。当客户来到时，要立即起身接待。坐姿高雅、稳重，给人以端庄、温和之感。

雅致的步态应该是上体正直、不低头、目光平视、面带微笑，两臂自然前后摆动，肩部放松。重心可稍向前，这有利挺胸、收腹、身体重心在脚掌前部上。行走时，走路轻而稳，抬头眼下视，女走直线，男走平行线。同时还应注意保持自己的风度，不要随着自己的情绪起伏蹦蹦跳跳、左右乱晃，或失魂落魄；不能当着客户的面风风火火地大呼小叫，弄出“咚咚”的跑步声。

在为客户服务的过程中，推销员的走动也是有一定要求的。推销员在行走时步子要轻而稳，迎接客户走在前，送别客户走在后。如果客户没有购买，可以给他相应的服务卡和宣传手册，以便客户再次产生购买欲望时方便联系；如果购买了产品，推销员应该给客户介绍相关产品的售后服务事宜，以避免之后引起不必要的纠纷；送别客户要表示感谢，有始有终，从而达到销售的目的。

行走时，应当略收下颌、鼻口喉一线；中速行走时，在狭窄或拥挤的地方应适当减缓步速；在空旷地带靠边行走，在货架之间行走应靠两侧。此外，在多人行走时，不要排成一排并行，以免影响客户行走。对迎面来的客户应侧身礼让，不将身体超越同行的客人，感到后面来客行速较快时应避让。因工作需要超越客户时，应礼貌致歉。如此，推销员的走姿便会显得潇洒自然，给人以轻捷、欢悦之感。

（三）站姿挺拔

站立姿势，又称站姿或立姿。它是指人在停止行动之后，直立着自己的身体，双脚着地，或者踏在其他物体之上的姿势。标准的站立姿势要求挺胸收腹，两肩平齐，双臂自然下垂。双腿靠拢，脚尖张开约60°，或双脚与肩同宽。站累时，脚可后撤半步，但上体仍须保持垂直，身体重心在两腿正中，精神饱满，表情自然。对于广大推销员而言，采用标准的站立姿势尤为重要。因为许多推销员在自己的工作岗位上，往往就是站立服务的。

男性推销员在站立时，要注意表现出男性刚健、潇洒、英武、强壮的风采，要力求给人以一种“劲”的壮美感。总的来讲，站立与人谈话时，要面向对方站立，保持一定距离，太远或过近都是不礼貌的。站立姿势要正，可以稍弯腰，切忌身体歪斜，两腿分开距离过大，或倚墙靠立，手扶椅背等不雅与失礼姿态。采用正确站姿，会使人看起来稳重、大方、俊美、挺拔，并且还可以帮助呼吸，改善血液循环，在一定程度上减轻身体的疲劳感。

（四）语言得体

“一言九鼎”、“说出去的话，泼出去的水”，这些话形象地说明了语言在人际交往中的重要作用。作为服务行业的一名推销员，拿捏好说话的分寸尤其重要。语言是一门艺术，有很多成功人士之所以成功，关键在于他们的语言艺术掌握得很到位。

美国知名教授保罗·福塞尔曾说过：“语言最能表现一个人，你一张口，我就能了解你。一个人怎么说话，说什么话，当然毫无例外地显示着他的品位。”和客户沟通时，应当主动向客户问好，并且时刻保持微笑，与客人保持眼光接触。称呼上尽量称呼客户的姓氏；在复述客户的要求时，不能满足或不明白客户时，应当立即道歉；同时给客户一个解决的建议，可主动协助联系解决，绝对不可以将客户当成皮球！

中国有句俗语叫“礼多人不怪”，所以在日常工作当中，推销员应注意文明用语、礼貌用语的使用，在接待客户时，“请”字当头、“谢”字结尾。和客户应对时，推销员应当站在客人面前约一臂距离，注意力集中，耐心聆听，不可作忙碌状，不可在客户背后突然说话。如遇另一客户有事，应点头微笑示意，不可视而不见，让客户知道你会尽快为他服务。当然，这在实际运用过程中需要掌握一个度，把握好分寸，切记“过犹不及”。

另外，要熟练使用普通话。有这么一个故事，一个仅会说广东话的商人，一次陪同政府官员与一位外国客商洽谈业务时，聘请了两名翻译，一位广东话翻译，一位英文翻译。结果外国客商因不能忍受繁琐的翻译过程而中途离开，事后外国客商表示，他不会与一个连自己的母语都说不好的人做生意。由此可见，普通话作为我国的母语在我们工作中至关重要。

不论在什么场合，自我介绍要做到自然大方，讲到自己时可将右手放在自己左胸上。不要慌慌张张，毛手毛脚，不要用手指指着自己说话，介绍时的表情应该坦然、亲切、大方，眼睛应该看着对方，这样能拉近推销员与客户间的距离。

秘籍 22 ：细节成就卓越

所谓细节，就是一个整体中极为细小的组成部分或一个系统中平时极易被人们忽略的环节。通俗一点讲，就是细枝末节的意思。传统思想一贯认为细节并不重要，曾有“成大事者不拘小节”的说法，把细节等同于鸡毛蒜皮，甚至认为重视细节就有浪费时间的嫌疑。

然而，许多时候，人并不是被大事打倒的，而是败在一些不起眼的细节上，正所谓“千里之堤，溃于蚁穴”。

做销售也是一样的道理，也许你费尽心机准备的一次拜访，却因自己的上衣掉了一颗纽扣不幸被客户看到而被拒之门外。

对于推销员来说，没有比吃闭门羹更叫人难受的了。明明目标客户就在眼前，但想要说的话却因自己的某些细节疏忽而使客户从心理上排斥自己，更不要说什么完成目标任务了。所以，如何走出销售的第一步，是每一位推销员应花心思去揣摩、学习的。中国古代有这样一个故事：

临近黄河岸边有一片村庄，为了防止水患，农民们筑起了长堤。一天，有个老农偶尔发现“蚂蚁窝”一下子猛增了许多。老农心想：这些蚂蚁窝究竟会不会影响长堤的安全呢？他要回村去报告，路上遇见了他的儿子。老农的儿子听后不以为然地说：“那么坚固的长堤，还害怕几只小小蚂蚁吗？”随即拉着老农一起下田了。当天晚上风雨交加，黄河水暴涨。咆哮的河水从蚂蚁窝处渗透，继而喷射，最终冲决长堤，淹没了沿岸的大片村庄和田野。这就是“千里之堤，溃于蚁穴”这句成语的来历。

蚁穴确实可以造成长堤溃决的后果，同理，一个微小的细节也可以造成几十万订单的流失。因此，注重细节是推销员不可忽视的。

有一首民谣，说的是一个帝国是如何灭亡的：“丢失一个钉子，坏了一只蹄铁；坏了一只蹄铁，折了一匹战马；折了一匹战马，伤了一位骑士；伤了一位骑士，输了一场战斗；输了一场战斗，亡了一个帝国。”事实就是如此，也许你的一个轻蔑的浅笑、一个擤鼻涕的动作，都会葬送掉你一个几十万元的订单。

“四季酒店”非常注重细节服务，他们拥有客人完整的历史记录，上面汇集了客人的一系列数据和爱好。在四季酒店，客人的历史记录记载着这些客人对房间风格的偏好、房价标准、个人愉悦的事情以及饮食等要求。这些细节的要求对他们的服务很有帮助，使推销人员在酒水推销过程中几乎没有遇到过拒绝。无论是为客人清点账单，还是在客人休息的时候递上一杯水，这些都是非常细微的事情，却能够收获意想不到的良好效果。正如一位酒水推销员所说：“即使你不为客人倒一杯水，客人对你也不会有抱怨，而你为他倒一杯水，他会对你产生极大的好感。这对销售酒水很有帮助。”

作为推销员，一定要明白这个非常重要的道理：细节决定成败。千万不要小看细节，一个细节可以反映一个推销人员的业务素质和工作态度，处理不好细节问题的推销人员肯定不会取得好的业绩。把每一个细节都做好了，销售工作也就成功了，因为每一件大事都是由无数个细节组成的。

升级训练

万事开头难。推销员要保证在对目标客户的初次拜访中，取得良好的效果，首先，要利用各种途径收集客户相关信息；然后，要准备好推销资料。在第一次拜访之前，还要就合同内容打好草稿。同时注意个人心态的调整和仪表修饰，并且注意不要在以下细节中栽跟头：

细节 1：态度决定一切。没有稳定、平和的心态是做不好初次拜访的。

细节 2：建立良好的第一印象。干净、整洁、得体的服饰，彬彬有礼的举止，清楚的表述，专注、坚定而又充满信心的眼神，会让客户对你产生良好的第一印象。

细节 3：无论是和陌生客户还是和老客户进行电话沟通，都不要不礼貌地先挂掉电话。

细节 4：做初次拜访需要勇气。许多人，一想到即将要和素不相识的人说话，就会觉得紧张，好像全身的血液流动都加快了，因而会感到更加害怕。其实，这是很正常的生理反应。

细节 5：开门见山，直述来意。初次和客户见面时，在对方没有接待其他拜访者的情况下，我们可用简短的话语直接将此次拜访的目的向对方说明。

细节 6：推销陈述要思路清楚、条理分明。一般可以按照自我介绍、公司介绍、产品介绍、销售政策和促销支持介绍、利益点介绍这一顺序进行陈述。

细节 7：找到客户感兴趣的话题。生意要谈，更重要的是找到客户感兴趣的话题并和他就这些话题进行交流，让客户觉得你和他是同路人。

细节 8：遣词用句要简单、直白、清楚。专业术语要用大白话表述；用普通话陈述，忌用方言。语速不紧不慢，语调不高不低。

细节 9：不要吝啬名片。去客户那里时，除了要和直接接触的关键人物联络之外，同样应该给采购经理、财务工作人员、销售经理、卖场营业人员甚至是仓库收发等相关人员，都发放一张名片，以加强对方对自己的印象。

细节 10：利用和客户面对面交谈的机会，找出各种话题试探客户，捕捉客户言谈举止中透露的信息，发掘客户的真实喜好。

细节 11：不要急于求成。初次面谈的主要目标是加深对客户的了解，同时让客户对公司和产品的特点、优点、政策、给客户带来的益处等有清楚而全面的了解。不要期望第一次面谈就能签下合作合同。

细节 12：善于把握主动权和询问时机。推销员在向客户了解上述内容的同时，还要懂得把握发问的主动权和询问的时机。

细节 13：多倾听、多鼓励客户诉说。充分准确了解目标客户的想法、需求、爱好、脾气、当前碰到的比较头痛的问题等。

总之，看不到细节或者不把细节当回事的人，对工作缺乏认真的态度，做事时只能是敷衍了事，永远都不能获得成功。

秘籍 23：“握”出优雅与风度

握手，是人际交往中用于表达友好的常用礼节。握手的力量、姿势与时间的长短往往能够表达出对对方的不同态度，显露自己的个性，给人留下不同印象。也可通过握手了解对方的个性，从而赢得交际的主动。美国著名女作家海伦·凯勒说：“我接触的手有些能拒人千里之外；也有些人的手充满阳光，你会感到很温暖……”事实也确实如此，握手是一种无声的动作语言，它会传达给对方一种感觉，让对方知道你真的重视他。

小王大专毕业后，选择了推销行业。在培训课上，老师传授给他两件法宝：一是如何与准客户握手，二是如何运用微笑。小王起初认为握手不是什么推销利器，没有放到心上去。一天，他拜访一位准客户，进门时，他微笑着说：“您好！我是 ×× 公司推销员小王……”准客户看了他几眼，说：“知道啦，我不需要这种产品！”

不言而喻，他被轰出了门。

老师知道后，分析了症结，告诉他该如何做。

着装整齐的小王第二次到了那位准客户的办公室，他很有礼貌地敲门。客户开门后，小王满面笑容地说：“您好！”同时迈出右腿，向前跨一步，坚定地伸出右手。那人不由自主地也伸出自己的手，与小王相握。

“我是 ×× 公司的小王……”小王有力且坚定地握了握那位准客户的手。准客户也用力地回握了他，并热情地邀请他进办公室细谈。

小王终于成功了。

主动热情地握手，能接近你与客户的距离，能传达你内心的坦诚与关怀。握手既是对他人的重视也是对自己的重视，因为只有重视别人，别人才能重视你。

升级训练

（一）握手的要求

通常，和人初次见面、熟人久别重逢、告辞或送行都可以握手表示自己的善意。有些特殊场合，比如向客人表示祝贺、感谢或慰问时，双方交谈中出现了令人满意的共同点时，习惯上以握手为礼。

1. 握手的姿势

握手时，距对方约一步远，上身稍向前倾，两足立正，伸出右手，四指并拢，虎口相交，拇指张开下滑，向受礼者握手。

掌心向下握住对方的手，显示着一个人强烈的支配欲，无声地告诉别人，他此时处于高人一等的地位，应尽量避免这种傲慢无礼的握手方式。相反，掌心向里握手显示出一个人的谦卑和毕恭毕敬。平等而自然的握手姿态是两手的手掌都处于垂直状态，这是一种最普通也最稳妥的握手方式。

2. 戴手套握手时应注意的事项

戴着手套握手是失礼行为。男士在握手前应先脱下手套，摘下帽子，女士可以例外。当然在严寒的室外也可以不脱，比如双方都戴着手套、帽子，这时一般也应先说声："对不起。"握手时双方互相注视、微笑、问候、致意，不要目光游移或心不在焉。

3. 握手的时间长短

除了关系亲近的人可以长久地把手握在一起外，一般握两三下就行。不要太用力，但漫不经心地用手指尖"蜻蜓点水"式点一下也是无礼的。一般要将时间控制在三五秒钟之间。如果要表示自己的真诚和热烈，也可较长时间握手，并上下摇晃几下。但是拉住异性或初次见面者的手长久不放，显得有些虚情假意，甚至会被怀疑为"想占便宜"。

4. 握手的先后次序

长辈和晚辈之间，长辈伸手后，晚辈才能伸手相握；上下级之间，上级伸手后，下级才能接握；男女之间，女方伸手后，男方才能伸手相握；当然，如果男方为长者，应遵照前面说的次序。

如果需要和多人握手，握手时要讲究先后次序，由尊而卑，即先年长者后年幼者，先长辈再晚辈，先老师后学生，先女士后男士，先已婚者后未婚者，先上级后下级。

应当强调的是，上述握手时的先后次序不必处处苛求于人。如果自己是尊者或长者、上级，而位卑者、年轻者或下级抢先伸手时，最得体的就是立即伸出自己的手，进行配合，而不要置之不理，使对方当场出丑。

5. 人数很多时握手应注意的事项

交际时如果人数较多，可以只跟相近的几个人握手，向其他人点头示意或微微鞠躬就行。为了避免尴尬场面发生，在主动和人握手之前，应想一想自己是否受对方欢迎，如果已经察觉对方没有要握手的意思，点头致意或微微鞠躬就行了。

6. 不同场合握手时的注意事项

在公务场合，握手时伸手的先后次序主要取决于职位、身份。而在社交、休闲场合，它主要取决于年龄、性别、婚否。

7. 接待来访者时握手的基本要求

在接待来访者时，这一问题变得特殊一些：当客人抵达时，应由主人首先伸出手来与客人相握；而在客人告辞时，就应由客人首先伸出手来与主人相握。前者是表示“欢迎”，后者就表示“再见”。这一次序若颠倒，则很容易让人产生误解。

8. 握手时还可以说问候语

当你在握手时，不妨说一些问候的话，可以握紧对方的手，语气应直接而且肯定，并在加强重要字眼时紧握对方的手，来加强对方对你的印象。

（二）应当握手的场合

（1）遇到较长时间没见面的熟人。

（2）在比较正式的场合和认识的人道别。

（3）在以本人作为东道主的社交场合，迎接或送别来访者时。

（4）拜访他人后，在辞行的时候。

（5）被介绍给不认识的人时。

（6）在社交场合，偶然遇上亲朋故交或上司的时候。

（7）别人给予你一定的支持、鼓励或帮助时。

（8）表示感谢、恭喜、祝贺时。

（9）对别人表示理解、支持、肯定时。

（10）得知别人患病、失恋、失业、降职或遭受其他挫折时。

（11）向别人赠送礼品或颁发奖品时。

（三）握手的八禁忌

我们在行握手礼时应努力做到合乎规范，避免犯下述失礼的禁忌。

（1）不要用左手握手，尤其是和阿拉伯人、印度人打交道时要牢记，因为在他们看来左手是不洁的。

（2）在和基督教信徒交往时，要避免两人握手时与另外两人相握的手形成交叉状，这种形状类似十字架，在他们眼里这是很不吉利的。

（3）不要在握手时戴着手套或墨镜，只有女士可以在社交场合戴着薄纱手套握手。

（4）不要在握手时另外一只手插在衣袋里或拿着东西。

（5）不要在握手时面无表情、不置一词或长篇大论、点头哈腰、过分客套。

（6）不要在握手时仅仅握住对方的手指尖，好像有意与对方保持距离。正确的做法，是要握住整个手掌，即使对异性，也要这么做。

（7）不要在握手时把对方的手拉过来、推过去，或者上下左右抖个不停。

（8）不要拒绝和别人握手，即使有手疾或汗湿、弄脏了，也要和对方说一下“对不起，我的手现在不方便”，以免造成不必要的误会。

秘籍 24：来一个闪亮的开场白

开场白的好坏，几乎可以决定一次访问的成败，换言之，开场白的好与坏，差不多就决定了一次推销的成功与否。

贝尔纳·拉弟埃是空中客车飞机制造公司的销售能手，当他到空中客车公司就职时，面临的第一项挑战就是向印度销售飞机。这是件棘手的任务，因为这笔交易已由印度政府初审，未被批准。能否重新寻找成功的机会，全看特派员的谈判本领了。

作为特派员，拉弟埃深知肩上的重任。他稍做准备就飞赴新德里。

接待他的是印度航空公司主席拉尔少将。拉弟埃到印度后，对他的谈判对手讲的第一句话是："正因为你，使我有机会在我生日这一天又回到了我的出生地。"这是一句非常得体的开场白，它简明扼要，但内涵却极为丰富。它表达了好几层意思：感谢主人慷慨赐予的机会，让他在自己生日这个值得纪念的日子来到印度，而且富有意义的是：印度是他的出生地。这个开场白拉近了拉弟埃与拉尔少将的距离。

不用说，拉弟埃的印度之行取得了成功。拉弟埃靠着娴熟的销售技巧为空中客车公司创下了辉煌的业绩：仅在 1979 年，他就创纪录地销售出 230 架飞机，价值 420 亿法郎。

可见，推销员如果能在一开头激发起客户的兴趣，就可以创造一个非常好的谈话空间，并进一步解除客户的戒备之心，建立互信的关系。

重庆平安中医技术发展公司总经理卢伟，以 800 万元成功转让"本草香型功能调和油"专利。下面我们来回顾一下他当时的推销过程：

"对不起，我只能给你 5 分钟！"

一天下午，卢伟敲开他的"客户"——富侨保健按摩公司董事长郭家富先生的办公室，郭家富先生这样表明了自己的态度。

卢伟并不以为然，他微微一笑，正色说道："富侨看似庞大，其实暗藏危机！"

"为什么？"郭家富先生剑眉倒挑。

卢伟不急不忙地说："你们标榜的富侨式按摩手法，其实早已不独特；你们推崇的居家装修风格，也很容易被别人模仿；您放言几年内加盟店要达到

2000家，但目前只有不到300家……要想以您计划中的高速度发展，就必须有自己的核心竞争力！”卢伟口若悬河，郭家富的注意力开始集中了。

“当前按摩行业竞争激烈，想要取得绝对优势地位非常难，如果能充分运用中医的预防和保健概念，将是一个很好的突破口。而我拥有的这项具有自主知识产权的专利——本草香型功能调和油，能够解决您目前面临的诸多问题。”

卢伟独特的“开场白”让郭家富吃了一惊。作为一家年产值超过6亿元的知名企业的老总，郭家富没想到，这位“素未谋面的推销员”，却一语击中了自己的“要害”。郭家富先默默地翻了翻卢伟带的那本厚厚的计划书，但要想完全看懂，对于这个只有小学文化的董事长来说，委实不易。

“隔两天再来吧。”郭家富决定把这本计划书交给他的智囊团，听取他们的意见以后，再作打算。当晚，郭家富把卢伟带来的厚厚一叠计划书，交给了自己的智囊团。

一周后，卢伟收到了富侨的首笔定金，两天后，卢伟非常顺利地获得了郭家富52万元的现金支持以及数十页、总金额高达800万元的“项目合作转让协议书”。

可见，“言不在多，达意则灵。”讲话简练有力而切中要害，能使人兴趣盎然。冗词赘语、不得要领，必然令人生厌。善于交际的人惜语如金、言简意赅，而且能受到别人的欢迎。说话能直奔主题，这样才能吸引对方的注意力，引起对方的浓厚兴趣。

升级训练

开场白是销售人员与客户见面时，前两分钟（如果是电话销售，就是前30秒钟）要说的话，这可以说是客户对销售人员第一印象的再次定格（与客户见面时，客户对你的第一印象取决于衣着与销售人员的言行举止）；虽然不应该用第一印象去评判一个人，客户却经常用第一印象来评价你，这决定了客户愿不愿意给你机会继续谈下去。

如果是你主动征得客户同意会面的，你的开场白非常重要；而如果是客户主动约见你，客户的开场白就决定了你的开场。

以下是几种相当有效的开场白：

（一）问问题

这是最简单有效的开场白之一。一旦对方回答你的问题，你就成功了一半。

一家洗衣店要业务人员在胸前别上一枚大型别针，上面写道："这个能喝吗？"不出意料引起了许多人注意，纷纷前来打听是什么意思。

一家保险公司的业务人员采用一种表格，上面详列了客户的"金钱价值"，并且这么问客户："你知道你的'金钱价值'是保险公司让你购买保险的重要依据吗？"

轮胎公司要推销人员问客户："最近，你的轮胎出过什么问题吗？"一般的回答是："没有。有什么不对吗？"这样的回答，实际相当于对推销员发出邀请——给他们机会说明 90% 的轮胎问题，都是发生在最后 10% 的轮胎寿命期间。

当客户对某些话特别感兴趣的时候，若你能针对这些话问问题，效果通常不错：

有天，哈姆林·葛兰在伦敦参加一次晚宴的时候，发现隔座竟是在非洲大陆寻找到利文斯顿的亨利·史丹利先生。那晚，史丹利先生一直话语不多，直到葛兰想到一个绝妙主意。

"听说，在非洲有一种很奇怪的苍蝇。"葛兰先生问道，"但是不知道这T—S—E—F—L—E（苍蝇）怎么发音？"

史丹利先生顿时来了兴趣。从那一刻开始，他俩的谈话就一直没有中断。

（二）使人惊奇或具爆炸性的开场白

出人意料的妙语对打开话匣子是十分有效的，而令人惊奇或具"爆炸性"

的话题也会引发对方的好奇心。

《专业推销员》杂志曾提过，一名保险业务人员在自我介绍时的开场白是这样的："琼斯先生，假如我告诉你我做的是什么行业，你大概会立刻把我扔出窗外！"

（三）疑问性的开场白

这种开场白要能引起对方的好奇心，只要用得恰当、有格调，也是引起注意的好方法。

一名推销人员对一家汽车经销商的老板说道："昨天，我无意间听到贵公司一名推销人员向客户推销汽车，他讲的话真是令人吃惊。"那位经销商自然十分关心自己的推销人员究竟说了什么话，便愿意全神贯注地听下文了。

有名推销番茄酱的推销人员走进一家杂货店，他要求店主取来一瓶店里最好的番茄酱，然后打开，要店主亲自尝一尝味道。接着，他又从身上取出一瓶自己的番茄酱，请求店主发表对二者的意见。

很显然，这样的开场白的确吸引了店主的注意力。

（四）使用知名人物的名字

假如你说："约翰·史密斯认为我们制造的机器是全世界最好的产品。"也许没有几个人会注意。但假如你说："亨利·福特告诉我们的推销人员……"许多人就会仔细听下去了，因为你提到的是一个大人物的名字。

（五）提及客户现在可能最关心的问题

"听您的朋友提起，您现在最头疼的是产品的废品率很高，即便调整了生产流水线，这个问题还没有从根本上改善。"

（六）免费服务

如果你要销售的产品需要保养服务，这时，你可以检查客户的机器，并提供一些简单的调整与保养服务。

《销售家》杂志曾经刊载过一篇文章，建议销售天平的业务人员应随身携带一把螺丝刀、一罐蜡油、一块布。当你见到客户的时候，不妨要求看一下他们原有的天平，检查一下是否还操作正常。如有需要，可以调整一下平衡杆，给金属上点蜡，并用布擦拭干净……在提供这些免费服务之后，你就已经赢得了他的好感与注意力。而你也可以趁机了解实际情况，以此作为以后销售时的资料。

（七）展示品

假如你的产品可以展示的话，不妨用做你的开场白。

在卡耐基的沟通与人际关系训练班上，轮到一位推销人员发表演讲。他一开始便这么说：“我这里有一样小东西，说不定会改变整个世界。”说着，便从身上取出一个便携电源。这东西在当时非常罕见，当然也就引起全体学员的注意。

一位推销经理在缅因州的电力公司负责推销优先股票的时候，曾要求业务人员随身携带一小段公司高压电缆所用的铜丝，要业务人员在见到客户的时候，把铜丝放在客户手中，然后提出这样的问题：“您可否知道，整个城市的电源，居然是通过您手里握着的金属丝线来传递，实在是一项奇迹。”

上面这几种开场白，可结合交叉使用，重要的是要根据当时的实际情况。当然我们在与客户交谈的时候，一定要以积极、开朗的语气对客户问候与介绍。

秘籍 25 ：保持合适的谈话音量

让客户对自己产生良好印象不仅可以通过优雅的举止、得体的着装，还可以通过与人讲话的内容与方式，甚至是讲话的音量。

一场成功的推销应该像一个好的电视节目，有好画面和好音响，如果电视机的声控不佳，音响效果就不好，观众的听觉享受就不佳。这就像推销时，不管你是现场交易还是用电话来交易，一切都靠声音传给客户，所以必须随时注意自己说话的音量。

小史是一个大嗓门的保险推销员，他一直认为只有说话的声音大了，客户才能听得明白，听得清楚。有一次，小史又到客户家里去推销保险，对方是一个上了年纪的老人，对保险也挺感兴趣的，在谈话的过程中，老太太一再给小史强调她的孙儿在睡觉，让小史小声点，可是，小史形成的习惯，已经很难改了。就在双方谈得很惬意，准备签约的时候，老人的孙儿被小史吵醒了，他是又哭又闹的，老人哪有时间谈保险的事情啊，只顾哄孙子了，老人让小史下次再来。可是等小史下次再来的时候，老太太已经改变了主意。

做销售工作，说话的音量既不能太大也不能太小。声音太大会让客户觉得不够礼貌，甚至扰乱客户的情绪、影响同事的工作，对客户和同事来说，可能会是一种噪声，给人缺少涵养的感觉；相反，说话的声音太小，又会给你与客户的交流设置障碍，还会把不自信的感觉传达给客户。因此，推销员说话音量的控制要根据场合、场所的大小，听者的多少、交谈者的相互距离等因素来确定，要以客户能听到又不刺耳为宜。

升级训练

如何在和客户沟通的过程中，保持自己适中的音量？下面教给你一些技巧：

（一）找到自己最合适的音量

语言的威慑和影响力与声音的大小是两回事。千万不要以为大喊大叫就一定能说服和压制他人，声音过大只能迫使他人听你讲话而讨厌你说话的声音。与音调一样，我们每个人说话的声音大小也有其范围，试着发出各种音量大小不同的声音，并仔细听听，找到一种最为合适的声音。

（二）不要让声音尖得刺耳

我们每个人的音域范围可塑性很大，有的高亢，有的低沉，有的浑厚。说话时，你必须善于控制自己的音量。高声尖叫意味着紧张惊恐或者兴奋激动；相反，如果你说话的声音太过低沉、有气无力，会让人听起来感觉你缺乏热情、不屑一顾，或者让人感觉到你很无助。或者有时，当我们想使自己的话题引起他人兴趣时，便会提高自己的音调；有时，为了获得一种特殊的表达效果，又会故意降低音调。但大多数情况下，应该在自身音量的上下限之间找到一种恰当的平衡。

（三）音量一定要配合当时的气氛

有一种人可能精力过于充沛，不管在什么样的场合，总是大声嚷嚷："多次承你照顾！"像这样的大声喧哗，实在是要商榷一番，原则上生意人说话声音应不大不小，恰到好处，要根据客户听觉调整音调音量。

（四）充满热情与活力

响亮而生机勃勃的声音给人以充满活力与生命力之感。当你向某人传递信息、劝说他人时，这一点有着重大的影响力。当你讲话时，你的情绪、表情同你说话的内容一样，会带动和感染你的客户。

秘籍 26：博取客户的信任和好感

为何一些销售员总能博得客户的信任与好感，而另一些却连人家的门都进不去呢？成功的销售员是个人魅力出众还是擅长奉迎？抑或比较会在关键时刻打动人心？欧洲商学院的研究表明，成功的销售员与平庸同行之间主要的区别在于：他们特别诚实。

国际函授学校丹佛分校经销商的办公室里，戴尔正在应聘销售员的工作。

艾兰奇先生看着坐在面前的这位身材瘦弱、脸色苍白的年轻人，忍不住先摇了摇头。从外表看，这个年轻人显示不出特别的销售魅力。他在问了姓名和学历后，又问道："干过推销吗？"

"没有！"戴尔答道。

"那么，现在请回答几个有关销售的问题。"艾兰奇先生开始提问："销售员的工作目的是什么？"

"让客户了解产品，从而心甘情愿地购买。"戴尔不假思索地答道。

艾兰奇先生点点头，接着问："你打算跟推销对象怎样开始谈话？"

"'今天天气真好'或者'你的生意真不错'。"

艾兰奇先生还是只点点头。

"你有什么办法把打字机推销给农场主？"

戴尔稍稍思索一番，不紧不慢地回答："抱歉，先生，我没办法把这种产品推销给农场主。"

"为什么？"

"因为农场主根本就不需要打字机。"

艾兰奇高兴得从椅子上站起来，拍拍戴尔的肩膀，兴奋地说："年轻人，很好，你通过了，我想你会出类拔萃！"

此时，艾兰奇心中已认定戴尔将是一个出色的销售员，因为测试的最后一个问题，只有戴尔的答案令他满意，以前的应聘者总是胡乱编造一些办法，但实际上绝对行不通。

向客户推销你的产品，实际上就是向客户推销你的诚实。世界上最伟大的推销员乔·吉拉德说："诚实是推销之本。任何一个头脑清醒的人，都不会卖给顾客一辆六汽缸的车，而告诉对方他买的车有八个汽缸。顾客只要一掀开车盖，数数配电线，你就死定了。"要使交易成功，诚实不仅是最好的策略，而且是唯一有效的策略。销售并不一定要靠三寸不烂之舌，把产品吹得天花乱坠才会成功，老老实实说出商品的缺点，有时反而更能赢得客户的赞许和信任。

不诚实的代价是很大的。美国销售专家齐格拉对此深入分析道："一个能言善辩而心术不正的人，能够说服许多人以高价购买低劣甚至无用的产品，但由此产生的却是三个方面的损失：顾客损失了钱，也多少丧失了对他的信任感；推销员不但损失了自重精神，还可能因这笔一时的收益而断送了销售生涯；以整个销售来说，损失的是声望和公众对它的信赖。”

早在两千多年前，孔子就说过“无信不立”，守信用是中华民族的传统美德。而信誉是看不见摸不着的，它是存在客户心中的，只有客户心中认为你是诚实的，你们才有合作的机会。

升级训练

日本的松下幸之助说过，信用既是无形的力量，也是无形的财富。在销售工作中，更是能体现这句话。那么，销售员如何赢得客户的信任呢？

（一）坦诚地介绍产品

讲诚信首先就要把自己的观点开诚布公地说出来，而不是胡乱编造一些话语去应付。销售员如果能做到这一点，就是对客户最大的帮助了。

很多销售员为了完成业绩，都会对客户有所隐瞒，而这也是客户对销售员产生不信任因素的根源。如果每一个销售员都能做到诚信待人，那么就不用担心自己的产品卖不出去。能够开诚布公地与客户交谈的销售员很快就能得到客户的信任，因为这样客户就不会怀疑你谈话的真实性。我们要真实地展示产品的功能和效果，来不得半点虚假，因为一旦被客户发现，你就永远失去了这个客户，甚至还会失去一些与这个客户关系很好的某些潜在客户。

（二）对产品的缺陷不要回避

在销售过程中，适当地坦陈有关产品的一些弱点乃至缺陷，会让客户更加信任你的产品。对于一个聪明的客户来说，他一定明白没有十全十美的产品，与其遮遮掩掩，不如坦诚以待，往往更能赢得理性客户的认可。许多时候，一旦客户发现你所陈述的产品的缺陷并不是他们所看重的要点时，他们便不会在意这一切，反而会更快地作出购买的决定。

（三）真诚地给客户提建议

如果我们在拜访之前，能够事先了解客户面临的问题，近期有哪些困扰，那么我们在与客户交流的时候就可以表达出自己对他的关心。如果你能提出一两条建议，就最好不过了。客户会因为你愿意与他共同分担和解决问题而对你产生好感。

当然我们所说的建议不仅仅指客户在遇到困难的时候，我们也可以在客户购买产品时给他合理的建议。当客户听完你对产品的介绍后，会告诉你他希望购买怎样的产品和通过产品想要得到什么样的效果。在这时，我们就要给客户最真诚的推荐，如果你的建议能很好地解决客户的问题，他们也会乐于接受。

（四）任何人都不希望“挨宰”

任何人都不希望“挨宰”，因为“挨宰”不仅让我们在购买时付出了高价，遭受了经济损失，而且卖家的欺骗还会让你怒气难消，甚至感觉自尊心都受到了伤害。明白了这一点，销售员在销售时就一定不要心存“宰客户”的心理。“宰客户”必定是“一锤子买卖”，当下也许会让你赚到利润，但却让你丢失了诚信，丢失了长久的客户。

总之，在销售工作中，销售员只要尽自己的力量来做好工作，能诚实守信、实事求是地对待客户，就能赢得客户的信任，带来好业绩。

秘籍 27：巧给客户戴“高帽”

真诚的赞美和夸奖可以拉近推销员和客户之间的心理距离。不过要注意，一段精彩的开场白，通常都是以寒暄作为铺垫。寒暄可结合现场环境、客户本人的特点（穿着、工作）或他和企业的某个事件来进行真诚的赞美。通常来说，凡是能引起对方兴致的话题，都可以寒暄的形式对客户进行真诚的赞美。

被美国人誉为“销售大王”的霍伊拉先生听说梅依百货公司有一宗很大

的广告生意，便决定努力将这笔生意揽到自己手中。为此，他开始想方设法了解该公司总经理的专长爱好。经过了解，他得知，这位总经理会驾驶飞机，并以此为乐趣。

于是霍伊拉在同总经理见面并相互介绍后，便不失时机地问道："听说您会驾驶飞机，是真的吗？这年头会这种本领的人可不多！您是在哪儿学的？"

这一句话挑起了总经理的兴致，他谈兴大发，兴致勃勃地谈起了他的飞机和他学习驾驶的经历。

结果，霍伊拉不仅得到了广告代理权，还荣幸地乘坐了一回总经理亲自驾驶的专机。

真诚的赞美不是目的，赞美主要是为了缓和气氛，拉近彼此心中的距离，解除对方的警戒心理，为接下来的推销打下良好的基础。

日本推销之王齐藤竹之助曾这样说过："各人有各人优越的地方，至少也有他们自以为优越的地方。在其自知优越的地方，他们固然喜爱得到别人公正的评价。那些希望出人头地而缺少自信的人，尤其喜欢得到别人的恭维。"

有一位非常精明强干的人叫中田，齐藤竹之助对他评价说："他的才干是不容别人恭维的，因为对于这一点，他自己知道得很清楚。但他常常害怕别人认为他在对待女人方面是一个浮滑之徒，而愿意别人谈他温存儒雅。"因此，他在这一点上是极易被人恭维奉承的，这也是他喜欢经常与人交谈的话题。由此可以证明，这是他的弱点所在。

齐藤竹之助进一步指出："你若想轻易地发现各人身上最普遍的弱点，只要观察他们最爱谈的话题便可知。因为言为心声，心中最希望的，也是他们嘴里谈得最多的。你就在这些地方去挠他，一定能挠到他的痒处。"

齐藤竹之助的经验告诉我们，几句恰到好处的话，之所以能起到"芝麻开门"的作用，皆因它能找到各种不同的典型人物所癖爱的虚荣。

齐藤竹之助也告诉我们："几乎所有女人都是爱美的，她们至深癖爱、孜孜以求之。这是她们最大的虚荣，并且常常希望别人赞美这一点。但是对那些有沉鱼落雁之容、闭月羞花之貌的倾城倾国的绝代佳人，却要避免对她容貌的赞美，因为她对这一点已有绝对的自信。建议你转而去称赞她的智慧、仁慈，如果她的智力恰巧不如他人，那么你的称赞，一定会令她芳心大悦，春风满面的。”

林肯自己曾说：“一滴甜蜜糖比一公斤苦汁能吸引来更多的苍蝇。”

不论男女，不论贵贱，人们都喜欢听合其心意的赞誉，这种赞誉能给他们加倍的能力，成就他们自信的感觉。这的确是感化人的有效方法。

然而，赞美不当，恰似明珠暗投，更有甚者，反而激起疑惑甚至反感，这便要求我们懂得赞美的诀窍。要使赞美能够奏效，只要我们心中掌握各人性情的不同之处，便能区别对待，有的放矢，从而达到目的，把事情办好。

升级训练

从巧妙地恭维客户开始，以便展开话题，让客户的全部注意力都投入和你的谈论中，你的推销说明自然也就被对方倾听了。

那么究竟怎样恭维客户，才能让他的情绪好起来，拉近彼此的关系呢？每个人只要留心观察一下就都会恍然大悟。你有没有到朋友家做过客呢？到朋友家之后，当你看到客厅墙上一幅色彩明丽的山水画时，你往往情不自禁地赞许道：“这幅画真不错，给这客厅平添了几分神韵，谁买的？真是好眼力！”这句话也许只是你不经意随便说出的，但你的朋友会感到很欣慰，心中的滋味一定很不错。

对朋友家的其余一些东西都可以适当地赞叹一二，包括对朋友的子女。人们常说，“孩子都是自家的好”，这句俗语就反映出人们乐于听到恭维话的心态。作为家长，往往都喜欢听到夸孩子的话，例如，“这孩子真精神！”“哟！小小年纪还真聪明！”等。夸奖孩子时家长会流露出由衷的愉悦，这一点你一定看到过，或许你本人还有过亲身体验吧！

和朋友交往时是这样，那么和你的客户初次接触时也是这样，或许有时更甚于此。

当和客户寒暄过后，身旁的一切都可以成为恭维的话题。你可以对接待室的装潢设计赞叹一番，诸如“庄重典雅”或者是“堂皇气派”等，你还可以具体地谈一下桌上、地上或是窗台上的花卉或盆景等，这些花卉和盆景造型如何新颖独特，颜色亮度等又是如何搭配得当，甚至你还可以对它们的摆放位置用“恰到好处，错落有致”一类的词语来形容一番。

恭维客户，让对方注意你的谈话，一定要灵活，切不可拘泥于一处。

最后需要说明的仍然是诚恳的态度。只有态度诚恳，客户才会对你的恭维感兴趣，你才能收到理想的效果。如果你的恭维毫无诚恳之意，让客户感到虚伪，那么这样的恭维还是不要为好。

人性中最强烈的欲望是成为举足轻重的人，人性中最根深蒂固的本性是想得到赞美。慷慨地赞扬他人吧，无论谁，对待赞美之词都不会不开心的，让别人开心，我们并不因此受损，何乐而不为呢？如果你照这一准则办事，你几乎不会再遇到麻烦，如果你对此信守不渝，它会给你带来无数的朋友，会让你时时感到幸福快乐。妙语一句胜过千言万语，雄辩一人强于千军万马。说是一门学问，更是一门艺术。优秀的语言能唤醒客户的需求，掀起购买的冲动，激起消费的浪花。推销员只有掌握了这一门语言技艺，才能在推销过程中出奇制胜、稳操胜券。

秘籍 28：让客户认可你的微笑

微笑是一种修养，是一种风度，是一种气质，是真情实感的流露。微笑的气质得益于修养，修养是一种境界，境界需要磨炼。个人的修养是用热情的微笑应对和服务客户的理念来充分体现的。把客户当做朋友，传达友谊，是一名金牌推销员具有良好素质和高尚修养的重要体现。

微笑是对客户无言的答话。它是对良好言行的褒奖，对不当言行的包容。微笑有时候也是回答客户刁钻问题、回避两难境地、应对责难者的最佳方法。推销员一个歉意的微笑，就可以体现出难得的成熟和从容的人生态度。再挑剔的客户也会被这种成熟与从容融化。

有这么一名年轻的推销员，他总结了自己含义不同的39种笑容，并一一列出各种笑容要表达的心情与意义，然后再对着镜子反复练习，直到镜中出现所需要的笑容为止。他甚至每个周日晚上都要跑到日本当时最著名的高僧伊藤道海那儿去学习坐禅。

一次次坐禅、一次次点拨，使这个年轻人开始像一条成长的蚕，随着时光的流逝悄悄地蜕变着。到了1939年，他的销售业绩荣膺全日本之最，并从1948年起，连续15年保持全日本销售第一的好成绩。

1968年，他成为美国百万圆桌会议的终身会员。

这个人就是被日本国民誉为“练出值百万美金笑容的小个子”、美国著名作家奥格·曼狄诺称之为“世界上最伟大的推销员”的推销大师原一平。

相信自己的人，才能有真心的微笑，才会懂得用充满热情的微笑强化自身的形象。微笑更是特效的护肤霜，把它抹在脸上，你会愈加潇洒美丽；微笑是心底的一脉灵泉，它能使你的内心丰盈而深情。微笑，于老客户是心灵的默契；于新客户是距离的缩短。推销员在服务客户过程中必须保持笑口常开。微笑是推销员对自己充满自信的标志，也是礼貌的象征。

推销大师尚制胜曾经向一位客户张老板销售保险，不料被客户一句话顶回：“保险是骗人的！”尚制胜并没有生气，仍然微笑着问道：“噢，这还是第一次听说，您能给我说说吗？”这位客户说：“假如我和太太投保4000元，4000元现在可以买一部好的彩电，20年以后再领回的4000元恐怕连部黑白电视机都买不到了。”尚制胜仍然微笑并且好奇地问：“那又是为什么呢？”客户很快地回答：“一旦通货膨胀，物价上涨，即会造成货币贬值，钱就不经花了。”尚制胜继续面带笑容问：“还有其他因素吗？”客户支吾了一下说：“比如受国际市场的波动影响，说不定……”接着尚制胜又笑着问：“还有其他因素吗？”张老板终于把理由说完了。

于是推销大师首先维护张老板的立场，继续笑着对他说：“您的见解有一定的道理。假如物价急剧上涨 20 年，4000 元不要说是黑白电视机都买不了，恐怕只够买两本小人书了。”张老板听到这里，觉得对方认可了自己，心里很高兴。

最后尚制胜又补充一句：“当然，我这么年轻在您面前讲这些话，实在有点班门弄斧，还望您多多指教……”说来也奇怪，经尚制胜这么一说，客户张老板开始面带笑容，相谈甚欢，当然，推销的目的也已经达到了。

通过以上实例我们应明白：微笑是一个推销员真诚、自信、愉快、友善等心态的自然流露，只有发自内心的微笑，才能显得亲切、自然，也才能成功地迎合对方。

升级训练

一位金牌推销员给客户提供一流的微笑服务，应该起到什么样的作用呢？

（一）要发自内心

对于客户来说，推销员硬挤出来的笑还不如不笑。掌握微笑的要领，不是媚笑，不是假笑，更不是哈哈大笑。微笑，是一种愉快心情的反映，也是一种礼貌和涵养的表现。通常情况下的微笑，应该是面部肌肉放松，嘴角两端微微向上提起，唇部略呈弧形，不发声、不露齿地轻轻一笑。微笑时，应目光有神，眉头自然舒展，眉毛微微上扬。

（二）要能排除烦恼

推销员必须学会分解和淡化烦恼与不快，时刻保持轻松的情绪，不仅让欢乐永远伴随着自己，而且还要把欢乐传递给客户。推销员应该充分认识真诚微笑的强大作用，在推销中振作精神，把微笑服务贯穿于推销的全过程。在敲响客户的办公室大门之前，推销员应将烦恼与忧愁通通抖落在大门之外，以最佳的心情和精神面貌应对客户。

（三）要用眼睛去笑

微笑时，首先表现在嘴的两端要平均地向上翘起。笑的关键在于善于用眼；如果一个人的嘴上翘时，眼睛仍是冷冰冰的，就会给人假的感觉。推销员要想保持愉快的情绪，心胸开阔至关重要。交谈过程中，难免会遇到出言不逊、闭门谢客的客户，即便如此，推销员也应该气在心里，笑在眼睛里。

（四）要能进行感情沟通

微笑服务，并不仅仅是一种表情的公式化表达，还是与客户的一种有效沟通。只有能与客户感情上的沟通才称得上有效沟通。有效沟通是指除了感情的交流互动外，还要能产生预期的回应。它能积累沟通双方的信赖关系，这种信赖关系不但能让日后的沟通更容易进行，同时也是开发潜在客户的最重要的因素。当你向客户微笑时，要表达的意思是："见到你我很高兴，愿意为你服务。"亦即在感情上把客户当亲人、当朋友，与他们同欢喜、共忧伤，成为客户的知心人。微笑体现了这种良好的心境。

秘籍 29：获得客户的认同

说到推销技巧，很多推销员认为自己伶牙俐齿没有问题，但在实际操作中却不知为什么老是碰钉子。仔细分析一下才知道，轻浮的推销员总是想在客户面前显示自己是多么专业，而忽视了客户的想法，从而也就很难获得客户的认同。只有自己冷静地听一听客户的内心想法，并表示认同，才能真正获得客户的好感，并找到客户的真正需求。

王先生是某品牌摩托车生产企业的推销员，主要负责区域市场客户的开发和管理。有一次，他在河南的一个地级市开发客户时，客户张先生就是否经销该品牌摩托车提出自己的忧虑："全国各大城市都发布了'禁摩令'，河南的郑州、新乡等城市也禁止摩托车上牌照，我们市早晚也会有这么一天，而且听说近两年就会禁止，经营摩托车销售前景不容乐观。"

王先生从事摩托车销售已经五年了，平时就很留意有关本行业的多种信息。这个时候，平时的信息积累就发挥了它的巨大作用，王先生诚恳地对客户表示："你的忧虑很有道理。"

接着，王先生又利用自己对本行业深入的了解，透彻地分析了国家目前对摩托车行业的有关政策和发展趋势，指出这不是一个夕阳产业，而是一个朝阳产业，因为目前南方一些原本已经“禁摩”的城市现在正逐渐“开禁”，这说明目前在中国大部分城市禁止摩托车还为时尚早。接着，王先生又向客户详细地介绍本企业的历史、现状、产销量、有关政策支持、营销网络建设，并分析了经营前景。王先生对摩托车经营行业的丰富信息不但打消了客户原先的疑虑，而且更加坚定了客户继续经销摩托车的信心。两个人愉快地签下了经销合同。

可见，让客户建立认同感很重要，一旦他赞同或欣赏我们的观点，就很容易往下继续交谈。下面我们看一下这位推销员是如何向客户表达自己的认同感的：

“你好，赵总！我是世纪城售楼处的王丰，上次您看过楼盘，说要先想想，您现在考虑得怎样了？”

“我们家商量过了，考虑到有个 3 岁的孩子，很成问题。”

“关于小孩幼托的事对吗？”

“对，是的。”

“孩子是做父母的一辈子的寄托，在教育上是万万不能凑合的，这一点我们也考虑到了。因此，我们世纪城在选址时特意和中关村近邻。且不说小区内的各种配套社区服务，就是中关村地区现有的十几所幼儿园在设施及管理上都是一流的，您完全不用担心，只要是在本区内的住户，各幼儿园都有优惠政策。并且，不在本小区上学的孩子，我们有专车接送。”推销员先是认同客户的顾虑，然后用事实让客户打消顾虑，保障了推销的继续进行。

“嗯，我还跟一位老人住在一起。”

“看得出，赵总您一定是一位大孝子！这样吧，赵总，我给您挑一套向阳的房子，老人平时在家可以晒晒太阳，有利于健康，您看怎么样？”

客户在推销员的不断介绍下，逐渐动摇了刚才不打算再看世纪城房子的打算。“你们那里有复式的吗？最好是楼顶带花园。”

“有的，我们这儿还有6层的、楼顶带花园的复式居室两套。一套是100平方米，一套是150平方米。您看您需要哪套？”

“我喜欢大气的……”

“那您就要150平方米的！”推销员不再给客户犹豫的时间，“赵总，您希望有一套复式的、150平方米左右的居室，最好是楼顶带花园的，并且要求阳光充足，是吗？”推销员再一次核对一下客户的需求。

“对，还有，要离健身中心近一点。”

“好的，我会为您挑到的，赵总，请您带上两万元定金，下周一早上9点我在售楼处门口等您。”

“好的，下周一见！”

“再见！”

升级训练

销售员应怎样获得客户的认同感呢？请掌握以下技巧：

（一）必须在拜访之前做好准备

首先你需要准备一个双方都认同的观点，比如说：“我有一个建议，您是否愿意听一下？”如果我们不把应答的对话准备好，不把已经了解到的资料准备好，不把想要达到的目的事先想好，那么碰到的任何客户，都可能会成为绕不过去的障碍。

（二）以让步换取客户认同

如果整个合作项目对推销员而言至关重要，那么推销员必须在推销中适当的时候注意体面地让步，以获得客户的认同感。不要过早让步，不要首先在关键问题上让步，不要一次做大幅度让步，不要没有任何回报地让步。让步是为了你和客户之间实现双赢，这时推销员必须考虑己方利益的充分实现，如果无法确保自身利益，那就不要让步。即使到了无法让步的时候，也要继续维护沟通的顺利进行，要为客户的回心转意留有足够空间。

（三）发自内心的赞美

客户在作出购买决策之前，内心往往有着种种对话：不买是安全的，因为不买就不会错，不会因为自己一时头脑发热买下跟自己的需求不相符的东西，不会买贵，也不会买得太差让别人笑话。但是客户也想尝试，尝试一下新产品带来的好处，尝试一下与以往不同的感觉……我们想让客户作出什么样的决定，取决于我们肯定的是客户哪一部分想法。肯定落实在我们的销售中，就是不断地认同客户：认同客户的主张、价值观。而认同最直接的表现就是：发自内心、真诚地赞美客户。可以说，赞美和认同是拉近与客户间心理距离的不二法门。

（四）"柔道"术

有些客户有他们不能讲或不愿讲的隐含需求。这些需求难以捉摸，有些时候甚至很难识别和把握。当你了解了他的情况时，你可以抓住扭转局面的机会。你可以说："我很高兴您告诉我这些问题，我相信其他人遇到这种情况也会和您一样的。现在请允许我提一个问题，您看这样处理是否合您的心意……"

（五）获得客户的必要信息

在推销计划实施之前，要获得客户的必要信息，比如业务资料、营业记录等，这对推销员绕过障碍最为有益。掌握了客户的资料，在和其进行交谈的过程中，把自己的产品或服务很自然地与客户的需求结合起来，这会让客户接受产品或服务时感到理所当然，认同感也由此而生。例如，我们拿着他们的产品说明书，用客户的口气说一些术语与之交谈，这是最方便、最有用的方法，我们会很容易得到客户的信息。

（六）探询"需要"

要想成为一名伟大的推销员，必须懂得客户的真正需求是什么，绝不能只是一味地施展所谓的销售技巧而忘了根本。比如，客户向你要一支可以在玻璃上钻孔的电钻，这是他的需求，如果你只是努力满足这一需求，就失去了更有效地满足客户需要的机会。"需要"是"需求"背后的原因，客户要这种电钻的原因是要在玻璃上打孔，是因为需要把管道伸出窗外。你应该努力去满足客户的需要——有没有把管道伸出窗外的更好方法？而不仅仅停留在满足客户需求的层次上，把电钻给他了事。

（七）暗示性提问强化认同感

如果说赞美是加强认同，那提问的目的就是引起客户的反思。客户总是对的吗？不一定。但如果是由我们来说，客户一定不会同意。即使心里悄悄同意了，碍于面子，也一定不会承认并纠正自己的行为进行购买。所以，在销售中学会提问，通过问题引发客户的反省，将会让我们的销售从“拉”进入“推”的境界。销售的前期，问一些开放式的问题，尽可能地收集客户的资料，当我们得知客户足够多的资料并判断出客户真正的痛点时，通过引导型、暗示型的问题取得客户的认同，最后用封闭型的问题来促成交易。

（八）真诚地感谢

感谢比道歉更加重要，感谢更能得到客户的认可。客户的认同是推销员不断进步的源泉和动力。感谢他说出自己的问题，以便你更好地为他服务；感谢他指出你的问题，帮助你改进工作；感谢他打电话来，你觉得和他沟通很愉快。客户的抱怨往往源于我们的失误，客户的愤怒往往源于我们的冷漠和推诿。所以他打电话来之前会预期这将是个艰苦的对决，而你真诚的感谢将大大出乎他的预料，他的情绪也将很快得到平复。

总之，认同感一旦建立，推销员在和客户交谈时，就可以做到心中有数。

秘籍 30：“听懂”客户的话

有人认为，推销员的功夫全在嘴上，于是每次面对客户都滔滔不绝地讲个不停，其实这样做的效果未必好。一位推销员说：“不要过分显示你的才华，那样会伤害客户的自尊心。记住，上帝给了我们两只耳朵，只给了我们一张嘴巴。”如果你说得多，听得少，而又缺乏耐心的话，那么你就会吃亏。美国汽车推销大王乔·吉拉德就曾经有过这样一次难忘的经历：

乔·吉拉德向一位客户推销汽车，交易过程十分顺利。当客户正要掏钱付款时，另一位推销员跟吉拉德谈起昨天的篮球赛，吉拉德一边跟同事津津有味地说笑，一边伸手去接车款，不料客户却突然掉头而走，连车也不买了。

晚上，吉拉德怎么也睡不着，白天的事情令他百思不得其解，终于忍不住，给那个客户打电话。在他的一再请求下，客户终于说出他最后一分钟放弃买车的原因："今天下午付款时，我同您谈到了我的小儿子，他刚考上密歇根大学，是我们家的骄傲，可是您一点儿也没有听见，只顾跟您的同事谈篮球赛。"

吉拉德明白了，这次生意失败的根本原因是这个客户在买车的时候，讲起他有一个上大学的儿子，他很为孩子自豪。而吉拉德只是心不在焉地应付着，没有真正倾听客人的讲话。

我们从这个故事中可以看出倾听的重要性。为了耐心认真地倾听客户讲话，就要避免出现心不在焉"开小差"的现象发生。即使自己已经熟知的话题，也不可自以为是，认为客户和你要谈的就是这个话题而不再有耐心听下去，因为这样非常容易出现万一客户的内容有隐含意义或者其他意思时，我们没有领悟到或理解错误，就会造成事倍功半的后果。

一名电话推销员正在与客户通话，客户讲："我还有一个问题，我听人家讲……"

这时，这个推销员心里面不知有多紧张，因为最近他们的产品确实出了些问题，已经有不少客户来电话投诉，他想他的这个客户也是问到这个问题，所以，他就打断客户："我知道了，您是指我们产品最近的质量问题吧，我告诉您……"

这个客户很奇怪："不是啊，我是想问怎么付款才好。怎么？你们产品最近有问题吗？你说说看……"

接下来发生了什么？当然是客户取消了订单。

这就是缺乏耐心倾听所付出的代价。

升级训练

推销员需要以帮助客户的积极态度真正“听懂”客户，了解客户在“话里”和“话外”表达的问题与期望，同时，我们要想提高倾听效果，必须掌握“听”的要诀。

（一）创造和寻找时机

倾听当然不是要求推销员坐在那里单纯地听那么简单，推销员的倾听是为达成交易而服务的。也就是说，倾听的目的一方面是给客户创造表达的机会；另一方面是使自己能更好地了解客户，以便进一步与其交往和沟通。在倾听的过程中，推销员可以通过客户传达出的相关信息判断客户的真正需求和关注的重点问题，然后，推销员就可以针对这些需求和问题寻找解决的办法，从而令客户感到满意，最终达成交易。

（二）在倾听中鉴别客户发言的重点

在专心倾听的基础上，为了达到良好的倾听效果，可以采取鉴别的方法来倾听客户发言。通常情况下，人们说话时是边说边想，想到哪说到哪，有时表达一个意思要绕着弯子讲许多内容，从表面上听，根本听不出什么重点，所以，推销员需要在用心倾听的基础上，鉴别传递过来的信息的真伪，去粗取精、去伪存真，这样才能抓住重点，收到良好的听的效果。

（三）引导和鼓励客户开口说话

要鼓励客户讲下去，可以用简单的赞同、复述、评论接话等方法引导他人讲下去。认真、有效的倾听的确可以为推销员提供许多成功的机会，但这一切都必须建立在客户愿意表达和倾诉的基础之上，如果客户不开口说话，那么纵使倾听具有通天的作用也是枉然。多用你的耳朵而不是你的嘴巴，不是为了改变客户，也不是急于作出最贴切的反应，而是为了了解客户，透过言谈明了一个人的观念、感受与内心世界。

（四）克服先入为主的倾听做法

先入为主地倾听，往往会扭曲说话者的本意，忽视或抗拒与自己心愿不符的意见，这种做法相当不妥。因为这种推销员不是从谈话者的立场出发来分析客户讲的话，而是按照自己的主观意愿来听取客户的谈话。其结果往往是听到的信息变形地反映到自己的脑中，导致自己接收信息不准确、判断失误，从而造成行为选择上的失误。所以必须克服先入为主的倾听做法，将客户的意思听全、听透。

（五）不随意打断客户谈话

要想提高倾听的艺术，首先要静听他人的谈话，不要贸然打断客户的话题，也不要时时插话，影响他人的谈话思路，或弄不清谈话的实质就断然下结论。如果客户当时的情绪不佳，而你又打断了他的谈话，那无疑是火上浇油。所以，当客户的谈话热情高涨时，推销员可以给予必要的、简单的回应，如“噢”、“对”、“是吗”、“好的”等。除此之外，推销员最好不要随意插话或接话，更不要不顾客户喜好另起话题，例如，“等一下，我们公司的产品绝对比你提到的那种产品好得多……”“您说的这个问题我以前也遇到过，只不过我当时……”

（六）抱着热忱与负责的态度

热忱和负责的倾听态度是达到优秀倾听效果的前提。敲响客户房门之前，照照你面前的镜子：找到你甜甜的微笑了吗？不论客户是男高音还是女低音、年轻人还老人、吐字清晰与否、带着口音与否，都请积极地去倾听，而不是皱起眉头，在心里抱怨：天哪，他在说什么？

（七）通过记笔记来集中精力

倾听的目的就是弄清对客户而言什么是重要的、为什么重要。因此，应该在倾听时做大量的笔记。记笔记的好处在于，一方面，可以帮助自己回忆和记忆，而且也有助于在客户表达完自己的想法后，我们可以就某些问题向客户提出问询，同时，还可以帮助自己作充分的分析，理解客户讲话的确切含义；另一方面，通过记笔记，给客户一种重视其讲话内容的好印象，当停笔抬头望望客户时，又会对其产生一种鼓励的作用。

（八）了解倾听的礼仪

在倾听过程中，推销员要保持一定的礼仪，这样既显得自己有涵养、有素质，又表达了你对客户的尊重。通常在倾听过程中不要做无关的动作，如心不在焉、东张西望、不耐烦、不时看表、目光游离不定等。这些既影响客户讲话的兴趣，又是一种非常无礼的行为。正确的做法是：真正做到全神贯注，不要只做样子、心思分散；表示对客户意见感兴趣；重点问题用笔记录下来；插话时请求客户允许，使用礼貌用语。

秘籍 31 ：恰当呼应客户

很多销售培训往往强调推销员从企业出发解说自己的观点和产品，说服客户购买，而不是通过分析客户的回应来解决客户的问题。这是一个误区，“客户的回应比推销员的论述更重要”，这是销售沟通之前就应明确的。通过会心关注，呼应客户，你能引导客户的谈话，同时取得更明确的资讯，支持你销售的产品和服务。在交流的过程中，运用呼应技巧，能使客户感受到你的友善和关心，融洽沟通的气氛。

张明：“李先生，想必您一定知道，以您的身材想挑一件合身的衣服，恐怕不容易，起码衣服的腰围就要做一些修改。请问您所穿的西装都是在哪儿买的？”

李先生：“近几年来，我所穿的西服都是从观奇洋服买的。我很喜欢这家公司。但是，我实在很难抽出时间挑选适合我穿的衣服。”

张明心想，原来是在观奇洋服买的，嘴上称赞道：“观奇洋服的信誉不错。”接着，张明又说，“其实，许多人都有这种烦恼。要挑选一套自己喜欢、适合自己身材的衣服比较难。您穿的衣服都是以什么价钱买的？”（注意，这里张明先是认可客户的观点，呼应了客户的需求，同时用引导性的话题进一步锁定客户的需求。）

李先生：“一般都是2000元左右。你卖的西服多少钱？”

“从1500元到4000元都有。这其中有您所希望的价位。”张明说，“我们公司为客户提供许多方便的服务。他们不出门能就买到所需的衣服。一年访问客户两次，了解他们有什么需要或困难，客户也可以随时找到我。李先生，您很清楚，现在一般人如果受到良好的服务，会认为服务的背后是否隐藏着什么其他条件。这真是一个可悲的事。我们公司服务客户很彻底，彻底到使客户不好意思找其他厂商的程度，而这也是我殷勤服务客户的目的。李先生，您同意我的看法吗？”（张明现在是巧妙地站在客户的立场上来评价本店的“服务”，同时用“您同意我的看法吗”这句话来引导李先生的回答，张明有把握让李先生做出肯定的回答。）

李先生：“当然，我同意你的看法。我最喜欢具有良好服务的厂商。但现在这种厂商越来越少了。”（客户已经在张明的有效呼应中逐步被“同化”。）

李先生忽然想到了什么似的，问道：“对了，刚才你说你这里的服务很彻底。我正好有一件海蓝色西装，是几年前买的，我很喜欢，但现在搁在家里一直没有穿。因为近几年我的体重逐年减轻，这套西装穿起来有点肥。我想把这套西装修改得小一点。你们能做到吗？”

张明记下了李先生的话：李先生有一套海蓝色的西装需要修改。李先生看到张明如此重视客户的要求，露出了满意的笑容。

张明不失时机地套用了李先生刚才说过的一句话：“李先生，刚才您也说了‘现在这种有良好服务的厂商越来越少了’，因此，我希望在生意上跟您保持长久的往来。‘货比三家不吃亏’，相信您一定会说：‘现在这种有良好服务的厂商虽然少但毕竟有！’”

沟通的气氛已经明显融洽了很多，李先生说：“现在我也有这个意思。不知道什么时候让我看看样品？”（李先生看了看手腕上的表，向张明暗示他的时间有限。）

张明：“当然，现在就可以。我们这里有不少款式，相信一定有适合您的！”

李先生看了样品后，很快挑了两款自己喜欢的。张明就这样凭着会心关注，呼应客户，从竞争对手手中赢得了一位忠诚的客户。

通过应对客户的许多问题，与客户产生共鸣，可以挖掘出客户的真正需求；通过适当的引导，可以让客户明确肯定自己的需求。

升级训练

为了充分了解客户的真实想法，探寻出他的需求所在，掌握应对的技巧对推销员来说非常重要。

（一）让客户把话说完

随意打断客户的谈话是一件很不礼貌的事情，很容易引起客户的反感，破坏谈话的气氛。优秀推销员要让客户把话说完，即使客户谈的是一些无关的事情，也不要轻易中断他的谈话；同时适时引导客户："这些问题对您有什么影响？""您的老板如何看待这些问题？""长期不进行职业培训的后果如何？""您有没有想过此事不解决的后果？"

（二）要说，更要问

在销售对话中，为什么你总是感到被动？因为通常你总是在说，而你的客户总是在沉默或不停地发问。客户一直提问，是在探你的底牌。其实你不一定知道客户真正关心的是什么、主要的问题在哪里，因为你只说不问。客户和你谈话，是期望你可以在专业方面给出建议。你应当像医生一样，对现状进行诊断，而诊断的最好方式就是有策略地提问。

（三）引导客户解决问题

当客户意识到问题的严重性后，通过引导客户解决问题的询问，让客户看到这些问题解决后给他带来的利益，从而促使客户下决心行动。此时可以这样呼应客户："您为什么要解决这个问题？""这些问题解决以后对您有什么有利的地方？""通过培训会带来什么效果？""其他同类型的公司有这样做过吗？"

（四）测试客户的回应

一般的推销员通常滔滔不绝一大堆之后，就用陈述句（句号）结尾了。这时候客户的表现通常是"好，我知道了，改天再聊吧"或"我考虑一下再说"等。如果你在陈述完后紧接着问："我想更多地了解您的需求。""您能告诉我您需要的销售培训的具体内容吗？""我们的销售培训内容有偏重销售理论的培训，有偏重实战的销售培训，有偏重娱乐的销售培训，您最感兴趣的是哪方面？为什么？”“除了这一点，您还对哪些方面感兴趣？”效果会好很多，客户至少不会冷冰冰地拒绝你，提问给了客户阐述其想法的机会。

（五）适时重复一下客户的话

重复一遍客户的话，表示的不仅仅是对客户的尊重，也表示你对需求的正确理解。如“按我的理解，您的意思是……”“您这句话的意思是……我这样理解对吗？”“我不知道我听得对不对，您的意思是……”等。如果客户认为你完全理解了他的需求时，你再提出反对的意见，而且有理有据，客户一般都不会再坚持自己的初衷。

（六）渗透性提问

乔·库尔曼是美国著名金牌寿险推销员，他成功的秘诀之一就是渗透性提问。如，客户说：“你们这个产品的价格太贵了。”他会说：“为什么这样说呢？”“还有呢？”“然后呢？”“除此之外呢？”提问之后马上闭嘴，然后让客户说。客户一开始说出的理由通常不是真正的理由，当你说出“除此之外”之后，客户都会沉思一会儿，谨慎地思考之后，最后说出他为什么要拒绝或购买的真正原因。

（七）站在客户的立场

每个人都有他的立场及价值观，因此，你必须站在客户的立场，仔细地倾听他所说的每一句话，不要心存偏见，不要有指责或评判对方的想法，更不要只听自己想听的。站在客户的立场说话，要让客户知道，你做的每一件事情都是从他的角度考虑的，都是为了他。

（八）把握关键词，“钓”出客户的真正想法

推销员要注意自己的遣词造句，一个简单的不当称谓就可能使你前功尽弃。如果在你的交谈中使用太多的“我”、“我们”、“我认为”等语言，很容易使客户反感，应多用极具亲和力的“您”。另外，推销员应掌握以下有用的语句：“据我了解……您觉得……”“我感觉到您……所以，您认为……”“我猜想我听到的是……”“我不确定我是否听懂了，但……”“您相当看重……就如我听到的，您……您现在的感觉是……”“您当时一定觉得很……”等。

总之，让客户多说，透过他的呼应探究其真正的问题与购买原因，这是每一个希望成为优秀推销员的人应该时刻牢记的沟通准则。

秘籍 32：将形象“烙”在客户心上

怎样才能在准客户心里创造一个把你和别人区别开来的、难以忘怀的形象呢？你做了些什么？你怎么做的？你说过什么话？ 你是怎么说的？你的准客户记得多少？你的客户在你离开后，还会谈到你吗？也许他们谈论的（并且下订单的对象）是你的竞争对手。

在名片上下点儿工夫，它们能够反映企业的形象。看看你的名片，客户和准客户们看到名片会联想到你吗？如果是别人送你这张名片，你会有些什么看法？

理查·赫德把他的名片印在扑克牌背面。许多人对他的名片有看法，每一次拜访之后，都有人讨论他的名片。

采取令人惊喜的举动。一家礼品公司的销售人员，在向别人推销时，亲自送了一篮相当温馨的礼物，里面有关于胜利的名言录、猫食以及其他东西。她成为客户谈论的话题达数星期之久。

总之，不论通过什么方法，只要能将你的形象“烙”在客户心上，你的销售就成功了。

升级训练

在推销时，你可以运用以下一些贴心且令人难忘的举动来加深客户对你的印象：

（1）亲自送达。

（2）快递。

（3）送份表示谢意的礼物——水果篮、植物、鲜花。

（4）送份贴心的谢礼——有关客户爱好的书籍、一节高尔夫球训练课。

（5）一个“温馨”的电话。

（6）个人关怀：在推销之前、之间与之后。

（7）用传真送一则对方有兴趣的文章或令人捧腹的故事。

（8）生日卡、生日电函。

（9）有特色的名片。

（10）有意义的礼品篮：大学旗帜、高尔夫球、任何贴心的东西。

（11）引用名言或赠名言录。

（12）多给一些赠品。

（13）诚挚的谢函。

（14）提早送到。

（15）加班服务。

要使人觉得难忘，你务必从客户或准客户那里取得其个人资料。你需拟一个资料卡以搜集下列客户资料：

（1）爱看的书籍。

（2）最近读过的一本新书。

（3）其他居住或工作的地方。

（4）目前居住地。

（5）地方性或社区性组织的参与。

（6）家乡。

（7）阅读的主要刊物。

（8）商业组织的参与情况。

（9）今年的主要目标。

（10）下次度假的地点。

（11）宠物类型。

（12）爱好。

（13）子女人数。

（14）受教育的大学。

（15）喜欢的球员。

（16）最喜欢的运动项目。

（17）车的型号。

取得这些个人资料有助于日后的追踪——只要你能正确使用。如果你有这些资料，你要如何正确运用它们，才能使自己令人难忘呢？想想这个问题，事后他们会对别人谈起你吗？如果会，你的努力就没有白费。

你必须有效地去发挥这些资料的价值及功能！为每个客户拟定一个令人难忘的追踪计划，你会得到你想要的。以下是几个计划要素：

（1）整体计划。

（2）目标。

（3）遣词造句（具震撼力的）。

（4）应对进退（电话中、面对面）要富冲击性。

（5）紧急程度。

（6）需用到的工具。

（7）解围策略。

（8）实施及训练计划。

（9）绩效衡量标准——记录结果。

要让人记得你，就要做些富有创意的、充分表现个性的举动。例如：

（1）用他们的名义捐款给他们参加的慈善机构。

（2）使他们成为你的“本月最佳客户”，送他们一个奖牌。

（3）如果你有门票，直接送给他们是不明智的，要跟他们一起去。

（4）请他们去他们最喜欢的咖啡屋。

（5）分享家庭经验——去科学馆、讨论子女教育、去郊游。

（6）设客户奖——最佳客户奖、最幽默客户奖、专业水准最高客户奖。

秘籍 33：怎么说比说什么更重要

心理学家研究发现，人与人之间的交流 55% 是通过视觉，38% 是通过听觉来实现的，只有 7% 是我们说话的内容。

在与客户沟通时，除了认真想好每句话，在表达时更要注意自己说话的语气和语调，因为你说话的声音不同，给对方的感觉也不会一样。例如，同样“讨厌”两个字，一个女孩子对一个陌生人讲和对自己的男朋友撒娇地说，感觉完全不一样。这就是语气语调的作用。

请用不同的语调读出下面的三句话，仔细体会一下声调语气的变化给人的不同感觉：

你真坏！（无奈、玩笑、撒娇、痛恨）

你说呢？（疑问、取笑、生气、关心）

我理解你！（同情、不耐烦、嘲讽、口是心非）

在介绍产品的过程中，尽量运用语调、速度和语言三方面的变化，使表达更生动自然。

我们说的每一句话，都要使客户感到悦耳、动听、舒适，这样客户才会愿意并喜欢和你沟通。想要了解自己的声音是否具有吸引力，可以把自己的话录下来，然后仔细听，你就会知道自己的声音是什么样子了。然后，分析自己的声音哪里缺少感性色彩或语调变化，你的嗓门听上去是高了还是低了。你的口齿是否伶俐，吐字是否清晰？弱音、重读是否能区分得出来？如果不是，那就要加强练习。

在表达中，如果你想强调某句重要的话，一个最好的办法就是将这句话的最后几个字轻柔地讲述出来。让我们以下面这句话为例来验证一下这个技巧。你可以用正常的音量和语调来讲这句话的前半部分，然后用轻柔的语调把最后的几个字说出来：

“如果我想强调哪一部分，我就——轻轻地，说出来。”

在运用这一技巧时，你可能发现客户常常会身体向前倾，以听清楚你在说些什么。这证明你已经完全赢得了客户的注意，他已经被你所引导。

另外一个引起注意的常用手法是停顿。它能增强你说话的语气，让你更好地思考以及让听众更有效地聆听、领会和记住你所说的话。此外，你还可以利用停顿来观察你的听众是否对你已经理解和认可。

在表达中，如果你在某个地方停顿一两秒钟，你将发现它能大大增强你的表达效果。读下面这句话，在“那么”一词之后停顿一下：“如果我想引起对方注意，那么——我会停顿一下。”在你停顿之后，你会发现对方正给予你热切的关注，因为这种停顿唤起了他继续听取下文的兴趣。

同样是“我没有说你偷了钱包”这句话，停顿不一样，所表达的含义也不一样。

我没有（停顿）说你偷了钱包——是别人说的。

我没有说你偷了（停顿）钱包——我暗示你偷了。

我（停顿）没有说你偷了钱包——我说了别的话。

我没有说你（停顿）偷了钱包——我说他。

我没有说你偷了钱包（停顿）——你偷了别的东西。

请用不一样的停顿方式读出下面两句话，仔细体会它们所表达的不同含义：

“爸爸亲了我妈妈也亲了我。”

人与人在面对面的沟通交流中，肢体语言的影响力占到55%。所以，你说话时的表情、动作、姿势、呼吸等肢体语言，对客户的影响是很大的。这也是为什么很多人模仿那些笑星，语言、声音都很相近，但和笑星本人达到的效果还是有很大差别，因为心理、情绪、神态等很细微的地方，别人是难以模仿的。

在与客户沟通时，要保持热情、自信、风趣的状态，这样的肢体语言会让客户觉得你是一个精明能干而且很专业的推销员，和你做生意的可能性就很大。一定要注意，客户很在意你给他的感觉，他会根据你给他的影响而决定是否和你谈生意。

所以，一定要谨记：销售沟通不在于你说什么，而在于你怎么说，并让客户感觉到了什么。沟通是一门艺术，沟通表达更要讲技巧，不同的语言表达会产生不同的效果，这就是高手和普通人的区别。

升级训练

（一）引起客户的兴趣是所有销售的开始

再好的产品，如果客户不感兴趣，也不会购买，更何况现在同类产品的厂家众多，要想赢得客户的青睐和信任，你必须让对方对你及你的产品产生兴趣，这是最为关键的一点。

（二）诱饵

是什么吸引你、掌控你、引诱你、征服你、让你心甘情愿地掏钱购买一件产品，使你专注于某一个电视节目或令你陶醉于某一本书？答案是：诱饵。

诱饵是指用以引起注意的某一表述或某件物品。无论你是看电视、听收音机、读报纸，还是看书或浏览广告牌，诱饵每时每刻都在你眼前晃荡着，诱惑你。

报纸总是利用诱饵来吊起你的胃口，报纸中的诱饵通常是标题。带有悬念和趣味的题目会吸引读者继续看下去。电视和广播为了吸引观众也用诱饵，在惊险的电视节目中，你第一眼看到的往往是诸如开枪、撞车以及人从高楼上摔下来等充满刺激性的场景，他们之所以把这些内容提到前面来突出，就是为了捕获你的注意力并让你着迷。

如果你给客户打电话，客户越好奇，回电就越快。给客户发电子邮件时，一定要精心设计邮件的主题，以引起客户的好奇心，这样才会促使他们打开邮件阅读。

所以，在与客户沟通时，你首先要做的一件事就是引起他的注意。这时候你需要运用一个诱饵，以便在一开始就能吸引客户并让他们记住你。

要想找到表达的诱饵，你需先回答以下问题：

（1）在你的表达中最特别的地方是什么？将其归纳为一句话。

（2）在你的表达中最精彩、最有趣的地方是什么？将其概括为一句话。

（3）在你的表达中最生动的地方在哪里？将其压缩为一句话。

（4）在你的表达中最幽默的地方在哪里？将其简练成一句话。

最后，把这些最为精练的语言经过精心的编排，总结成一段话，在与客户沟通时，这就是吸引客户的诱饵。

（三）问句的形式更能激发客户的兴趣

要想充分调动客户的兴趣，问句要比陈述句的效果更佳。例如，下面两句话哪一个更能引起你的注意呢：

“我们的产品能使你的身体更健康。”“你希不希望自己更加健康，并充满活力？”

当客户被提问时，对方的注意力一般都比较集中。但要注意：在任何情况下，只要你以问句的形式推出你的诱饵，你就要在30秒内给出回答，如果只问不答，对方就会认为你是在质问他或者认为你也不知道答案。

（四）30秒决定成败

当你在销售的时候好不容易接通了一个你一直想见到的客户的电话，还来不及寒暄完毕，对方就会问：“请问，你有什么事？”如果你迟疑或模糊回答，你就会马上失去这次电话沟通的机会，因为现在每个人都很忙，销售的决胜点就在与客户说话的头30秒。如果在30秒之内没有引起客户的注意，那你的销售就是失败的。

要想在一开始就抓住客户的注意力，在说话时就要去掉空泛的言辞和多余的寒暄，在最短的时间里给客户最好的答案。任何时候你的言语表达都只能给对方带来30秒的新奇感，你必须在这新奇感消失之前——30秒内将对方征服。这也许听起来有些残酷，但很多时候成功者就是这样抓住客户的。

有一次，一家世界著名的咨询公司老总在电梯里与客户相遇，客户问这位老总设计的营销方案怎么样了。这位老总一时不知从何说起，想了一下，然后很具体地为客户分析各种内容，还没说多少，电梯到了，这位客户匆匆道别。当然这位客户最后没有采用这家咨询公司的方案，这家咨询公司失去了一次合作的机会。

在与客户沟通之前，你要问自己下列问题，并分别用一句话来回答：

（1）我要说什么。

（2）我的策略依据是什么。

（3）我要表达的中心是什么。

（4）哪一种表达方式最有可能达成目的。

（5）我能否充分论证这一表述。

（6）是否还有其他与此相适应或相关联的必要表述。

（7）这一表述是否与客户的需要和兴趣相关。

客户没有时间反复和你讨论过程，他只关心结果；客户没有时间反复和你交流沟通，他只关心自己的利益和好处。

任何客户都关心的首要问题是："我为什么需要你的产品？"为了得到与客户的一次面谈机会，为了使客户有耐心听你 3 分钟的解释，30 秒内，你必须引起他听下去的兴趣。

日本麦当劳总裁藤田曾接到一个来自美国的陌生电话："我们发明了一项游戏，如果您能采用，它可以在一年之内让您的销售业绩提升 16%。我们的收费是 10 万美元。如果您有兴趣，我们可以专程飞往日本给您解释。"藤田接受了拜访并采纳了建议。

"为什么有人会比自己成功十倍，收入多百倍乃至万倍，难道真是他们比自己聪明那么多倍，运气好那么多倍吗？显然不是。那么，你想不想知道他们是如何做到的？"这是世界行销大师杰·亚伯拉罕为一家国际训练机构作课程推介时所做的广告名言。当你看到这段话，你是不是至少有兴趣翻看这份广告后面的资料，看看里面说的是什么秘诀和方法呢？

你必须对你自己的产品、服务、建议、方案等十分了解，同时也要对你的客户非常了解，以确保你能在 30 秒内清晰而准确地将自己推销出去。如果你有很多建议，就选择最重要的三个甚至是其中最重要的一个进行解说。不要担心客户听得不全面，其实客户只关心对他最有利的。如果你有很多话要说，但只有 30 秒的时间，那就说你认为最重要的那句话吧。

（五）变化重于一切

变化能为你的发言增加情趣。缺少变化的语言会使场面显得呆板而沉闷，而你所说的一切也将变得枯燥乏味、苍白无力，可想而知，你也不会受到客户的青睐。

一个人在听你说话时的注意力持续时间是 30 秒，这也意味着如果你想让他们一直保持兴趣和注意的话，那么每隔 30 秒你就要有些变化。

如果你想吸引客户的兴趣，那你自己必须变得很有趣。销售高手都很灵活，懂得适时调整他们的谈话风格、声调、措辞、手势和谈话的距离，以便与客户合拍。你必须是一个细心的观察者，你需要“眼观六路，耳听八方”，不断尝试改变你的沟通策略。你可以微笑、打手势、往前移动、变换坐姿、大声讲、轻声说、语速增快、语速降慢、停顿、设问以及使用幽默、夸张或情感渲染等表达手段。在你刚开始试着让自己的语言和动作有所变化时，你可能会觉得有些不自然，但只要你勤学多练，一定能大大提升你的语言影响力。顶尖的销售高手都是能不断变换手段的“变色龙”。

销售就是控制和引导客户的注意力。保持变化的目的就是吸引客户的注意，不让客户“走神”。所以在与客户沟通时，关键不在于你讲什么内容，而在于这内容是否能吸引客户。如果你始终保持单一的语调和一种枯燥的说服方式，客户就会对你的谈话感到厌烦，你也就不能更好地让客户了解产品，达不到销售成交的目的。

销售要成功，主导面谈的局面是成功的关键。如果你不能掌握大局，当好“导演”，面谈就会成为一场糟糕的“演出”。而为了达到一定的效果，作为“导演”和“主角”的你就要使出浑身解数，吸引客户的注意力，引起客户的兴趣，让他很自愿地配合你把这场戏演好。所以，使用什么方式不重要，重要的是能否达到目的。只有紧紧抓住客户的注意力，让客户随时跟着你的思维进行思考，才能更好地达到成交的目的。

第4章

亮出产品的卖点

我不再徒劳地模仿别人，而要展示自己的个性。我不但要宣扬它，还要推销它。我要学会求同存异，弜调自己与众不同之处，回避人所共有的通性，并且要把这种原则运用到商品上。推销员和货物，两者皆独树一帜，我为此而自豪。我是独一无二的奇迹。物以稀为贵。我特立独行，因而身价百倍。

➲ 原著精读

今天我要加倍重视自己的价值。

桑叶在天才的手中变成了丝绸。

黏土在天才的手中变成了堡垒。

柏树在天才的手中变成了殿堂。

羊毛在天才的手中变成了袈裟。

如果桑叶、黏土、柏树、羊毛经过人的创造，可以成百上千地提高自身的价值，那么我们为什么不能使自己身价百倍呢？

今天我要加倍重视自己的价值。

我的命运如同一颗麦粒，有着三种不同的道路。一颗麦粒可能被装进麻袋，堆在货架上，等着喂猪；也可能被磨成面粉，做成面包；还可能撒在土壤里，让它生长，直到金黄的麦穗上结出成百上千颗麦粒。

我和一颗麦粒唯一不同在于：麦粒无法选择是变得腐烂，还是做成面包，或是种植生长。而我有选择的自由，我不会让生命腐烂，也不会让它在失败、绝望的岩石下磨碎，任人摆布。

今天我要加倍重视自己的价值。

要想让麦粒生长、结实，必须把它种植在黑暗的泥土中，我的失败、失望、无知、无能便是那黑暗的泥土，我须深深地扎在泥土中，等待成熟。麦粒在阳光雨露的哺育下，终于发芽、开花、结实。同样，我也要健全自己的身体和心灵，以实现自己的梦想。麦粒须等待大自然的契机方能成熟，我却无需等待，因为我有选择自己命运的能力。

今天我要加倍重视自己的价值。

怎样才能做到呢？首先，我要为每一天、每个星期、每个月、每一年、甚至我的一生确立目标。正像种子需要雨水的滋润才能破土而出，发芽长叶，我的生命也要有目的方能结出硕果。在制定目标的时候，不妨参考过去最好的成绩，使其发扬光大。这必须成为我未来生活的目标。永远不要担心目标过高，取法乎上，得其中也，取法中也，得其下也。

今天我要加倍重视自己的价值。

高远的目标不会让我们望而生畏，虽然在达到目标以前可能屡受挫折。摔倒了，再爬起来，我不灰心，因为每个人在抵达目标之前都会受到挫折。只有小爬虫不必担心摔倒。我不是小爬虫，不是洋葱，不是绵羊；我是一个人。让别人造他们的黏土洞穴吧，我只要一座城堡。

今天我要加倍重视自己的价值。

太阳温暖大地，麦粒吐穗结实。这些羊皮卷上的话也照耀我的生活，使梦想成真。今天我要超越昨天的成就，我要竭尽全力攀登今天的高峰，明天更上一层楼。超越别人并不重要，超越自己才是最重要的。

今天我要加倍重视自己的价值。

春风吹熟了麦穗，风声也将我的声音吹往那些愿意聆听者的耳畔。我要宣告我的目标。君子一言，驷马难追，我要成为自己的预言家。虽然大家可能嘲笑我的言辞，但会倾听我的计划，了解我的梦想，因为我无处可逃，直到兑现了诺言。

今天我要加倍重视自己的价值。

我不能放低目标。

我要做失败者不屑一顾的事。

我不停留在力所能及的事上。

我不满足于现有的成就。

目标达到后再定一个更高的目标。

我要努力使下一刻比此刻更好。

我要常常向世人宣告我的目标。

但是我绝不炫耀我的成绩。让世人来赞美我吧，但愿我能明智而谦恭地接受他们。

今天我要加倍重视自己的价值。

一颗麦粒增加数倍以后，可以变成千株麦苗，再把这些麦苗增加数倍，如此循环不辍，可以供养世上所有的人，难道我不如一颗麦粒吗?

秘籍 34：提炼独特卖点打动客户

所谓卖点，无非是指商品具备了前所未有、别出心裁或与众不同的特色、特点。这些特色、特点，一旦落实于推销的战略战术中，化为消费者能够接受、认同的利益和效用，就能达到产品畅销、建立品牌的目的。

一个好的产品卖点，不仅可以使企业的产品和竞争对手区别开来，而且对产品的传播、销售、品牌的树立等有着不可估量的拉动效应。然而，产品虽有一点个性，但又不突出；功能多，但又不明确而导致的产品本身卖点不够的问题，往往给企业和推销人员带来很大困惑和烦恼。

要想在激烈的市场竞争中脱颖而出，必须赋予产品本身独特的卖点，从而引爆市场。事实上，如果产品本身真的缺乏卖点，也并非意味着销售无望。我们可以通过精心策划去赋予产品一定的卖点，从而使产品差异化，通过差异化再形成产品的竞争优势，照样能让产品变得好销。

让我们以汽车为例。汽车推销员销售的几乎是相同的车款或车型，常常为了竞争而大打价格战，这使得利润减少许多。这时，独特的卖点就是售价便宜。其实，汽车本身或许没有什么独特的卖点，但是可以用服务、售后维修、零件折换的方法，以及良好的信誉保证，或是以专业性、对消费趋势的了解作为诉求的重点。

如何才能利用这些卖点作为竞争利器？那就是提出一些问题，主动引导客户去注意你所提炼的独特卖点。

“××先生，如果有人向您提供优厚的零件折换条件，这一点对您是不是很重要？”

“××先生，你重不重视汽车推销员能提供您完整的售后服务与维修？”

“您是否希望在买车之后，当车子有问题时，推销员会过来和您一起解决它？”

“您觉不觉得向一个离您家很近的推销员买车是个很大的方便之处？”

这些问题都能将话题导入到你独特的卖点中。如果答案是肯定的，就记录下来。但先别忙着去用它，等进入完整的推销阶段时，会有时间让你去研究、发问以及将资讯分类，也会有时间让你利用这些卖点去推销产品的。现在，你该做的便是好好提炼你的独特卖点，这会使你从众多竞争者中脱颖而出。

升级训练

下面是提炼产品卖点的几项原则：

（一）突破思维

产品的卖点多种多样，可以是有关产品品质中独特的卖点，可以是赋予老产品新概念的渠道，也可以是营销创新的提炼。

总之，要想提炼出产品的卖点，思路首先要打开，不能紧盯着某一方面不放。当产品本身实在没有卖点可提炼之时，不妨运用突破性思维，从营销的各个层面去考虑产品卖点。

（二）人有我异

别人有了同样的产品，我们需要在此基础上再寻求差异化，以差异化去形成我们的独特卖点。

（三）人异我新

在产品极大丰富化的今天，也许有的人会说“找卖点真的好难！”但若能坚持“人无我有、人有我异、人异我新”的原则，同样可以找到自己的卖点。

拿竞争激烈的洗发水市场为例，最早国内的洗发水市场主要为宝洁、联合利华两大巨头所占领。宝洁公司的产品卖点在于产品细分，将不同的功能各取一个副品牌战略，并辅以强大的广告攻势取得竞争优势；联合利华也有着强大的广告攻势，只是联合利华早期所走的贵族化形象，与宝洁公司形成了产品形象的差异化，各具卖点。后起之秀舒蕾洗发水抓住宝洁、联合利华在销售终端的空隙，强化其在销售终端的优势，一举占领了一定的市场份额。

（四）发掘客户的精神需求

以销售牛奶为例，客户除了需要好牛奶、好牧场之外还需要关怀，一种人人都需要的精神上的关怀。这种精神上的需求在现代社会可能更胜于物质！因此可以考虑将客户精神上的需求作为卖点。

（五）及时修正卖点策略

有时我们认为好的卖点往往经市场检验后却并不是卖点，一旦发现产品卖点并不为市场接受的时候，一定要敢于面对，敢于自我否定，及时改正并找出新的卖点。

秘籍 35：陈述产品卖点要通俗易懂

产品卖点介绍要简明，销售人员一定要摒弃那些蹩脚的晦涩语言，而用通俗易懂的语言和形象生动的比喻打动客户，这样客户就不会因为听不懂而拒绝购买了。

卖点陈述的初衷是为了让客户了解产品，进而产生购买兴趣。而如果销售人员为了显示自己的专业知识，在客户面前卖弄，满口的专业术语、难懂的英语单词，比如“i3”、“纳米技术”、“豁免保费”等，不仅客户听不懂，还会犯迷糊、犯嘀咕，当然也就不会为自己不熟悉、不了解的产品买单了。

林扬是一家公司的行政助理，由于公司往来的信件越来越多，所以需要换个新邮箱，于是他约来一位销售信件分投箱的推销员。

林扬向推销员介绍了公司每天大概收到的信件数量，并对信箱提出了一些具体的要求。听完林扬的要求，那位推销员不假思索地说道：“我想您需要的是 TAS。”

林扬好奇地问：“TAS？它是什么呢？”

“TAS 是我们公司生产的一种信箱，非常符合您的要求。”

林扬当然没有明白 TAS 到底是一种什么信箱，他试探着问："那它是木头做的、塑料做的，还是金属做的？"

"您想要一个金属做的信箱吗？那就可以选择我们的 JIN 了。您还可以为每个 JIN 配上两个 SJIN。"

林扬听得有些糊涂，但他又补充了一点自己的要求："我们有些信信封会特别大。"

"JIN 只能收发普通信件，如果信封较大，您就要改用配有 FED 的 BIG 了。"

林扬强压住心头的怒火，说道："朋友，你的话让我听起来像在云里雾里。你要知道，我买的是办公用品，不是字母。如果你说的是外语，我也许找个翻译才能弄清楚你们产品的材质、规格、容量和价格，安个信箱不够费劲的……"

推销员站在那里无言以对，讪讪地说："对不起！"

林扬耐着十二分的性子说："把你们产品的介绍资料给我留一份，有需要我再与你联系吧！"

最终的结果是，林扬还是选择了这家公司的产品，只是又找了另外一位推销员进行交易。

语言是用来沟通的，如果对方听不懂，就等于白费口舌。比如，上面案例中信箱的推销员，满口专业术语和英文单词，让客户林扬怎么也听不明白，他又怎么可能购买呢？

记得英国作家赫兹里特说过："谈话是听和被听的艺术。"只有当说者和听者都主动的情况下，沟通才是良好的、有效的。卖点陈述其实并不复杂，只需要客户听得明白就可以了。作为销售人员，要想快速签单，在卖点陈述这一环节上一定要多下工夫，力争用最通俗的语言把产品的优点呈现出来，用客户最容易理解的方式告诉他们产品能给他带来的利益，这样才能让你更快地达成交易。

升级训练

要想把自己欲表达的内容最直观地告诉客户，销售人员必须遵循以下三个原则：

（一）使用客户能听懂的词汇和语言

销售同样的产品，表述同样的内容，不同的销售人员会采取不同的介绍方式，传递给客户的信息也会大相径庭。“言不顺，则事不成。”如果表达不清楚，语言不明白，就可能会与客户产生沟通障碍，影响交易达成。所以，销售人员应尽量使用客户能听懂的词汇和语言来传达信息，不能咬文嚼字，不能用太过修饰的词语，以免使客户理不清头绪。

大多数人不会让你对他们不懂的地方作出解释，因为他们不想暴露自己的无知也害怕引起尴尬。也有一些人对你的话一知半解，想努力地弄明白，当他们想尽力弄明白某个环节时可能漏掉了你下面的重要的环节。换句话说，是你把他们漏掉了。如果你谈论的题目非常复杂，远远超出了客户的理解力，那么你就有可能抹杀了他想购买你的产品或服务的想法。在很多情况下，你把本应是你的客户让给了另一个使用平常语言的销售人员。花些时间了解哪些是客户能够听懂的话，销售时使用它们，这样就能获得成功。

（二）视情况决定是否使用专业术语

有人认为，“三句话不离本行”才够“专业”。实际上，尽管专业术语在一定程度上能提高销售人员的专业形象，但是，在使用时也必须视情况而定，适可而止。有些产品的功能，介绍时必须要用到专业术语，此时，销售人员最好用通俗的语言给客户解释清楚。比如产品采用的是纳米技术，销售人员就要给客户讲清楚什么是纳米技术。

如果客户是非专业人士，对产品知之甚少，那么你在介绍产品时就应尽量不用或少用晦涩难懂的专业术语，反之会让客户感到一头雾水，对销售根本起不到任何作用。而面对专业人士时，专业术语的使用也不能太多，那样就有班门弄斧之嫌，客户自然也不买你的账。

（三）要讲好普通话，还要学点儿方言

销售是与人打交道的工作，销售人员接触到的客户来自五湖四海。因此，作为销售人员，不仅要听懂客户的话，还要让客户听懂你的话。讲好普通话，销售人员走遍全国也不用担心沟通问题。此外，假如销售人员能用客户所使用的方言和对方交流，必然能使客户感到亲切，从而可以助销售一臂之力。

我国台湾营销专家在谈到方言的作用时说："喜欢人家说他的方言，这是人之常情。如果你是他的同乡，当然能产生同乡的好感，彼此易于接近；如果你不是他同乡，而能说很纯熟流利的对方方言，他一定会觉得你特别聪明，虽然初次相见，印象却可能很好。这样，对于你的请求他本来不想应允，或许可以因此而通融些。你的交际，本来不为人注意，或许因此而使人乐于与你接近。"

秘籍 36：让缺点变成卖点

在我们传统的思维里，"缺点"是一种可怕的状态，是一种风险，它意味着一种产品可能导致的信任危机和市场萎缩。但是，任何事物都有两面性，在某种意义上，我们可以肯定地说："缺点即商机！"

这个说法一旦被提出来，"缺点"就变成了一个美妙的词语，它的背后可能隐藏了消费者的期盼、得不到满足的市场需求和产品市场占有率攀升等让人心动的卖点。如何从缺点中寻找卖点？

美国亨利食品加工工业公司总经理亨利·霍金士先生有一天突然从化验鉴定报告单上发现，他们生产的食品配方中起保鲜作用的添加剂有毒。虽然这种毒毒性不大，但长期服用对身体有害。如果不使用这种添加剂，又会影响食品鲜度。如果将这一消息公布于众，肯定会引起同行们的强烈反对。

然而，霍金士先生经过考虑，最后毅然向社会宣布：防腐剂有毒，对身体有害。

这一消息公开之后，所有从事食品加工的老板联合起来，用一切手段向他反扑，指责他别有用心，打击别人，抬高自己，他们一起抵制亨利公司的产品。亨利公司到了濒临倒闭的边缘。

这场争论持续了四年，诚实和正义之举虽然使霍金士在生意上吃了大亏，但是他的名声却因此家喻户晓，并且他还得到了政府支持，其产品也成了人们放心的热门货。

因此，亨利公司在一段时间之后恢复了元气，规模扩大了两倍。霍金士也一举坐上了美国食品加工工业的第一把交椅。

苏轼有诗云："横看成岭侧成峰，远近高低各不同。"如果换一种角度来看，缺点也许就是特点，也许就是优点。有时只要我们让思维转个弯，就会发现"缺点"中蕴藏的"特点"和"优点"。世界上没有完美的产品，即使是目前最畅销的产品也或多或少地存在着一些缺点，只要你学会妙用自己的缺点，缺点有时候也会变得熠熠生辉，甚至能完成优点所不能完成的任务。这足以证明：缺点被巧用之后，就成了你成功的机会。

升级训练

师父自觉已到油尽灯枯，就对性情截然不同的两个徒弟说："师父的衣钵只能由你们其中一个人来继承。现在你们每人拿两张纸，一张写下自己的优点，一张写下对方的缺点，然后再把两张纸拿给对方签名。我会根据双方的优缺点酌情选择。"

两个弟子写好后，谁都不肯在对方的清单上签字。师父一看清单，原来，两个人所写的自我优点与写别人缺点的数量刚好一样多。有趣的是，每个人自认为的优点却是对方眼中的缺点，两人看自己和对方看自己的观点恰好相反。

师父见他们争执不下，于是指点道："你们先签下写有自己缺点的那一张纸，如果先承认自己的缺点，对方也会同意你的优点。"果然，这次再没有起争执，两人写下缺点和优点的两张纸都顺利获得了对方的签字。

师父点点头，说道：“要别人接受你的办法很简单，那就是先去体会别人的感受，而不是先保护自己的感受。先承认自己有缺点，这样你的优点才会被别人接受。”

原来，优点和缺点的界线并不在我们身上，而在别人心里。

同样，产品的缺陷并不在产品本身，而在于产品在消费者心目中的地位。

秘籍 37：多谈价值，少谈价格

在销售洽谈中，推销人员最好多谈及产品价值方面的话题，尽量少提及价格方面的话题。这是因为，在交易中，价格是涉及双方利益的关键，是最为敏感的内容，所以容易造成僵局。

销售人员肯定经常遇到这样的情况，客户在观看产品的时候，还没有看完产品的介绍资料就开始询问产品的价格是多少：“这要花多少钱？”

他们的最初反应都是“太贵了，买不起。”

“我们可以买到更便宜的。”

“现在不想买。”

“请留下资料，让我们考虑一下再和你联系。”

不管价格是多少，它总是超出客户愿意付的钱，它永远会比预期的价格高。

你碰到这种情况该怎样做呢？其实，化解这一僵局最好的办法就是多强调产品对客户的实惠，能满足客户的需求。销售研究理论表明，价格是具有相对性的，往往客户越急需某种产品，他就越不计较价格；产品给客户带来的利益越大，客户考虑价格因素就越少。因此要多谈产品的价值，少谈产品的价格。

你还需要记住一点，有意愿付钱和有能力付钱是两码事。一般人可能在一开始不愿意付钱，但这并不表示，经过你的说服，并相信你所卖的东西物超所值之后，他们付不起这笔钱，而这就是你销售流程中的主要任务。

价格高并不是客户不愿意购买的理由，他们不愿购买是因为你不能让客户感觉到除价格之外的其他价值。

据一项客户调查显示，当客户被问到购买某件产品的理由时，有 94% 的人说价格并不是购买最重要的理由。他们之所以用价格异议搪塞销售员，是因为他们没有感受到产品的真正价值。

因此，销售员在同客户进行交谈的时候，必须认真加以分析，探寻隐藏在客户心底的真正动机。只有摸清了客户讨价还价背后的真正动机，才能说服客户，实现交易。

升级训练

（一）客户讨价还价的动机

心理学家曾做过这样的调查，显示客户讨价还价的动机有以下几种：

（1）客户想利用讨价还价策略达到其他目的。

（2）客户不了解产品的真正价值，怀疑价值与价格不符。

（3）客户想通过讨价还价来了解产品真正的价格，看看销售员是否在说谎。

（4）客户想从另一家买到更便宜的产品，他设法让你削价是为了给第三方施加压力。

（5）客户想在商谈中击败销售员，以此来显示他的谈判能力。

（6）客户还有其他同样重要的异议，这些异议与价格无关，他只是用价格作为一种掩饰。

因此，如果客户在产品价格方面产生异议，销售人员可以遵循以下一些原则。

（二）销售人员应遵循的原则

（1）重点谈论产品的价值，然后再谈价格。销售人员最好不要在谈论产品价值之前就报产品的价格。要先摸清客户的真实想法和需求，然后根据客户的需求和兴趣提出产品相应的报价。始终要记住一点，人们买的是产品的价值，而不是价格。

销售员："您好！张经理，不知道您是否有兴趣了解一下让您的公司在 3 个月内业绩提升 20% ~ 30% 的系统销售训练？"

客户："费用怎么算？"

销售员："张经理，对于您来说，培训达到效果才是最重要的，您说是吗？"

客户："是的！"

销售员："如果我们的训练对您没有一点效果，即使免费对您来说也是一种损失，因为耽误了您宝贵的时间，您说是不是？"

客户："没错！"

销售员："所以我希望能带些资料和您面谈，只需要 10 分钟的时间，明天您上午方便还是下午方便？"

客户："那你就下午过来吧！"

这位销售员在客户认可产品之前，婉转地避开谈论价格，最终实现了谈判的目的。可见，价格本身并不能引起客户的购买欲望，只有使客户充分认识了产品的价值之后，才能激起他们强烈的购买欲望。

因此，销售人员在商谈的顺序上，要尽量先谈产品价值，后谈价格。

（2）产品的优点放在一起讲，价格分开来讲。产品给客户带来的利益越大，客户就越少考虑价格因素。所以，做产品介绍时，要始终把注意力放在客户能获得哪些利益上，而不是把注意力放在你能从客户身上获得什么利益上。

在谈论价格之前，应该先告诉客户产品的优势在哪里，把客户得到的所有利益加起来说，这样可以降低客户对价格的抗拒。

而对于价格可以分开来说的产品，甚至可以分解到每一天的支出和带来的价值上。这样的报价会使客户感到物超所值，吸引力大，容易成交。

秘籍 38 ：向客户展示产品的好处

客户为什么要购买这个产品，而不购买另一个产品，除了客户自身需要外，另一个重要的因素就是这种产品的特点获得了客户的赏识。

春秋战国时期，齐国的大将田忌非常喜欢赛马。有一回，他与齐威王约定，要进行一场比赛。他们将各自的马分成上、中、下三等。比赛的时候，要上马对上马，中马对中马，下马对下马。

齐威王为一国国君，自然每个等级的马都比田忌的马强得多，于是每次比赛都是以田忌失败而告终。

这一天，田忌比赛又失败了，路上恰好碰到了自己的好友孙膑。田忌对孙膑讲了自己的苦衷。

孙膑把田忌拉到一旁，拍着他的肩膀说："我刚才看了赛马，威王的马比你的马快不了多少呀。如果你能按我说的方法做，保证取得胜利。"

田忌将信将疑，可还是与齐威王约定了下一次的比赛。

齐威王屡战屡胜，自然没把田忌看在眼里。这次下了千金的赌注。

一声锣响，比赛开始了。

孙膑吩咐田忌以下等马对齐威王的上等马，第一局输了。

接着进行第二场比赛。孙膑拿上等马对齐威王的中等马，获胜了一局。

第三局比赛，孙膑拿中等马对齐威王的下等马，又胜了一局。

还是同样的马匹，由于调换一下比赛的出场顺序，就得到转败为胜的结果。这里，孙膑就是巧妙地利用了产品的优势，充分发挥出产品的最大性能。

针对市场上的各种同类产品，销售人员要做的就是看到自己产品的优势所在，以便向客户宣传的时候，能够抓住客户的购买心理。

要想突出自己产品的价值，销售人员首先要对产品充满信心，因为自己的态度会影响客户对产品的信心。

有一位顶尖的保险业务员，每天早上出门工作之前，都先在镜子前面用 5 分钟的时间看看自己，并且对自己说：“你是最棒的保险业务员，今天你就要证明这一点，明天也是如此，一直都是如此。”结果他果然成了最好的保险销售员。

销售是什么？销售就是卖东西！然而，顾客凭什么要买你的东西呢？除非你的东西是世界上独一无二的，又是顾客急需的。但是，很遗憾，没有一个销售员可以说自己的产品是世界上独一无二的。既然不是独一无二的，那就需要你去推销。

可是顾客面前已经有了许多同类产品，顾客自己不知道这之间有什么区别，或者说顾客心里就根本没有主意，那你就要替顾客出主意。可是顾客凭什么要相信你说的呢？首先你要对自己的产品有百倍的信心。你一定要非常坚定地告诉客户，这个产品就是好！只有你表现得非常自信，客户才可能相信；如果你自己都畏畏缩缩，那你拿什么让客户相信你的东西？销售就是一种信心的传递，销售是信心的结果！

其次，销售人员要对产品有一个全面综合的分析，将产品的硬件、软件、使用知识、交易条件等相关信息与市场上同类产品相比较，得出自己产品的优势所在。另外，可以通过品牌概念、性价比、服务和特殊价值的比较，让客户对产品的比较优势有个全面的了解。

如果你能够流利地将产品的优点详细介绍给客户，客户有什么不放心的呢？

约翰·伍兹说：“如果没有与用途、价值或服务等相关的好处，客户是不会购买你的产品的。因而销售人员的工作就是让客户相信，这种产品是绝对不会令他们失望的。”

可见，让客户了解产品的优点是非常可行而必要的销售方法。

升级训练

向客户展示产品的好处，可以从以下几方面实施：

（一）产品的特征及优势

经过介绍，客户不再对销售人员心存疑虑，就会将注意力转向产品上来。这时候，销售人员首先要向客户提供产品的相关资料，以满足客户了解产品的需要。

其次，销售人员就要发挥自己平常积累的关于产品特征以及优点的知识，逐一介绍，因为你必须让客户知道，购买你的产品能够给他们带来哪些好处，这些好处是否正是他们所需要的。

1. 产品的特征

产品的特征就是指产品的功能特点以及产品的具体构成等有关产品的具体信息。比如“这部电脑几乎可以与所有其他软件、硬件和网络配合使用”，介绍的就是电脑的兼容功能。

2. 产品对客户的价值

这一点是指产品的特征如何使客户的需求得到满足。这也是客户最关心的问题。比如：“这种机器操作方便，可以迅速提高工作效率。”“这款电脑体积轻巧，便于携带到任何地方，您无论是办公还是出差用都相当方便。”

（二）将产品的特征转化为客户关心的优点

销售人员介绍产品的时候，必须根据客户的具体需要说明相关的产品特征，如果你的介绍与客户希望的益处南辕北辙或者毫不相干，客户自然不会对这种产品产生兴趣。如果销售人员滔滔不绝地说了一大堆，得到的却是一句：“这对我来说没有意义。”那岂不是非常糟糕？

相反，针对客户的实际需求，将产品的特征转化为产品的优点，客户就会被这些益处所打动。

所以，需要销售人员特别注意的是，在说明产品优点时，必须针对客户的实际需求展开。如果推销人员提出的产品益处不符合客户的需要，那么这种产品的益处再大、再多，也不会引起客户的购买兴趣。

某销售员来到一家大型物流公司，他向办公室主任说："您看这本书特别实用，如果您能为员工专门开设一堂这样的课程，肯定会得到员工的大力支持。"说完，他拿出一本《操作员技能提高一本通》，"如果您现在就购买的话，我们将会给您 30% 的优惠，这在市场上已经非常便宜了。"

主任认真听完该销售人员的介绍说："对不起，我们公司不是加工型的产业，所以，就算价格再低廉，我们也不需要这种产品。"

（三）将"说"与"做"有效结合

"说"是运用形象的语言向客户描述产品，"做"是通过模型或行为来向客户展示产品的价值和用途。不论使用哪种方式，销售人员都要记住，客户最关心的是产品的这些方面：省时、省力、省钱、高效、安全等。

秘籍 39：有创意才有好卖点

曾经有一段时间，一些人花钱如流水，某饭店抓住时机，推出了豪华宴，甚至把金箔餐具都摆上了餐桌。该饭店一时赚了大钱，但是好景不长，因为此举将工薪阶层的主力客户拒之门外。

眼看着客户日渐稀少，只剩下屈指可数的几个客户，老板是看在眼里，急在心里，没有办法，只好请销售专家出主意。

销售专家指出，精彩的创意绝不是步人后尘，而是活学活用，另辟蹊径。从该饭店的实力上讲，很难和其他饭店进行豪华方面的竞争。由于激烈的竞争，一些饭店都挤向豪华宴的小道上，但是非常有钱的客户毕竟只占少数，而且媒体大有对这种铺张浪费的社会现象谴责封杀之势。因此，销售专家建议老板：经典创意要活用，马上推出一家节约型的饭店。

创意一出，语惊四座。饭店方面十分担心"逆潮流而动不会有好果子吃"，但是策划实施以后效果非常好，饭店的收入大大增加了。

销售专家的这个创意“逆潮流而动”，同样收到了可喜的效果。这个故事运用到销售当中也是同样一个道理，很多时候创意就是一个很好的卖点。

营销中的创意，无论从数量上还是质量上，特别是从规模上、气势上来说，与产品创意相比绝不逊色。近些年，中国市场上频繁发生的广告大战、公关大战、促销大战、价格大战、概念大战……无一不是营销大战。

产品卖点是市场营销的前沿，是市场营销的突破口。在一般情况下，它比广告词更早地出现，尽管它的光辉后来可能被广告词的光辉掩盖或与之融为一体了。

所谓卖点，其实就是一个消费理由，最佳的卖点即为最强有力的消费理由。为产品寻找卖点，这已是现代营销学的常识。显然，问题的关键已不在于要不要为产品寻找卖点，而在于怎样寻找到卖点了。

卖点的创意是很多的，人们已经在这方面积累了丰富的经验；卖点的创意又是有限的，因为新的卖点往往不是从经验中就可得来的，更不是从简单的模仿、借鉴中就能得来的，它需要捕捉、发掘、提炼，更需要独创。每一个独特的卖点都是突破常规的结果，其间曲折坎坷、耐人寻味，也给产品卖点的创意平添了几分神秘。一般来说，产品的卖点和产品的附加值有相近之处、交叉之点，产品的附加值开发越出色，产品的卖点也就越好挖掘和提炼。

升级训练

销售人员在向客户介绍产品时首先要弄清楚，哪些是产品的基本性能特征，哪些又是产品的卖点。一般来讲，产品的性能特征就是指产品的具体信息，如产品的功能特点和具体构成，而产品的益处指的是产品对客户的价值，也就是该产品的卖点所在。在介绍产品时，要把产品的特征转化为产品的益处，如果不能针对客户的具体需求说出产品的相关利益，客户就不会对产品产生深刻的印象，更不会被说服购买。如果针对客户的需求强化产品的益处，客户就会对这种特征产生深刻的印象，从而被说服购买。

（一）掌握有效说明产品卖点的方式

一般来讲，无论销售人员以何种方式向客户介绍或展示购买产品的好处，通常会围绕几个方面展开：省钱、方便、安全、关怀和成就感。针对这些方面，销售人员可根据不同的客户采用不同的说明方法：

（1）“产品先进的技术会给您带来巨大的效益。”

（2）“方便的使用方法会给您节约大量的时间。”

（3）“这种产品可以更多地体现您对家人的关心和爱护。”

（4）“产品时尚的外观设计可以体现出您的超凡品位。”

当然，销售人员应该注意的是，说明产品的卖点时，必须针对客户的实际需求展开。如果提出的产品卖点并不符合客户的需要，那么这种产品的性价比再高，也不会引起客户的购买兴趣。

（二）针对客户需求扬长避短

当客户说出愿意购买的产品条件时，销售人员要将自己的产品特征和客户的理想产品进行对比，明确哪些产品特征是符合客户期望的，客户的哪些要求难以实现。在进行一番客观的对比后，销售人员就能有针对性地对客户进行推销了。

（1）突出产品的卖点与优势。销售人员要强化产品的卖点与优势，对客户发动攻势。如：“您提出的产品质量和售后服务要求，我公司都可以满足您，一方面，我公司产品的特点在于……另一方面，我公司为客户提供了各种各样的服务项目，如……”在强化产品优势时，销售人员必须保证自己的产品介绍是实事求是的，并且要表现出沉稳、自信和真诚的态度。

（2）弱化那些无法实现的需求。无论销售人员多么努力地向客户表明产品的各项优势，可聪明的客户还是会发现，产品在某些方面还是达不到他的理想，这是不可避免的。如果你的产品达不到客户的要求，可以运用以下两个方法来弱化客户的异议：其一，只提差价。这种方法适用于很多产品的推销。如：“只要多付 1000 元，您就可以享受到纯粹的夏威夷风情。”其二，进行贴近生活的比较。这要求销售人员对自己的产品有较深的理解，并且这种理解符合大多数人的生活习惯。如："您只要每周少抽一包烟，购买这个产品的钱就出来了。"

第5章

引爆客户的购买欲望

生命的奖赏远在旅途终点，而非起点附近。我不知道要走多少步才能达到目标，踏上第一千步的时候，仍然可能遭到失败。但成功就藏在拐角后面，除非拐了弯，我永远不知道还有多远。

再前进一步，如果没有用，就再向前一步。事实上，每次前进一点点并不太难。

➲ 原著精读

为什么人们不愿听我说什么？

怎样才能引起他们的注意？

为什么不等我开口，他们就把门关上了？

为什么他们对我的话不感兴趣？

为什么好多人都叫我过几天再去？

我卖不掉的话，别人能卖掉吗？

每次要敲门的时候，心中就有说不出的恐惧，这到底是怎么回事？

怎么才能克服这种恐惧？

是不是我比别人卖得贵了？

萨米·戴维斯谈及成功时说的话令人终生难忘，他说："我不知何谓成功，但我知道失败是什么。失败就是想要讨每个人的欢心。"

如果你打算博得所有人的喜爱，而你已经忘了如何自嘲，那么现在是改变一下自己的时候了，别把自己看得过重。你虽然是造物主最伟大的奇迹，但也千万别把自己弄得面无笑容。

秘籍 40：点燃客户的"好奇心"

现代心理学表明，好奇是人类行为的基本动机之一。美国杰克逊州立大学刘安彦教授说："探索与好奇，似乎是一般人的天性。神秘奥妙的事物，往往是大家所关心的对象。"可见，好奇是普遍存在着的一种行为动机，那些人们不熟悉、不了解、不知道或与众不同的东西，往往会引起人们的注意。抓住这一点，利用好奇心，推销员就可以在最短的时间内接近对方。

有一次，杨经理在办公室接到一家电信运营商的推销员打来的电话："你好！杨先生，我是联通公司的王明，我知道您的长途话费比较高，如果我们能将您的长途话费降低一半的话，不知您有没有兴趣了解一下？”

杨经理当时就说：“有啊，你有什么办法？”

这位推销员一下子就吸引了客户的注意力，她说：“我们公司 IP 电话卡在促销，您买 500 元的 IP 电话卡，我们送您 400 元，基本上节省了一半。您看，如果您觉得对您有帮助，我什么时候安排人给您送过去？”（她有很强的促成意识）。

当然，杨经理也不是一下子就接受了，但这位推销员还是做成了生意。这单生意的成功，至少有一半功劳来自于她成功的开场白，她的开场白注意到了“一开头就激发客户的好奇”，重点强调对客户的好处。

这种方法要求推销员直接针对客户的主要购买动机，开门见山地向其推销，对其进行详细劝服。下面来看看另一位推销员的开场白：

某服饰推销员的目标是要把产品推进某大型百货商场。但是，她做了很多努力都被商场的老板拒绝了。经过调查她才知道，原来该商场的服饰部门一直在进着另一家公司的货，老板认为没必要再进别家的。

后来，她想了一个办法，在又一次推销访问中，她早早地来到该商场办公室门外。见到该老板，她直截了当并诚恳地问：“您可以给我 10 分钟时间，就一个经营上的问题，给我提一点建议吗？”

她的话引起了老板的好奇心，于是便请推销员进他的办公室谈一下。

推销员走进办公室后，拿出一款新式领带给老板看，并请老板为这种产品报一个公道的价格。老板认真仔细地检查了产品，之后作出了认真的答复。她也作了非常认真和适当的讲解。

她看了一下墙上的钟，10 分钟快到了，便拿起自己的东西要走。可是，老板要求再看看她带来的其他款式的领带。最后，老板按照她的报价订购了一大批货。

这是一种利用人们“窥一斑而欲知全豹”的好奇心理而故意制造出一种神秘气氛，引起对方的好奇想看个究竟。然后，在解答疑问时，推销员就可以很有技巧地把产品介绍给客户。下面举个实例，希望你能从中得到启发：

门铃响了，一个衣衫整洁的人站在大门的台阶上。当主人把门打开后，这个人问道：“您家里有高级的食品搅拌器吗？”

主人怔住了，这突然的一问使他不知怎样回答才好。他转过脸来和夫人商量，夫人有点窘迫但又好奇地答道：“我家有食品搅拌器，不过不是高级的，能看看你的高级食品搅拌器是什么样子吗？”

推销员回答说：“当然可以。”说着，他从提包里掏出一台高级食品搅拌器，借题发挥，促成交易。毫无疑问，这对夫妇接受了他的推销。

当然，没有食品搅拌器的主人也可能会产生好奇心理，她会说：“高级食品搅拌器是什么样的？它有什么用处？”这话显然是渴望对高级食品搅拌器有所了解。这时，推销员同样可以打开提包进行展示。假如这个推销员改一下说话方式，一开口就说：“我是某公司推销员，我来是想问你是否愿意购买一台高级食品搅拌器。”你想一想，这样说话的推销效果会如何呢？

当然，你设计的销售话术希望引起别人好奇心的话，必须与你的推销活动或者你要达成的目标相关，否则你会白费工夫。

升级训练

当人们对某件事物产生好奇的时候，便会产生努力去探讨的愿望。推销人员想让自己的产品充分引起客户的购买兴趣，就要设法使客户对产品产生强烈的好奇心。唤起好奇心的具体办法灵活多样，推销员应尽量做到得心应手，运用自如，不留痕迹。

（一）抓住客户爱省钱的心理

某地毯推销员对客户说：“每天只花一角六分钱就可以使您的卧室铺上地毯。”客户对此感到惊奇，推销员接着讲道：“您卧室 12 平方米，我厂地毯价格每平方米为 24.8 元，这样需 297.6 元。我厂地毯可铺用 5 年，每年 365 天，这样平均每天的花费只有一角六分钱。”

（二）抓住客户的虚荣心理

想要诱发好奇心，可在见面之初直接向潜在买主说明情况或提出问题，如果能在激发好奇心的同时满足客户的虚荣心，效果无疑更好。

一名推销员给一个多次拒绝见他的客户递上一张纸条，上面写道：“请您给我 10 分钟好吗？我想为一个生意上的问题征求您的意见。”纸条诱发了客户的好奇心——他要向我请教什么问题呢？同时也满足了他的虚荣心——他向我请教！这样，结果很明显，推销员应邀进入办公室。

（三）激活客户的实际需要

一位人寿保险代理商一接近客户便问：“5 公斤软木，您打算出多少钱？”“我不需要什么软木！”客户回答说。“如果您坐在一艘正在下沉的小船上，你愿意花多少钱呢？”如此令人好奇的对话，可以引发客户对于保险的重视和购买欲望。

人寿保险代理商的例子阐明了这样一个观点，即人们必须在实际需要出现之前才投保。

（四）抓住客户求知心理

一位推销员对客户说：“李先生，您知道世界上最懒的东西是什么吗？”

客户感到迷惑，但也很好奇。这位推销员继续说："就是您藏起来不用的钱。它们本来可以购买我们的空调，让您度过一个凉爽的夏天。"

制造一些悬念，引起对方好奇，然后再顺水推舟地介绍产品。客户往往会因为推销员的那一番饶有兴趣的话语和动作而被吸引，进而你才有机会向客户介绍产品，客户才有可能购买。

秘籍 41：让自己的介绍更专业

在销售过程中，产品介绍是一个重要的环节，产品是否能够得到客户的认可，他们是否愿意掏钱来购买，关键在于产品介绍是否到位，是否专业。如果销售人员在产品介绍时能给客户留下深刻的印象，那就已经为成交奠定下坚实的基础了。

不同的人工作能力和特点不同，但重要的不是你具备多少种技能，而是你所应当具备的专业技能是否突出，是否能够超出他人。只有专业，你才能成为不可替代的推销员。

专业是工作能力，也是生存能力，任何时候这种能力都是销售人员所拥有的最宝贵的资本。

可能有很多销售人员认为自己的工作很简单，只要将产品卖出去就可以了，不需要多么专业的知识。其实这种想法是非常错误的，因为销售人员现在面对的大都是受过良好教育的客户。他们很清楚自己需要什么，不需要什么，也很清楚你说的是什么，有时候甚至会提出苛刻的问题要求你进行解答。

对于这种情况，我们只有把自己锻炼得更专业，让客户感觉我们是专家，从我们这里得到的答案可以令他们信服，那么我们就成功了一大半，不专业的推销员只会被客户抛弃。

陈先生来到一个吸尘器专柜前，营业员小张接待了他。小张给陈先生简单介绍过产品后，拿起机器来做示范。

小张开动机器，吸尘器开始运转。

陈先生问：“它是怎样工作的？”

小张说了一遍说明书上介绍的内容。

“当它碰到其他东西的时候，会自动反弹吗？”

小张说：“我也不完全了解它的工作细节。”

“如果地毯上有毛绒，它又怎么调节呢？”陈先生接着问。

小张抓抓脑袋说：“我也不知道。但我知道是自动调节。”

陈先生倒过机器看了一阵，说知道是怎么回事了。之后，便离开了销售柜台。

那么，专业人员与非专业人员之间的区别在哪里呢？

美国福特公司正处于高速发展时期。有一次一台机器出了故障，各方专家检查了几天也没有找到问题所在。对于福特公司来讲，别说停产一天，就是停一分钟，也是巨大的经济损失。

这时有人提议去请著名的物理学家、电机专家斯坦门茨帮助解决这个问题。

斯坦门茨被请来后，仔细检查了电动机，经过研究和计算，然后用粉笔在电动机外壳上画了一条线，对工作人员说：“打开电动机，在记号处把里面的线圈减少 16 圈。”

公司照此做了，一切恢复了正常。

福特公司经理问斯坦门茨要多少酬金，斯坦门茨说：“不多，只需要 1 万美元。”

人们惊呆了：画一条线竟然开这么高的价。

斯坦门茨看大家迷惑不解，转身开了个清单：画一条线，1 美元；知道在哪儿画线，9999 美元。

福特公司经理看了之后，不仅照价付酬，还重金聘用了斯坦门茨。

专业销售人员，如同医生、律师、建筑师、工程师一样，应具备销售方面的专业知识。同样，他们在发展事业的时候，还应不断学习这方面的知识。

而非专业的销售人员会很消极地看待自己，他们只会把自己看成受雇人员。一般而言，他们很少会投资在自己身上，只是被动地等待公司花时间和金钱来训练他们成为更好的销售员。事实上，他们是在为自己工作，是在为自己经营，他们犯的最大错误就是认为自己是在为别人工作，而不是在为自己工作。随着岁月流逝，他们的未来之路会越走越窄。

销售员要想让自己成为专家并不是一件容易的事情，因为知识的掌握是日积月累的结果。

你要大量阅读相关的专业书籍、杂志，时常参加行业内部的专业会议，常常与专家进行交流以获取专业知识。总之，只有不断更新自己的产品知识，才能成为真正的专家。

一般来说，销售人员需要掌握以下知识：

（1）客户购买产品的理由是什么。

（2）客户怎样使用产品。

（3）客户认为产品对自己帮助最大的是什么。

（4）客户从产品使用中能够获得什么。

（5）自己能否熟练地为客户讲解产品的特征以及益处。

（6）自己能否通过与客户的沟通，了解客户需要解决的问题是什么，自己销售产品的哪些方面可以帮助客户解决这些问题。

（7）自己对公司的企业文化是否了解。

（8）自己能否讲清楚自己的产品与竞争对手的产品相比有什么优势。

（9）竞争对手的产品和服务与自己的有什么区别。

（10）如何将竞争对手的弱点变为自己的优势。

一位优秀的销售员，必须能够完美地回答客户提出的一切问题，因此，销售员必须不断增加自己的专业素养，不断提高自己的推销技能。

升级训练

作为一个追求卓越的销售人员，应该具备什么样的专业知识呢？概括来说，这些知识包括产品、公司、竞争对手、客户、行业以及环境等。

（一）了解产品的功能及相关知识

销售人员只有了解产品，才能向客户准确地介绍。销售的最终成功有赖于推销员对产品的了解程度。你对产品知识知道得越多，顾客对你的尊重和信任就越多，你也就越自信。

假如你是一位导游，如果你不了解最新的文化风潮、社会发展和目前局势的话，就很难向客户建议去“什么地方”旅游；如果你不熟悉各种票价、套票组成方法、路线和住宿方案的话，也就难以建议客户“怎样”去旅游。当然你可以查询这些资料，但是那要花费时间，顾客往往希望得到即刻的答复，如果他们不能从你那里得到及时的答复，就会选择去别的地方。

了解产品，不仅要把产品说明书读懂，必要的时候，还要能够亲自操作，以获取第一手资料数据。比如你销售空调，如果客户问到空调一个月的耗电量是多少，而你却回答不出来，那么可想而知，任凭你怎么说这款空调省电节能，客户也不会被说服。

只有销售人员亲自使用产品后，才能给出一个客观的评价，并对产品的特征和价值有深刻的认识。当然，了解产品的安装和使用知识也是必不可少的。总之，销售人员对产品的知识掌握得越多，就越能够快速赢得客户的订单。

（二）清楚公司的经营发展情况

每名销售人员都是公司的一面旗帜。你在客户面前的形象会直接影响客户对你所在公司的认识。

因此，只有对公司熟悉和了解，你才能表现得专业。你必须了解公司的背景以及经营政策、生产状况，还需要清楚公司的工作程序、分销系统、促销行为、定价操作等有关经营情况。

了解公司的发展和成就，能够帮助你树立起对公司的信心，从而更加投入地工作。

知晓公司的经营策略和运作程序，能够帮助你在解决客户的问题时，作出准确及时的答复，比如如何签订单及需要多长时间，如何开设新账户，产品投递错误的情况下，公司如何解决。如果你能够迅速地回答这些问题，便能获得客户更多的信任。

（三）掌握客户信息

在进行客户拜访前，应该掌握的客户信息包括客户的姓名、家庭住址、电话号码、家庭情况、教育程度和兴趣爱好。另外，还可以详细了解客户的年龄、职业、收入、配偶职业、家庭规模等多方面的情况。

如果你拜访的是商业客户，那么除了获取以上信息外，还应该知道客户公司的全称和地址、业务类型、消费者市场、业务量大小、公司资产、销售历史和未来发展潜力等情况。

（四）了解竞争对手的信息

每个客户在作出购买决定前，都会对不同厂家的产品进行比较。客户这时候已经产生了购买的决定，区别仅仅是购买何种产品。因此，销售人员必须清楚地了解竞争对手的情况，适时为客户介绍自己产品的比较优势，促使他们购买自己的产品。

当客户要求推销员对竞争对手的产品作出评价的时候，销售人员一定要保证客户能够获得客观而真实的信息。竞争对手除了销售同样产品的企业外，还包括能满足客户同样需求的各种服务，这些都需要销售人员仔细了解。

（五）具有丰富的行业知识

销售人员只有具备丰富的行业知识，才能够应对客户的提问，解答客户的疑虑。深入了解本行业的变化情况，将会使你及时获知潜在客户的购买意向。

成功的销售人员都是专业的销售人员，他们在研究如何销售和表述自己的产品和服务时，都很内行。他们能够不断地学习，能够及时判断客户的需要，能够有效地表述产品的优势，最终使客户满意。

秘籍 42 ：挖掘客户的真实需求

作为推销员，向一个有需求的客户进行推销并不难，而向一个本身没有需求或者需求不是十分强烈的客户进行推销，却是困难重重。

碰到这种情况，考验推销员素质和智慧的时刻就到了。正确挖掘客户的需求是顺利完成销售活动的保证，如果推销员能够通过客户表面性的陈述和自己循循善诱的提问来掌握客户内心的真实想法，从而挖掘出客户语言背后的潜在需求，这样的推销自然就有较大的成功概率。

一天，在某外企做管理工作的杨女士走进一家大型商场准备购买面膜。一进门是 ×× 护肤品的专柜，她看都没看，因为她认为 ×× 护肤品是大众品牌，不太适合自己。

她问门口的迎宾小姐："请问 ××× 专柜在哪里？"迎宾小姐告诉了她正确的方向。这一切都被 ×× 护肤品专柜的促销员看在眼里。

正当杨女士准备离开时，这位促销员走到她身边，彬彬有礼地说："这位女士，冒昧打扰一下，请问您为什么不选择 ×× 护肤品试试呢？"

杨女士说了自己的看法。对方微笑着说："原来是这样，那麻烦您配合我们做一次调查好吗？就耽误您一分钟，我们将会很感谢您为此付出的这一分钟，而且还将送您一份精美的礼品。"

杨女士想，反正今天自己也不赶时间，何况就一分钟，便同意了。

那位促销员拿出了一张事先设计好的表格，按着上面的问题一个个提问："您用过 ×× 护肤品的产品吗？"

"您认为自己最适合什么品牌？"

"您喜欢的色彩是什么？"

……

之后，促销员根据杨女士的回答逐一作了相应的解释，并帮助杨女士分析了她的皮肤特点。通过刚才的提问，促销员已掌握了杨女士对化妆品的要求，然后做了相应的推销。最终的结果是，杨女士不但在××护肤品专柜购买了面膜，还买了面霜、唇膏、眼影等一系列化妆品。

这位促销员通过客户提出的一个要求，连续问了几个“为什么”。营销专家指出，如果提问设计得好的话，问了几个“为什么”后，客户的真实想法一般都会浮出水面。掌握了问题背后的需求，这时就能有的放矢做工作，掌握客户的购买心理，从而成功地说服他们，把生意做成。

上面的例子也告诉我们，“无需求的地方，无购买的行为”。所以，不论你的商品说明技巧多好，如果无法抓住客户的需求，你终究无法获得订单。

因为有需求，客户才会购买。因此，对推销员来说，如何抓住这种需求，使需求明确化，具有至关重要的意义，这也是推销工作中最困难的一件事。因为客户本身往往也无法知晓自己的需求是什么。

当你清楚地知道自己的需求是什么时，你会主动地采取一些措施。例如，你想要租一间套房，你就会打开报纸，看看房屋出租广告，如果有适合的房源，你会打电话联络，然后去实地了解情况。这种需求我们称为“显在需求”，是指客户对自己需要的商品或服务，在心中已经有了明确的欲望。如果推销员遇到这种客户，只要你的产品适合他，一般就会马上成功。

相对于显在需求的是“潜在需求”。有些客户对自己的需求，不能明确地肯定或具体地说出，往往表现为不满、焦虑和抱怨。事实上，大多数初次购买某产品的客户，都无法确切地知道自己真正的需求。因此，推销员碰到这类客户时最重要也是最困难的工作，就是挖掘这类客户的需求，使潜在的需求转变成显在的需求。

实际上挖掘客户潜在需求最重要的方式就是询问。可以在和准客户的沟通中，借着有效的提问，刺激客户，从而促使客户将潜在需求逐步从口中说出。那么推销员可以通过什么样的方法把客户的潜在需求挖出来呢？我们先来看一个例子：

一条街上有三家水果店。一天，有位老太太来到第一家店里，问：“有李子卖吗？”

店主见有生意，马上迎上前说：“老太太，买李子啊？您看我这李子又大又甜，还是刚进来的，新鲜得很呢！”

没想到老太太一听，摇了摇头，竟扭头走了。店主很纳闷：奇怪啊，我哪里不对，得罪老太太了？

老太太接着向另外一家水果店走去问道：“你的李子好吃吗？”

第二位店主马上迎上前说：“老太太，您要买李子啊？我这里是李子专卖店，各种各样的李子都有。您要什么样的李子？”

“我想买些酸李子。”老太太说。

“我这篮李子酸得咬一口就流口水，您要多少？”

“来一斤吧。”于是，老太太买了一斤酸李子。

老太太买完李子继续在市场里逛，又看到第三家水果店也有李子，又大又圆，非常抢眼，便问老板：“你的李子多少钱一斤？”

第三位店主马上迎上前说：“我这里的李子有酸的也有甜的，您是想买酸的，还是想买甜的？”

“我想买一斤酸李子。”

第三位店主一边给老太太称酸李子一边问道：“别人买李子都要又大又甜的，您为什么要酸的李子呢？”

“哦，最近我儿媳妇怀上孩子啦，特别喜欢吃酸李子。”

“老太太，您对儿媳妇真体贴，有您这样会照顾的婆婆，可真是您儿媳妇天大的福气啊！她想吃酸的，说明她一定能给您生个大胖孙子。恭喜您老人家快要抱孙子了！您要多少？”

“我再来一斤吧。”老太太被第三家店主说得很高兴，便又买了一斤。

第三家店主一边称李子一边继续问：“您知道孕妇最需要什么营养吗？”

“怀孕期间当然最要紧的是吃好、胃口好、营养好啊！”

“是啊，怀孕期间的营养是非常关键的，而且多吃些维生素含量丰富的水果，生下的宝宝会更聪明些！”

“是吗？哪种水果含的维生素更丰富些呢？”

“很多书上说猕猴桃含维生素最丰富！您要给您儿媳妇天天吃猕猴桃，她一高兴，说不定能一下给您生出一对双胞胎！”

“那你这儿有猕猴桃吗？”

“当然有，您看我这里是进口的猕猴桃，个大汁多，含维生素多，您要不先买一斤回去给您儿媳妇尝尝？”

“是吗？好啊，那我就再来一斤猕猴桃。”

“您人真好，谁有您这样的婆婆，一定有福气。”店主开始给老太太称猕猴桃，嘴里也不闲着，“我每天都在这儿摆摊，水果都是当天从批发市场找最新鲜的批发来的，您儿媳妇要是吃好了，您再来。”

“行。”老太太被店主说得高兴，提了水果边付账边应承着。以后几乎每隔一两天，老太太就要来这家店里买各种水果。

从上面的例子可以看出，第一家水果店老板没能抓住客户的原因在于没有掌握客户真正的需求而盲目介绍；第二家水果店老板能够用积极的语言来询问和引导客户，但却浅尝辄止；第三家水果店老板善于不断地用积极的提问来挖掘客户深层次的需求：买水果——给儿媳妇吃——希望儿媳妇能为她生个白白胖胖又聪明的孙子。所以当第三家水果店老板挖掘出客户这个内在需求时，向老太太推荐猕猴桃，老太太就很高兴地买了，店老板还因此赢得了一位忠实而长久的老客户。这就是善于挖掘客户真实需求所带来的好处。

升级训练

发现客户真实需求并不是一件容易的事，需要大量的准备工作。首先我们要对客户的真实需求有一个完整清楚的把握。“完整”是指对客户的需求要有全面的理解，包括客户有哪些需求，这些需求中对客户最重要的是什么，客户为什么会有这些需求。许多销售人员知道客户的需求，却不清楚客户需求的真正原因是什么。如客户说：“我想要一台重量轻一点的笔记本电脑。”

这是一个具体的需求，但他为什么需要重量轻的笔记本电脑我们往往不知道。“清楚”就是要找到客户需求产生的原因，即真正促使客户作出购买决定的动因，找到了这个动因，将对引导客户作出购买决定很有帮助。

其次，当已经确定客户有解决问题的愿望后，我们要做的就是利用探寻来获得更多信息，然后激发他们的购买欲望。激发客户购买欲望的方法主要有以下几个：

（一）建立并检验客户对推销的信任

从推销一开始，就需要建立客户对推销员及所推销产品的信任。之后，应在建立信任与引起兴趣的基础上，检验客户对推销来访的态度转变过程，检验客户对推销的信任是否达到了有购买欲望的程度。

在示范并引起客户对推销的兴趣后，应及时检验客户对所推销产品的认识程度。如询问客户是否有明显不理解的地方，是否有需要进一步示范及说明的地方等。如有的话，推销员应立即进行再示范、再说明，直至客户表示明白并形成整体的良好印象为止。

（二）强化情感

有时，客户在对产品发生兴趣后仍不买，或者提出一些不能成立的理由。这说明客户缺乏欲望不是因为对产品无兴趣或不了解，而是情感上仍不能全部接受推销。一个不想被说服的人是永远不可能被说服的。如果客户情感上存在对立情绪，那么推销员无论怎样介绍产品，也不可能激起客户的购买欲望。

因此，推销员在检验出客户在情感上仍有消极心态时，不应急于介绍产品，而应再一次对客户的问题、困难、处境等表示同情与理解。这时需要重新建立客户信任，重新让客户理解推销员乐于为客户服务的愿望。

（三）多方诱导客户的购买欲望

只有当客户意识到使用产品带来的众多利益时，才会有强烈的购买欲望。因此，推销员应站在客户的立场上，多方面举例，详述该产品的好处，诱导客户去想象购买产品后的种种便利和不买的种种遗憾，达到激发客户购买欲望的目的。

（四）充分说理

充分说理就是摆事实，讲道理，为客户提供充足的购买理由。充分说理的方法主要是提供充分的证据。在洽谈中，推销员应将准备好的证据提供给客户过目。这些证据包括：有关权威组织部门的鉴定、验证文件；有关技术与职能部门提供的资料、数据、认可证书；有关权威人士的批示、意见等；有关购买与使用者的验证、鉴定文件、心得体会、来信来函等；有关部门颁发的证书、奖状、奖章等。

秘籍 43：创造客户的迫切需求感

创造需求是营销的一个新高度。创造需求不是脱离现实，而是发掘、提炼、延伸、深化、创新，是一个更高层次的营销策略。创造需求也是对市场细分理论的一个深度运用，运用得当，必将有效确立一个新的市场地位，并让后来者无法撼动。

营销界有句名言：一流销售员创造需求，二流销售员满足需求，三流销售员送货收款。

那么，什么是创造需求？看了下面的故事对你或许有些许启发：

20 世纪 60 年代中期，有两名皮鞋推销员先后到达南太平洋的一个岛屿上。这两名推销员都发现了一个共同的事实：这个岛屿上人人光脚，都不穿鞋子。然而一人沮丧不已，一人大喜过望。这是怎么回事呢？

他们俩虽然看到了同样的事实，却得出了不同的结论，做出了不同的预测。前者认为，不穿鞋的人永远不会穿鞋，推销等于“瞎子点灯，白费蜡”，他给公司总部发回的电报是：“本岛无人穿鞋，我决定明天返回。”后者则认为：今天不穿鞋不等于永远不穿鞋，随着社会生产水平的提高和外来文化的影响，他们的生活习惯会逐渐改变。他给公司发回的电报是：“好极了，该岛无人穿鞋，是个很好的市场。我将驻在此地，开展推销活动。”

接下来他便印制了一种没有文字的广告画，画面上是：岛上的一位壮汉，脚穿皮鞋，肩扛虎豹狼鹿等猎物，形象威武雄壮。岛上的人果然接受了穿鞋这一文明的生活方式。该公司的皮鞋畅销于该岛，公司赚到一大笔钱，并牢牢地把握住了这一市场。

一个聪明的推销员是不会只懂得满足客户需求的。“以客户为中心”作为现代营销学的真谛，造成了很多人的误解，好像公司来到这个地球上，就是为了迎合客户的。但是客户不是上帝，客户不是全能的，客户是可以被说服的。

换言之，客户的世界观不是永远不变的。“推销”就是发掘人们的需求和欲望，然后说服他购买你的产品（服务）来满足这些需求和欲望。可见“创造需求”是推销员的首要任务，透过访谈、察言观色来激发客户的潜在需求。如果客户仍然没有被说服，那么你得创造一个动人的需求来激发他的购买欲。

升级训练

所谓创造需求，从观念上讲，就是以消费者为中心，着眼于消费者潜在的、模糊的、内在的欲望以及满足欲望形成消费所需的条件，并通过产品开发，创造条件和市场引导来形成消费者新的需求。

那如何做到创造需求呢？

（一）分清现实需求与潜在需求

应该集中力量挖掘消费者的潜在需求，针对有潜在需求而无购买力和有购买力而无欲望两种情况，提出相应的对策。

如针对第一种情况，在营销时可以采取分期付款的方式，既能满足消费者的潜在需求，又能赚取消费者“明天”的钱。

针对第二种情况，在推销时可以通过与消费者交谈，免费让部分消费者使用产品，旁敲侧击，把隐含的需求提升为明显的需求，并且把潜在的需求扩大化，从而培养消费者的内心需求，强化其潜在的需求。

（二）利用人们需求的可诱导性

所谓可诱导性是指需求受多种因素的影响和制约，随时都可能发生变化，所以需求可以被引导和培养，亦可被调节和控制。所谓“赶时髦”，就是诱导的结果。因此，可以培养一些前卫的消费群，以引导大众的消费，创造新的需求。

（三）关注物质需求和精神需求两个层面

精神需求越来越受到人们的重视。企业应该在产品的生产与销售中融入积极进取、获得知识、提高技能、社会交往、艺术欣赏、陶冶情操等高层次的、社会性的精神需求以满足消费者。因此，商家不仅要为消费者提供物质产品，还要注重满足消费者的精神需求。

（四）利用需求的相关性和延续性

需求的相关性和延续性是指当某一需求被满足之后，可以延伸出新的需求，创造需求的“家族”延续性。

想长期立于不败之地，必须有成功的营销策略，而成功的营销策略是以客户为中心的，以为客户创造需求为新的营销理念和手段。

秘籍44：调动客户的竞争心理

人的竞争心理是天生就有的，这一点不仅在经销商之间有效，在客户那儿也同样能奏效。虽然不太强烈，但只要掌握好它，并恰当地利用这种竞争意识，也能收到较好的推销效果。怎样利用客户的这种竞争心理使你的推销达到预期效果呢？

先看一个例子：

比如，你在推销一本关于人生方面的书时，一位老年客户走过来了。

你的推销就该开始了：“老师傅，您看看这本书，这可是一本关于人生的难得的好书呀，作者是一位对社会、人生等颇有研究的学术界的前辈，这本书是他多年研究成果的精华。在这本书里，作者以自己丰富的人生经历和对人生、社会的独到见解，博取众家之长，熔各家优点于一炉，形成自己独特的风格，对人生的剖析真可谓深刻。”

这时客户拿起书来浏览，你应更进一步地向他介绍：“这书不但内容充实，有很强的可读性，而且作者文笔也不凡。你看，他的语言多简练，让人读了一目了然。就是那种很抽象的东西，经作者的笔写出来，也让人心领神会了。如此好的内容再用这么妙的语言表达出来，实在是一本难得的好书啊。”

当观察到客户对这本书确实有点欣赏后，立即乘胜追击：“现在的年轻人阅历太浅，他们中的许多人还不理解人生是什么，还没真正体验到人生的价值。因此，他们看这种书时觉得索然无味，我也曾向他们介绍过这本书，他们没有这种亲身经历，也不可能产生心灵的共鸣。而像您这样具有丰富的人生经验、亲身体会过什么是人生的人，看这书时一定会有更多、更深的感受，其中的许多东西也是值得细细品味的，而在品味之后，您得到的便是对人生更深一层的认识，是对您心灵的一种升华。这将对您的人生观、世界观产生巨大的影响，建立起一种全新的价值体系。”

“老年人也是从年轻人一步一步走过来的，他们也曾经被别人看成无知、幼稚的，也曾被人认为是在人生之路上还没入门的门外汉。而现在，他们得到了别人的尊重和推崇，获得了关于人生的真知灼见，这本书正反映了所有老年人的共同情感，它一定会给您留下深刻的印象。”

这种利用客户的竞争心理的技巧，在实际推销过程中应用广泛，并且也是很奏效的一种方法。它将会给你的推销工作带来很大的好处，使你的工作顺利进行。

比如当你向青年人推销商品时，就可以抓住年轻人的心理状态，告诉他：“这种商品最适合年轻人，它就是属于年轻人的，它将给您的生活带来蓬勃向上的青春气息和现代生活的快节奏感，从中您还可以感受到多彩的世界，激发您的向上意识，有时甚至可从中得到一些生活的灵感。”

针对不同的对象，分析他们不同于其他群体的因素，有针对性地组织谈话的内容，让客户觉得你了解他们的想法，并把最好的商品推销给他们，客户就会很愉快地接受你的商品了。

除此之外，还有另一种利用客户竞争心理的方法。在你的推销词中，多说一些“就剩这些了”、“这是最后一点”，能有效刺激客户对商品的占有欲，使客户在不知不觉中就认为眼下其实还用不着的东西也值得买下来。

升级训练

女性之间的竞争屡见不鲜，比如邻居家买了辆轿车，老婆也会催促自己的先生购买，来显示自己并不比邻居们差；或者前面人家的太太身上戴着数千元的项链时，自己也想买个来戴等。

这种情况主要是她们单纯地为了满足自己的虚荣心。有些人一旦受到外界的刺激，欲望就像点了火的导线一样迅速燃烧。

因此，要想成为一名优秀的推销员，就得灵活运用这种女性的竞争心理。

如销售某一商品时，就可以说：“老实说，虽然价格偏高，但邻居家的太太还是毫不犹豫地买下了。”或者“虽然不方便告诉你名字，但是某一家大老板的太太已经签了合约”等来刺激顾客。

但是有时说得过多，会给顾客留下不好的印象，认为这个推销员是个滑头、不诚实的人，因而干脆远离。所以推销员刺激女顾客的竞争心理，应把握好分寸，适可而止，还应衡量利益得失以后，确定利大于弊时，再果断地行动。

女性之间竞争，通常更在意与自己有同等条件的熟人，这些条件包括经济能力、知识、容貌和家庭环境等，此时竞争的心理就会很激烈，甚至有发展成嫉妒心理的可能。

但女性顾客的竞争心往往有多种表现形式：时而很露骨地表现于外，时而深藏在内心深处，笑脸相迎，或者用完全无视这一切的言行来对待推销员。这对推销员提出了更高的要求。

秘籍 45：营造“欲购从速”的感觉

要想让客户现在就购买你的产品，就必须熟练地运用这个推销技巧——制造“欲购从速”的氛围。你可以随时从报纸或者电视广告上看到这种宣传手段。

商场和超市都在运用这种技巧出售商品。推销员也应该懂得借鉴这种方式，比如，你可以说某某报价在某一段时间有效，客户如果错过的话，就会失去获得交易的机会。当然只有这种产品的销售提议相当富有吸引力，且必须真实可靠，方可打动客户的“芳心”。

当吉拉德和太太琼去买房时，他们第一眼就喜欢上了它。精明的经纪人敏锐地看出了这一点，他说：“房主急于卖掉这套住房，他们最初报价太高，但现在已经降了下来，我认为这个价格要不了几天就能把房卖出去。我知道你们也很想买，所以我建议二位立刻作出决定。我今天早上已经带一对夫妇来看过，他们表示很有兴趣。另外，我们还有两位经纪人也准备今天下午带人来看房。”

直到今天，吉拉德也不知道那位经纪人有没有对他说实话，但他和妻子都不愿意冒风险，以免失去他们梦想中的房子，他们很快就签了合同。正是他们对拖延下去可能会丧失机会的担心，加速了他们的决策进程。

作为一名推销员，应该注重给你的客户营造一种“欲购从速，过期不候”的紧迫感，让客户感觉到和你做生意是机不可失，时不再来的事情。精明的经纪人正是抓住了购房者吉拉德夫妇担心“机不可失，时不再来”的心理，巧妙促成了交易。在推销活动中，你也不妨利用这一点来刺激你的客户，促成交易。来看看下面这位精明的推销员的做法：

当很多人准备购买周末旅游车之类的产品时，一场争分夺秒的比赛开始了。有很多老年客户认为，周末旅游车是一种很有意思的东西，但没有必要人手一辆。

于是，有一位精明的推销员对客户说："夕阳无限好，您已经在失去的岁月里作出了很多牺牲，现在是该享受的时候了，为什么迟迟不肯购买我们的休闲车呢？我们农村里有这样一句话，可以代表不少人的心态：'吃了喝了享受了才不枉此生。'您现在不但买得起，而且也有时间和精力去享受。不要再犹豫不决了，否则就没货了。我相信您有资格享受这辆车。"

结果，很多老年朋友给他打电话要预定周末旅游车。

升级训练

我们来看下面一些能给你的客户制造"欲购从速，过期不候"感觉的策略：

（1）如果你推销的是垄断性产品或者有一些特殊的进货渠道，那么你在说服客户下单的时候就可以制造出"货物有限，欲购从速"的紧迫感。

（2）如果你推销的产品是国家特许经营的或者供货商特许推销的，你可以说："本公司只想在这个地区找一位代理商，迄今为止，我们已经有6位感兴趣的客户。要是您想抓住这次机会的话，我建议您今天就签合同，我会尽力利用我的影响帮您拿到这片销售区。"

（3）如果你是服务行业的推销员，这种技巧同样效果明显。比如，建筑商可以对他的客户说："我的日程从今年6月到明年3月都已经安排满了。今天是4月7日，要是我能从本月18日开始动工的话，我就能让您的住房在今年6月前竣工。当然，如果您愿意等到明年春天再说的话，我也没有意见。"

（4）如果你是一名汽车推销员，客户本来急于拥有一辆汽车，但不知道为什么又犹豫不决。这时你就可以告诉他："我们的库里只剩下一辆这种颜色和这种款式的车了，要是您想要的话，我可以替您准备好，今天下午就可以取货。但是如果您选择等一等的话，我担心这辆车会很快被人买走，我们今天上午就已经卖出了两辆这样的车。当然，还有另外一个办法，那就是我给别的推销员打电话，让他们帮您选一辆，但那样可能需要等上一个星期，而且，我也不敢保证您就能得到一辆您真正满意的车。”然后，你要停顿一下，再接着说：“为什么您不肯帮自己一个忙，说一声‘是’呢？我会通知服务部今天下午就准备好您的车。”

（5）如果你是计算机推销员、办公用品推销员或者重型机械推销员，也可以运用这种技巧，你只需说：“我们的发货与安装日程表已经排到 3 个月以后了。刚巧我取消了其中一项，要是你们愿意的话，我可以把你们的订单插进去，下个星期二就可以发货和安装。”

（6）如果你是飞机票代售员，同样能对乘客说：“要是你不赶快行动的话，很可能就买不到这趟航班了，因为机票就要预订一空了！”

当然，推销员所从事的行业远不止这些，不过从这里你至少能够明白，制造欲购从速的氛围，技巧无非有两个着眼点：时间有限和数量有限。一旦客户对产品产生兴趣或渴望，推销员就应该制造欲购从速的氛围，让他产生担心（怕失去该产品），从而促成交易。

秘籍 46 ：给客户创造好故事

生动的故事有时会比抽象的说教更能打动客户。因此，在销售过程中，销售人员不妨适时地给客户讲一个动人的故事，让客户在感性认知中作出购买决定。

“能不能提前啊？如果不行，你把我缴过的会费还我就好，利息就算了。”自从丈夫病重后，美子为了互助会的事不堪其扰，一些会员担心她一手创办的互助会垮了。她是会首，每个月 1 万元的互助费，是以邻居亲友为主组成的。

丈夫病重，会员担心是难免的，但她已解释再三，无论如何不会让大家吃亏的。“我们家在这里已不是一年、两年，难道我们的为人你们还不了解吗？我们不曾欠过人家一分一厘的嘛！”

虽然这样说，邻居亲友的疑虑还是无法消除。佳子是美子丈夫好朋友的太太，一大早就来到美子家。“由田太太，我们家最近买房子，贷款本息负担很沉重。能不能商量一下，把会费还我们。”美子感到世态炎凉，说不出话来。

“我是不得已才提出这样的要求的。”佳子不死心地缠着。

“佳子，我丈夫和你丈夫是多年的知心朋友，你这样苦苦相逼，叫我很心痛。”场面尴尬起来。美子本来想把丈夫有张人寿保单的事说出来，但是心想，这样说好像期盼丈夫早点去世，于心何忍。她已盘算过，即使丈夫走了，以自己的收入加上保单赔偿，维持互助会是不会有问题的。

但是像佳子这样的会员有两三个，尤其佳子讲话更是露骨，丝毫不顾交情，很难应付。“佳子，我丈夫还没有走，你也不用担心，就算我做牛做马，也不会欠你们钱的。”

“我不管啦！”佳子不愿就此打住。

“我们家是穷了点，你不必这样。按规矩，你互助会参加了一半，是没道理退出来的。”美子强硬了起来，口气不再软弱，佳子眼看情况不对，只好回去。一面看着丈夫因癌细胞扩散而身体一天天虚弱，一面又要应付各种经济上的问题，美子有点承受不住。但是这个家除了她，谁来撑呢？子女还小。美子必须坚强起来。

“看开点，别烦恼。我们已没什么好损失的了，还担心什么？”看到美子焦虑苍白，婆婆安慰她。“我知道。”到了这步田地，美子也体会到，光烦恼是没用的。

丈夫终于走了。丈夫的保单索赔虽然只有100万元，办丧事及医药费花去大部分，但是至少不用去借。剩下的三十几万元存着，心中踏实多了。否则，万一家中又有人生病，那可就要借钱。

“借钱，越有钱的人借钱越容易，越穷的人借钱越困难。”美子说道。

这个感人的故事出于原一平之口，故事也足以说明，在生活艰难的处境下，买保险的好处，听后可令客户抹一把同情之泪，然后再考虑投保。

在保险推销的过程中，讲保险故事是很重要的一环。有些客户没有保险意识，听了保险故事才会被点醒。原一平讲起保险故事相当传神，客户往往听得激动起来。讲到令人鼻酸的重点时，原一平还会掉下眼泪。“保险故事在保险推销里头，具有强烈的催化作用，讲得越好，催化力越强。”原一平道出自己的心得。

看来，故事的魅力的确不小。也许有人会感到困惑，故事真的会有这么大的作用吗？其实，不少销售故事之所以能获得客户认同，根本原因在于故事中的情感因素对客户有着巨大的“杀伤力”。比如，故事发生的情景、地点，让客户产生置身其中的感受。销售故事中的地点可以是客户使用商品的地点，也可以是客户在享受商品所带来的利益时的地点。

销售故事还可以启发客户从平时司空见惯的生活场景中捕捉不同的灵感，或者启发客户从新的角度、视角去看待生活场景、自己生活中遇到的问题，从而开发新的市场空间，寻找新的可能。

好的销售故事，通过与客户的情绪碰撞，让客户正面强烈的情绪参与到销售中来，得到独特的情绪体验，从而增加商品的附加值。

完整的故事给客户以深刻的启迪、强烈的情感冲击，让客户用独特的视角来看待故事。但是，在很多销售过程中，推销员并没有机会长篇大论地向客户完整地讲述故事。很多的故事因素可能是隐而不发的。这时，推销员需要培养自己敏锐的观察力与决策力，快速从自己准备的“故事会”里筛选、整合出最适合这位客户的方案，并用客户最喜欢的方式提供给他。

升级训练

用故事来巧妙包装商品，对于销售人员来说，是一件非常有趣的事情。

那么，销售人员应该如何为自己所经营的商品创造一个故事呢？完整的故事包括了哪些要素呢？

如果从体裁和理解的角度来看，完整的故事就像完整的新闻一样，它包括了 5W 元素：

1. 何事（what）

一个好的故事从一开始就能紧紧抓住顾客的心理，让客户被深深地吸引，故事情节要新鲜、有趣、好玩。

2. 何人（who）

何人在这儿指的是销售故事的主人公以及被编排到故事中的人。一则完整销售故事中的主角或涉及的人物要与目标客户保持密切的关联度。

3. 何时（when）

事件的发生时间是什么时候？人们往往对时间的概念并不是十分清晰。

4. 何地（where）

故事发生在什么地点，为什么在这个地方，相对于别的地方有什么特殊性，对事件的影响如何，这些都影响着故事的可信度。

5. 何因（why）

故事为什么会发生，对事件深层次的分析能够激发顾客的思考，并就你所推销的产品展开联系，还会认真考虑购买的必要性。

当客户告诉销售人员“我不会买这件商品”时，时间线就被模糊掉了，客户自己并没有意识到他所描述的时间是过去、现在还是将来。在这种情况下，客户的这句话意味着拒绝。

这时，销售人员可以通过时间线的清理重新为自己找到销售的切入点：“您是说您现在暂时不需要我们的商品对吗？也许在……的情况下，我相信您会第一时间想到我和我们的商品。”这时候可以适当地切入以往客户购买的故事，来启发当前客户的潜在需求。

销售故事中时间线的摆放十分重要。客户在购买的过程中，往往很少考虑到自己处在什么样的时间线中。以故事为工具，我们可以引导客户进行更深一步的思考。

秘籍 47：让客户感受到利益

一位高压锅推销员对客户说："五口之家用高压锅，每天可节省一块半煤，也就是 1 毛钱，每年可节省 36 元。高压锅按国家规定的标准可用 8 年，这就是说，您家使用高压锅，不仅省时、省事，光节省的煤钱就达 300 元，而我们的高压锅才卖 70 元。"对方听了他的介绍，感受到了实实在在的好处，决定购买这位推销员的高压锅。

利益动人心，听了上述这位推销员一番解说，你是不是也会觉得自己真正获得的利益远远超过自己所支付的成本？这正是吸引客户购买的关键。

如果产品能使客户"节省"，而推销员不能把"节省"的结果算出来，把概念性的"节省"一词变成具体的、事实的数字，那么，"节省"就是一个空泛的词汇，不会具有打动客户的作用。具体的细节比笼统的说法更易打动客户。

产品带给客户的利益在客户没有使用之前都是抽象的、概念性的。如果推销员不能把产品利益变成具体的、实在的、客户可明确感受到的东西，利益就不会变成吸引客户的因素。

因此，推销员要做的，就是把有可能吸引客户的利益点汇总起来，在需要的时候让客户明白：你所推销给他的产品会给他带来更多的利益。这样，才能牢牢地掌控成交的进程。

升级训练

摸准客户的需求后，就要按需求来制作"诱饵"了。面对品牌知名度、性能、价格、质量等都差不多的众多竞争对手，推销员该怎么做才能让客户感觉到你的产品更"动人"呢？简而言之，用利益打动客户。推销员向客户提供的利益包括以下几个方面：

（一）“安全、安心”是客户使用产品时最关心的利益点

满足个人安全、安心而设计的无形、有形的产品数不胜数。无形的产品如各种保险，有形的产品如防火的建材、安全的玩具等。安全、安心也是客户选购产品经常会考虑的理由之一。一位销售儿童玩具的推销员，提到每次有家长带小朋友购买玩具时，由于玩具种类众多，很难取舍，但是只要在关键时刻巧妙地告诉家长，某个玩具的设计是如何考虑到玩具的安全性时，家长们几乎都会立刻决定购买。

（二）产品的象征意义也可成为利益点

“劳力士手表”、“奔驰汽车”虽然是不同的商品，但它们的象征意义都满足了客户对身份和地位的需求。整体高端形象的诉求，最能满足此类消费者的特殊需求。针对这些人，你在销售时，不妨从此处着手试探其最关心的利益点是否在此。

（三）产品的系统化存在价值点

随着技术的革新，现在许多企业都不遗余力地进行着工厂自动化、办公室自动化（OA）的发展。这些企业购买电脑、打印机、复印机、传真机等所谓 OA 产品的时候，普遍先考虑这些产品能否构成网络，这即是因系统化的理由而购买的例子。其他如音响、保安设备等产品的系统化都是能引起客户关心的利益点。

（四）借助品牌广告作秀

通常人们认为好产品是广告上能看到、商场里能买到的商品，因此，用公司打出的市场宣传广告为自己的推销佐证，不失为推销员的一个策略。一个好的品牌会给人一个好的印象，唤起好的联想。好的形象主题陈述以简洁的语言告诉受众：产品是用来做什么的，企业是做什么的，它可提供什么益处以及它与竞争者的区别，为什么它比竞争者更好。客户愿意和一个具有良好品牌形象的企业打交道。

（五）公司的品牌形象价值千金

推销员可以在拜访客户时，向客户介绍公司的规模、实力、在行业中所处的地位、信誉、发展历程、企业文化等内容。此外，还可借鉴以下做法：给客户寄送内部刊物，让客户感受企业的荣誉和进步，加深客户对企业的了解与信任；在企业内部刊物上宣传报道客户的优秀事迹，在征得同意后，刊登客户的工作照、家庭照等；在客户中进行有奖征文活动等；开展联谊活动，如组织球队进行比赛，或共同举办演出活动等；邀请客户到企业参观，到企业所在地旅游或参加会议。

（六）产品的性价比打动人心

产品的性价比就是产品的性能值与价格值之比，是反映产品可买程度的一种量化的计量方式。很多客户都把性价比看成选购产品的重要指标，若是你的客户对价格非常重视，你就可向他推荐在价格上能满足他的商品，否则你需要找出更多的特殊利益以提升产品的价值，使他认为值得购买。

（七）产品的独特利益吸引人

向客户提供竞争对手不能提供的利益，用独特的利益吸引客户。譬如，您每天都要和国外各分公司联络，因此使用传真机的速度较快，能节省大量的国际电话费；牙膏有苹果的香味，闻起来很香，让您家的小朋友每天都喜欢刷牙，可避免牙齿被蛀；这双鞋虽然是设计在正式场合穿的，但鞋底非常柔软富有弹性，很适合步行上下班的您来穿等。推销员要从产品、服务、客户交往等方面用与众不同的方法来阐释，让客户认识到你产品的独特利益。

值得注意的是，客户的独特利益是需要推销员去发掘的。能找出产品独特的性能及优点，满足客户的特殊需求，或解决客户的特殊问题，这个特点就有无穷的价值，这也是推销员们存在的价值。推销员对客户最大的贡献，就是能够让客户明白购买产品的最大价值并通过产品的购买及使用来获得这些价值。推销员要做的是从探讨客户购买产品的理由，找出客户购买行为背后深层的动机；从客户最关心的利益点出发，为“鱼儿”制出不同的“香饵”，从而来钓得“大鱼”。

第6章

用提问掌控销售方向

迎接黎明时，我是否心怀目标？

我是否对遇到的每一个人都和蔼可亲？

我是否尝试走得更远一些？

我是否对机会保持警觉？

我是否在每个问题中寻找好的一面？

➲ 原著精读

让我反省自己的行为，当我像自己最大的敌人那样审视自己时，我就成了自己最好的朋友。就在此时，我将开始成为我所希望的那个样子。夜幕会降临，但睡意不会合上我的眼睑，直到我完全回忆过一天的事情。

哪一件应该做的事情没有完成？

哪一件事情本应做得更好？

明天的成就将会超过今天的作为。改进永远来自检查与反思。每个人都应该一天比一天明智。我将在每晚反省当天的行为。

我是否曾顾影自怜？

迎接黎明时，我是否心怀目标？

我是否对遇到的每一个人都和蔼可亲？

我是否尝试走得更远一些？

我是否对机会保持警觉？

我是否在每个问题中寻找好的一面？

我以微笑面对愤怒和仇恨吗？

我集中精力和目标了吗？

有什么能比这样的日日反省更有好处？

秘籍 48：说得多不如问得巧

在推销过程中，有经验的推销员总是使用恰当的语言艺术营造一种轻松愉快的气氛。当双方产生意见分歧时，恰当的语言艺术又是转移或搁置矛盾、化解或缩小分歧的主要手段。同时，在阐述意见和要求时，使用合理的语言表达方式，既可以清楚地说明自己的观点，又不致引起对方的不良反应。

老马是自动办公设备推销员。他对自己推销的产品充满信心，因为这些产品确实称得上质量完好、价格合理。

在推销中，他常常使用这样的语言："嘿，我说，你们的办公设备已经过时了，如果使用我们的设备，每天都可以节省几个小时的工作时间。"

"老兄，你为什么尽听三流公司推销员的话，他们全都是骗子，我们的产品才是真正的一流货色。"

尽管他的话符合实际情况，却使很多客户感到不快。一些客户反驳说："我不信你那一套！"

老马认为这样一来等于给了他机会进一步介绍产品。于是，他就开始向客户介绍产品的性能、特点、价格等。但他很快就不得不停下来，因为客户已经走开了。

客户走开的原因在于推销员的说话方式。他完全可以这样说："假如我有办法使您的办公效率提高 1/3，或者说可以使您原来一周的工作用 3 天就可以完成，那么您有兴趣吗？您想听听这方面的详细情况吗？"以征求意见的口气与客户谈话，才能避免争论。

升级训练

推销员应该掌握以下三种基本的提问方法：

（一）开门见山

推销员直接针对顾客的购买动机，可以开门见山地向其提问，然后对其进行详细劝说。开门见山法具有言简意赅的特点，因而常被推销员所采用。当然，常用并不等于任何场合都能使用。当客户对某些问题有所避讳时，就不宜直问。

（二）一"是"到底

推销员让顾客对其推销说明中所提出的一系列问题，连续地回答"是"，然后，等到要求签订单时，已造成有利的情况，好让顾客再作一次肯定答复。

推销员事先未打招呼就打电话给新顾客，可说："很高兴和您谈一次，提高贵公司的营业额对您一定很重要，是不是？"（很少有人会说"无所谓"）"好，我想向您介绍我们的 ×× 产品，这将有助于您达到目标，您很想达到自己的目标，对不对？"……这样就很容易让顾客一"是"到底。

运用连续肯定法，要求推销员有准确的判断能力和敏捷的思维能力。每个问题的提出都要经过仔细的思考，特别要注意双方对话的结构，使顾客沿着推销员的意图作出肯定的回答。

（三）以不变应万变

用问题来回答顾客提出的问题。推销员可以用自己的问题来控制和顾客的洽谈，把谈话引向销售程序的下一步。

顾客："这项保险中有没有现金价值？"

推销员："您很看重保险单是否具有现金价值的问题吗？"

顾客："不是。我只是不想为现金价值支付任何额外的金额。"

这个人不想为现金价值付钱，因为他不想把现金价值当成一桩利益。这时你该向他解释现金价值这个名词的含义，提高他在这方面的认识。了解顾客抗拒的原因之后，就可以针对不同的理由，提出相应的解决方案了。

秘籍 49：营造轻松提问的氛围

不管什么交易，推销员都希望在彼此没有任何压力的情况下轻松完成，但事实往往不尽如人意。轻松气氛的营造，要建立在推销员良好的心理基础和熟稔的提问技巧上。这里不妨做一个身份模拟来让你感受一下如何进行轻松气氛的营造：

你与法兰克——一家大型制造商的经理一起在工厂里参观。法兰克正在考虑要不要跟你买 JLG 电梯，你觉得此刻时机成熟，可以说："据我所知，法兰克先生，我们今天必须作出的决定，让您不久便可以享受到JLG电梯所提供给您的便利，还有您要把它装在您的主要厂房里还是仓库里呢？”

你可以轻松地在货品或服务上引用这项技巧，提供选择的问题是指有所选择的答案，这都是为了让客户能继续前进，而相关的问题是要求他们去作出下订单的决定。

当然，你并不是真正在乎法兰克把你的JLG电梯装在厂房里还是仓库里，但是当他想到他要把它装在哪里时，他会想到当他买下你的产品后将要作的一些选择。所以这个问题兼具了选择性和相关性，可以让你的销售能力加倍。

最后，以轻松谨慎的态度来收尾。好好训练你的语气和表情，那样你就可以清楚明白地将它表达出来，不然你的目的会太明显，而且是不可能成功的。这么做的目的是要法兰克说出像是“喔，我想我们最好把它装在新仓库里，因为他们会经常地使用它”之类的答案。当法兰克那么说时，便可成交。

可见，轻松引入交易是销售成功的基础。注意，是轻松，不是随便，你得保持谨慎而不是冷漠的态度，让客户觉得跟你在一起很舒服。不能以鲁莽或无效的方法来学习放轻松；不要学着以烦人或打官腔的方式来保持谨慎。换句话说，就是要使人愉快。

升级训练

我们每一次拜访新老客户的时候，都有可能置身于以下氛围的一种：

积极的购买氛围，即客户积极地倾向于购买，推销员不必作任何促销游说，可以直接成交；中性的购买氛围，即客户既不积极也不消极地对待购买，推销员就必须开始去发现他的需求，如果销售技巧运用得当，又有足够的产品知识，那么客户就有可能购买；消极的购买氛围，即客户采取封闭的心态，他根本就不感兴趣，有时还可能说出极其消极的话，在这种情况下，他们不可能作出任何购买的决定。

如何才能有效地避免作为推销员的我们置身于中性的购买氛围甚至消极的购买氛围？换句话说，推销员如何才能有意识地在与客户的问答互动中营造一个轻松愉快的氛围？以下一些技巧推销员不可不掌握：

（一）先交心，再交易

推销员在与客户沟通时，不应仅局限于死板的例行公事上，而应尽量人情味浓一些，先做朋友，后谈业务。如果推销员在与客户根本不相识的情况下，采用一种专业的、例行公事的语气和客户沟通，结果往往会遭遇“闭门羹”，更不要说在轻松的气氛中由陌生变成朋友，再由朋友变成友好的“合作伙伴”的关系了。在现实销售生活中，那些看似“吊儿郎当”、见谁都称兄道弟的推销员，反而能和客户打成一片，业务方面也不弱。

所以，推销员在和客户初次见面时一定要和客户交心，达成共鸣，才有利于关系的发展。

（二）话不可说过头

说话应留有余地，任何时候都不要把话说“死”。凡事把话说绝了，就没有了回旋余地。一旦陷入语言的“绝境”，其被动、尴尬之情可想而知。而许多推销员在说服客户的过程中，为了尽快地达成交易，常常容易把话说得过头或出格。

说过头话，往往容易引发两种问题：一是容易得罪客户，二是容易进入客户的圈套。如这样一句话“周总，这怎么行呢？您得抽个时间，我刚来这里也有很多的事情要做，这已经是月中了，您的货款如果再不办出来，这个月的促销政策可能真没什么指望啦，我也要考虑一下您的忠诚度了！”如果不是特别相熟而且推销员语气配合得当的话，往往会引起误会。又如，许多客户喜欢用竞争对手的销售情况和销售政策，来刺激推销员，迫使推销员作出承诺，进入客户圈套。结果呢，本来不需要花费那么大销售资源就可获取的销售业绩，由于自己说话过头，白白浪费了资源。

（三）要找客户感兴趣的话题

人最高兴的莫过于谈论自己感兴趣的事情和引以为豪的经历，因此，推销员要想营造一个轻松愉快的气氛，一定要找到客户感兴趣的话题。兴趣是促成沟通延续的原动力，而激发客户兴趣的重要途径在于推销员发现客户的需求。这个需求有利益、爱好、奉承或赞美。当客户和你因为谈论起某个话题而愉快地同时大笑的时候，你们彼此之间的心理距离就大大缩小了。

（四）避免主导意识

所谓主导意识，就是用自己的经验提供忠告，左右别人做事；或者根据自己的行为与动机衡量别人的行为与动机，企图让他人按照自己的意识做事。现实生活中，人人都喜欢主导别人，而人人又都不喜欢被别人主导。人人心中都有自我意识，即使再软弱的人，他的内心深处也有一个真正的自我，很难心甘情愿地被别人主导或牺牲自己，何况是那些生意中合作的客户呢？在销售沟通或谈判中，若任何一方渴望主导、控制对方，都极有可能造成合作不愉快或者合作夭折。

所以，聪明的推销员在同客户打交道时，往往会通过轻松的提问与客户形成互动，让自己与客户看起来像朋友、像战友、像兄弟、像亲人，然后在这种和谐的气氛里根据自己的职责、特长和能力来促成推销工作的圆满完成，从而获得成功。

秘籍 50：开门见山，直接提问

推销是一项为客户带来价值的活动。如果喋喋不休老半天而客户还不知道你到底想说什么，想一想这是多么悲哀！因此，要想成为一名伟大的推销员，你就应该紧紧抓住客户的利益，开门见山，开宗明义，直接告诉客户你是来干什么的，你的到来会给他带来什么福音。就像这位皮鞋推销员：

一位英国皮鞋厂的推销员曾几次拜访伦敦的一家皮鞋店，并提出要拜见鞋店老板，但都遭到了对方的拒绝。后来他又来到这家鞋店，口袋里还揣了一份报纸，报纸上刊登了一则关于变更鞋业税收管理办法的消息，他发现店家可以利用这一消息节省许多费用。于是，他大声对鞋店的一位店员说："请转告您的老板，就说我有路子让他发财，不但可以大大减少订货费用，而且还可以本利双收赚大钱。”推销员向老板提赚钱发财的建议，哪家老板会不心动呢？

因此，在拜访客户之前，要尽可能地想办法从各种途径去了解情况，如客户的兴趣、喜好、工作风格等，这样就很容易找到共同语言，消除陌生感、戒备感，让客户迅速接受自己。

有位推销员经常以询问的方式来接近客户：“比起其他包装机器，我这种机器能提高10%的生产效率，而且可以节省许多养护费，您知道吗？”然后接着问：“您是否要看看有关的比较数字？”

这样开门见山的提问能让大部分客户都顺着他的意思往下走，从而使销售可以比较顺利地向下进行。再比如：

有一位推销书籍的销售员，平时碰到客户和读者，总是从容不迫、平心静气地提出两个问题：“如果我们送给您一套关于经济管理的丛书，您打开之后发现十分有趣，您会读一读吗？”“如果读后觉得很有收获，您会乐意买下吗？”这位销售员的开场白简单明了，也使一般的客户很难找出说“不”的理由，从而达到成交的目的。

当然，当我们无法事先了解客户的情况时，面对陌生人，能否顺利过关，就要考验我们观察环境和对人察言观色的能力，目的是迅速找到共同语言。

升级训练

开门见山是一种直接联系销售产品进行提问，引起客户注意和兴趣的方法。这种方法一开始就涉及了主题，只是所采用的方法是提问式。开门见山可以使客户从一开始就进入双向交流过程，所以有助于推销员了解客户的其他信息。

开门见山式的提问要求做到以下几点：激发起客户回答和思考的兴趣，避免客户应付问题；简单明晰，做到有的放矢，一语中的，不可泛泛而谈；应表述明确，避免使用含混不清或模棱两可的问句，以免客户费解或误解；应突出重点，扣人心弦，不能不痛不痒，让客户没有感觉；应顾全大局，迂回出击，不能绕来绕去不抓重点，也不可过于直白。

如果做不到这几点，推销员引出的将不是客户积极的回答，而是消极的反应。有些问题的提出使我们能通过预期客户的回答，看出客户对产品感兴趣的程度，从而借此来区分客户。对兴趣度确实很低的客户，可以迅速调整策略，采用其他的提问方式。

秘籍 51：开放提问，深挖需求

可以说，向客户提问的过程，就是推销员获取有价值信息的重要过程。因此，推销员在向客户提问时，应尽量避免只用“是”或“否”就能回答的问题。因为这样推销员得到的信息会很少，为了进一步明确客户的需求，不得不向客户提出很多问题，而过多地提问只会吓跑客户。所以，在初次接触客户的时候，推销员就需要向客户提一些具有开放性的问题。

所谓“开放性问题”，就是指没有明确的特指对象，对答案没有局限的问题，这样可以让客户畅所欲言，充分阐述自己的意见、看法。

约翰·柯威尔刚刚担任惠普公司推销员的时候，惠普在信息行业还只是一个“初生儿”。

有一次，约翰·柯威尔准备到一家公司推销惠普电子设备。可是在他刚刚表明身份时，那家公司的经理就告诉他：“你不需要在这里浪费时间，我们一直以来都与 IBM 保持着良好的合作关系，而且我们还将继续合作下去。因为除了 IBM，我们不相信任何公司的产品。”

约翰·柯威尔仍然微笑着注视着那位公司经理，他的声音中没有半点沮丧："史密斯先生，我想知道，您觉得IBM公司的产品确实值得您信赖，是吗？"

公司经理回答："那当然了，这还用说吗？"

约翰·柯威尔继续问道："那么，使用IBM公司的产品这么多年了，您觉得它最令您满意的地方是什么？"

公司经理饶有兴趣地答道："那要说起来可就太多了，不过总的说来，IBM的产品具有一流的产品质量、最新的研究技术和多年的良好信誉。它几乎就是信息产业的权威代表。我想仅仅是这些特点，就很值得我继续与其保持合作了。"

约翰·柯威尔又问："我想，您理想中的产品不应该仅仅包含这些特征吧？如果IBM能够做得更好，您希望他们有哪些改进？"

公司经理想了想回答说："我希望某些技术上的细节更加完善，因为我们公司的员工有时会埋怨某些操作不够简便，可是我不知道现在有没有办法解决这些问题。当然了，如果IBM愿意的话，我还希望产品的价格能够再降低一些，因为我们公司的需求量很大，每年花在这上面的费用一直居高不下。"

约翰·柯威尔此时胸有成竹地告诉公司经理："史密斯先生，我可以认真而自豪地告诉您：我们公司产品的技术水平和质量水平同样是世界一流的。而且，最重要的是，我们的产品可以根据您的要求量身打造！因为，我们公司的这项业务刚刚起步，所以看重的不是利润而是客户的最大满意度。我们只有用低价策略和高度服务才能打开市场，才能赢得像您这样的大客户！"

看到自己提出的几项条件惠普基本都能满足，公司经理当即表示先购进一小批产品试用。

销售行为的成功，很大程度上依赖于推销员对客户的了解程度。因此，向客户进行开放式提问是推销员获取有价值信息的有效途径。当然，这一类问题虽然比较开放，但需要推销员把握好度，否则会让客户不知道从何说起。另外，在客户回答的时候，推销员需要认真倾听，这样才能在此基础上提出更深入的问题，从而更好地挖掘客户的深层次需求。

升级训练

开放式提问的特点是：一般情况下，客户不能用“是”或“不是”来回答，而是需要根据提出的问题作多方面的回答，答案没有唯一性。推销员在去拜访客户之前，最好把想出来的问题用笔记下来。这些问题要包括客户的需求、客户的困难、客户的关心点等，当然也要列出能让客户对推销员作出承诺的问题。

在销售中，开放式提问主要运用在以下几个方面中：

（一）获取客户基本信息

开放式提问能帮助推销员有效地从客户那里获得所需要的信息，而且不至于遭受拒绝或者冷场。比如可以使用以下问句：

贵公司现在代理什么品牌？

不知道你们的业务倾向于什么样的渠道，你们目前代理的牌子是……

（二）了解客户对公司或产品的意见

在获取客户的相关信息之后，你应该针对客户使用产品的意见，尤其是怀疑的地方提问，以进一步激发客户的明确需求。常见的提问句式有：

您对该产品最不满意的地方是什么?

有哪些事情让您放心不下呢?

您在哪些方面考虑得比较多一点?

除了这一点，您还对哪些方面不满意?

什么原因妨碍您作出决定?

可以请教一下，除了我们之外，还有谁在与您联系?

您认为他们什么方面做得更好?

（三）引导客户解决问题

当客户提出心中的怀疑时，推销员毫无疑问地应该帮助客户来解决问题。只有让客户的怀疑得到有效解决，才能促使客户产生购买行动。常见的提问句式有：

您认为怎么样？

您认为这样解决满意吗？

比如，一位客户想购买一款电脑软件，但是因为之前没有接触过，而且市场上软件种类繁多，他不敢确定自己的选择是否正确。推销员通过提问发现客户这一担心时，就对客户说："既然这样，我建议您试用一段时间，到时候您可以根据试用效果来确定到底要不要这款软件。您觉得怎么样？"

（四）帮助客户作出购买决定

当客户所有的疑虑都被消除之后，剩下的事情就是推销员帮助客户作出购买决定了。一般情况下，客户对于推销员作出的开放式提问还是比较乐于接受的。如："那么，我们已经在产品型号、价格、运输以及服务合同方面都达成了一致，对吗？还有什么其他问题吗？"

秘籍 52：封闭提问，明确需求

相对于开放式提问而言的就是封闭式提问。封闭式提问与开放式提问恰恰相反。开放式提问虽然能够让客户畅所欲言，甚至能与推销员谈得比较投机，但最终却可能在浪费大量时间与精力的情况下，得不到任何有价值的信息，而在这个时刻，封闭式问题就是最好的补充。它经常利用一些"是否"、"哪一个"、"对吗"等询问词来开篇，从而让客户的回答比较明确、具体，进而帮助推销员真正找到客户的需求。

有一位高明的汽车推销员在向客户推销汽车时就经常使用封闭式提问的方法。凭多年的推销经验，他知道客户要作出这项决策并不容易，特别是老年客户。他如果这样说："××先生，只需付 157500 元，这辆车就归您了。您看怎么样？"客户并不能轻松地作出决策，他也许需要时间考虑，但是这位推销员通过和客户进行下面的一段对话，卖出汽车就变得顺理成章了：

"您喜欢两个门的还是四个门的？跑车流行两个门的，其他车型还是四个门的舒服……”

“哦，我喜欢四个门的。”

“您喜欢这几种颜色中的哪一种呢？红色代表炽热、爱恋和关怀；蓝色代表含蓄、飘逸和诱惑；而黑色则代表深沉、稳重和神秘……”

“我喜欢红色的。”

“您要带调幅式还是调频式的收音机？”

“还是调幅的好。”

“您要车底部涂防锈层吗？”

“当然。”

“要有色的玻璃吗？”

“那倒不一定。”

“汽车胎要白圈吗？”

“不，谢谢。”

“我们可以在 10 月 1 日交货，最迟晚上 8 点。”

“10 月 1 日最好。”

在提出了这些客户并不难回答的问题后，这位推销员递过来订单，轻轻地说：“好吧，×× 先生，请在这儿签字，现在您的车可以投入生产了。”

在这段简短的对话中，我们可以看出，一个推销高手总是提出一些小的问题来引导和刺激客户的购买欲望，这样就避免了自己一味向客户介绍产品，而客户却没有听懂或者听不进去，造成订单泡汤。

小 Z 是 M 品牌冰箱的推销员。一天，一对夫妇走进该品牌的展厅，打算看看冰箱。“先生，家里几口人？”丈夫回答：“5 口人。”

小 Z 又看着太太问：“您是喜欢隔日买菜，还是当天刚上市的？”

太太笑而未答。

小 Z 并未放弃，继续采用封闭式提问，刺激女客户回答。

“听说有人一星期买一次菜，一般人三天买一次，有人一天买一次，菜色菜味不会变化，太太您喜欢哪一种买法？”

太太终于回答了：“三天买一次。”

小Z：“在冰箱里储存食品、菜、肉，既可以保鲜，又可以节省时间，还可以随时享用自己最喜欢的饮料和啤酒……”

“我们主要用来储存饮料和菜、肉。”这次不等小Z说完，女主人就抢先回答了。

“那二位不妨随便看看。我们这里都是品牌冰箱，这里是M品牌冰箱……”小Z成功地把客户引到了自己推销的冰箱前。

升级训练

使用封闭式提问技巧，就是直接向客户提出若干方案，并要求客户在其中选择一种的推销方法。就像“您是在豆浆里加两个鸡蛋呢，还是加一个鸡蛋？”还有“我们星期二见还是星期三见？”这都是在向客户提出封闭式提问。

推销员向客户提出封闭式的问题，实际是要求客户立即购买产品。推销员应该看准客户的购买信号，先假定成交，后选择成交，并把选择的范围局限在成交的范围。封闭式提问的要点是使客户回避要还是不要的问题，该方法可以避重就轻，以减轻客户成交时的心理压力，创造良好的成交气氛，有效促成交易。

这里要提醒读者的是，封闭式提问技巧的使用也是有选择性的，比如，你拜访的客户是一个非常健谈的人，如果你问：“您今天过得怎么样？”客户可能会从早餐开始一直谈到今天的天气、交通状况等，漫无边际。因此，推销员要防止没能“引导”住客户反而被客户“引导”的现象发生，否则可能推销员和客户谈得很投机，却始终不能了解任何有价值的信息，白白浪费了很多时间和精力。事实上，我们没有必要了解这么多对我们根本没有用的信息，而只需要客户用比较确定的语言来回答你所需要的答案。

推销员提出的封闭式问题应让客户能从中至少作出一种肯定的回答，

千万不要给客户拒绝的机会。

比如，在询问客户的购买意向时，推销员直接向客户提出若干购买决策，使客户选择其一。如“您是喜欢 A 还是喜欢 B？”或“您是要白色的还是红色的?”“我再确认一次，就您的谈话，‘安全性’和‘性能’是您选择车时最重要的两个考虑，是不是?”“基本上，您也同意这个产品的‘价值’是吗?”“也就是说，如果您能得到一个更合理的价格，您会立即决定购买，是吗?”

向客户提供解决方案时，应尽量避免向客户提出太多的方案，最好的方案就是两项，最多不要超过三项，否则你不能够达到尽快成交的目的。

在使用封闭式提问技巧时，还要注意：问句要简单易懂，不要造成客户的混淆；不要问过于隐私的问题；不要问具有挑战性或是攻击性的问题；不要质疑客户的诚实度，尽管他的回答有时并非真实或不是我们想要的；避免推销员自己滔滔不绝地讲，客户却沉默不语的现象发生，要让客户发表自己的观点和看法；不要把自己当成法官在问口供；不要将客户逼得太紧，给他一点时间思考；不要给人咄咄逼人、非答不可的感觉；不要过于直接，以免让客户强烈感觉到“推销”的意味。

秘籍 53：引导提问，扩大需求

引导式提问的技巧是帮助你将小订单变为大订单的一种非常有趣的技巧。它实施的秘诀在于：在客户原有需求的基础上，通过启发、询问、对比等方法，将客户的需求扩大化。

一位客户选定了一条价值 20 美元的领带，正当他掏出信用卡准备付款时，推销员问道：“您打算穿什么样的西服来配这条领带呢?”

“我想我穿那件藏青色的西服应该很合适吧。”客户回答说。

“先生，我这儿有一款漂亮的领带，正好配您藏青色的西服。”说着，他就抽出了两条标价 25 美元的领带。

“嗯，我懂你的意思，它们的确很漂亮。”客户边说，边将领带收了起来。

“再看一看与这些领带相配的衬衣怎么样？”

“好的，我正想买件白色衬衣。”

就这样，这位推销员最后将20美元的生意变成了190美元的交易，是这位客户最初购买金额的9.5倍。

升级训练

无论你做什么产品或服务的销售，结果只有两个，不是你把“是”销售给了客户，就是客户把“不”销售给了你。在双方较量的过程中，引导与被引导一直在交替地发生着。推销员该怎样去引导客户的需求呢?

（一）了解客户的需求层次

要引导客户的需求，不是信口开河或者搞经验主义，而是要多花点时间去了解客户的需求层次，看他们到底有哪些需要，看怎么样才能结合自己的产品让客户的企业运行更流畅，看怎么样才能解决客户的问题。如果客户的需求层次仅处于低级阶段，即生理需要阶段，那么他对产品的关心多集中于经济耐用方面。当你了解了客户需求，就可以重点从这方面提问，指出该商品如何能满足客户需求。

（二）评估解决办法和销售目标的吻合度

对客户的需求进行了解和分析之后，提出解决问题的办法，然后就可以评估这些办法和我们主要目标的符合程度，如果需求对我们主要目标的实现没有帮助，我们就可以尽力去说服客户先将精力集中在主要目标上。

（三）有目标地推荐商品

一位客户买了一件新衬衣，不要问他：“您还需要什么东西？”而应说：“最近我们新进了一批领带，您看这一种和您的衬衣相配吗？”这样就能提醒客户对领带的需要了。

（四）给客户以思考和消化的时间

在提出问题后，给客户一些时间思考回答，这需要暂停或等待。一个问题接着一个问题，给他们的感觉就像在法庭上受盘问的证人一样，这种感觉会让客户对推销员产生厌恶心理，不利于双方的双向交流。没有给客户足够的时间，也就等于没有达到询问的主要目的。

（五）循序渐进

在使用这一方法时，应注意：在结束了第一次销售之后，不要立即引导客户购买其他商品。尤其是当客户还在考虑第一次商品购买时，一定不要贸然提问和建议购买新产品。

秘籍 54：证实提问，引导客户

证实提问，就是销售人员通过提出一些特殊的问题，把自己心中的“疑问”向客户请教，通过客户的语言来证实你所想要的结论，从而引导客户一步一步走向成交的技巧。

有一位推销高级打字机的推销员是这样和客户展开沟通的：“对不起，听说你们使用 ×× 打字机已经好几年了，在使用的过程中一定有很多的感触吧？我心中正有一些疑问，可以向您求证一下吗？”

“说吧。”对方不置可否。

“我们假设您使用高速打字机的正常年限是五年。”推销员把自己的新款打字机拿给目标客户，跟他说，“×× 先生，我们这台打字机的使用年限是五年，这点您已经确定了，对吧？”

“是的。”

“很好，假设您现在使用的这台打字机的成本是两千元，两千元除以五年，那么贵公司一年的投资是多少呢？”

“四百元吧。”

“如果您再把四百元除以五十周，那么每周的费用应该是八元钱吧？”

“是的。”

“×× 先生，我知道贵公司的工作时间很长，你们经常加班，所以我假定这台打字机一星期要用六天应该是很合理的，对吧？麻烦您用八元钱除以六，那么答案是？”

“是一元三角。”

推销员迅速在记事本上写下“每天一元三角”的字样，然后微笑地说：“现在市场上推出了一款超高速打字机，可以帮您省下这每天的一元三角钱。×× 先生，您觉得我们要让这每天一元三角钱的节约白白浪费掉吗？”

客户不再说话。

推销员接着问：“×× 先生，我还要请您比较一个优势，这台超高速打字机的功能齐全，而且还有省时的优点，我们已经谈过它的优点了，这部机器在一天之内为你们公司创造的利润，应该相当于一台两千元的打字机两天时间里创造的利润，对吧？”

客户回答：“对，我想是这样的。”

“那么，使用它，您既能节省，又能创收，您还犹豫什么呢？”

升级训练

证实提问法就是提出一些特殊问题，引导客户思考，来提高他们的兴趣；同时通过证实提问法还可以验证客户是否有兴趣继续谈下去。当你提出证实性问题时，其实是在寻找给你正面激励的答案。在运用证实提问技巧的时候，要把握住以下几点注意事项：

（一）提出积极性的问题

所谓积极性的问题，就是所提的问题一定要让客户通过简单思考能够马上回答出来，比如：“使用这台机器五天的工作量相当于使用一般机器七天的工作量，那么，如果使用它的话，一个月下来它能为您多创造几天的工作量呢？”

（二）给客户选择的机会

这项策略是向客户提问时，答案的两个选项都必须是对你的下一步沟通有利的。“陈主任，您看是周一给您送过来方便，还是周二比较方便？”如果客户不确定，他将产生异议或者竭力改变话题。

（三）直接向客户要求订单

很多推销员极度畏惧直接向客户开口要求订单，他们害怕客户会拒绝。事实上，在一步一步提问的证实下，你已经有很大把握，可以直接向客户要求订单了："王总，您是否在预约单上签下您的大名，好让我安排出货手续？"给客户有一个简单回答或处理的机会，就可以把订单签下来。

第7章

嫌货才是买货人——异议的化解

逆境是一所最好的学校。每一次失败、每一次打击、每一次损失，都孕育着成功的萌芽。这一切都教会我下一次表现得更为出色。我不再对失败耿耿于怀，不再逃避现实，不再拒绝从以往的错误中获取经验。经验是来自苦难的精华，生活中最可怕的事情是不能从一次的失败中得到为下一次准备的智慧。每个人都有自己的学校，得到不同的经验。除此之外，别无他法。逆境往往是通向真理的重要途径。

➲ 原著精读

在每一次困境中，我总是寻找成功的萌芽。

逆境是一所最好的学校。每一次失败、每一次打击、每一次损失，都孕育着成功的萌芽。这一切都教会我下一次表现得更为出色。我不再对失败耿耿于怀，不再逃避现实，不再拒绝从以往的错误中获取经验。经验是来自苦难的精华，生活中最可怕的事情是不能从一次的失败中得到为下一次准备的智慧。每个人都有自己的学校，得到不同的经验。除此之外，别无他法。逆境往往是通向真理的重要途径。为了改变我的处境，我准备学习我所需要的一切知识。

现在，我已经作好充分准备，去对抗逆境。我第一次明白，所有事情，或好或坏，或大或小，都将迅速从我身边过去。人类的成就或是大自然的杰作都转瞬即逝。生命中的一切不仅处于不断变化的状态中，而且它们本身就是彼此从不休止、无穷无尽变化的原因。

每天我站在峭壁上，身后是昔日无底的深渊，前方是未来，未来将淹没今天降临到我头上的一切。无论今后我面对什么样的命运，我都将细细地品味它，痛苦也会很快过去。只有少数人知道这个显而易见的真理，大多数人一旦悲剧降临，希望和目标就消失得无影无踪了。这些不幸的人们至死都生活在苦难的深渊里，每天如坐针毡，企求别人的同情和关注。逆境从来不会摧毁那些有勇气、有信心的人们。我们每个人都将在苦难的熔炉中锤炼，并不是所有人都能再生。而我将再生，金子在火红的炭火中保存下来，毫无损失，我比金子更为珍贵。

秘籍 55：炼就区分真假异议的火眼金睛

异议是推销过程中的寻常一景，销售高手和新手的差别往往体现在处理异议的技巧上。

“嫌货才是买货人。”客户之所以提出异议，是因为他对你的产品有兴趣；客户越有兴趣，越会认真思考，也就会提出更多的意见，自然会产生各种类型的异议。你要去拜访客户，客户说没时间；你询问客户需求时，客户隐藏了真正的动机；你向他解说产品时，他带着不以为然的表情……凡此种种，无不隐藏着客户的动机和意愿，只有搞清原委，才能推进下一阶段的销售。在推销的任何阶段，或对于商品的任何方面，客户都可能提出异议。没有异议叫什么推销？

向一个工薪家庭推销一种豪华型进口轿车的节能装置，他不会有任何异议，因为他有限的工资收入根本无力购买此类轿车。但是如果你向他推销一双皮鞋，他也许会认真地跟你说：“这皮鞋光泽不够，款式也有点过时。”这实际上告诉你他有兴趣购买一双皮鞋，他提出异议可能只是希望你重新考虑你开出的价格。

正所谓“有爱才有恨”，客户只有对那些一向信赖而又抱有高度期待的企业产生不满时，才会在情绪上表现出来。

升级训练

通常，有三种不同类型的异议，推销员应该认真辨别。

（一）真实的异议

当你向客户咨询他对你的产品或服务的意见时，客户可能表示他目前不需要你的产品或服务，或者对你的产品表示不满意或有偏见。例如，客户告诉你，他从别人那里听说你的产品容易出故障。对于此类“真异议”，推销员必须视情形考虑是该立刻处理还是延后处理。

当客户的异议属于你关心的重点时，当你必须妥善处理后才可能继续进行销售时，当你处理异议后能立刻获得订单时，你应该立即处理异议。

反之，在以下情况中你可以考虑延后处理：当碰到你权限外或你不确定的事情时，应该先承认自己无法立刻回答，但保证会迅速找到答案并告诉他；当客户在还没有完全了解产品特性及利益前提出价格问题时，你可以先让他了解产品；当客户的异议在以后可以更清楚地得到证明时，不妨等一等……

（二）虚假的异议

虚假的异议指客户找各种借口，用敷衍的方式应付推销员，并不想有诚意地和推销员会谈，不想说出自己的真实想法，不想真心购买。

虚假的异议通常可以分为两种，一种是指客户用借口、敷衍的方式应付推销员，目的是不想诚意地和推销员会谈，不想购买产品；另外一种是客户提出很多异议，但这些异议并不是他们真正在意的地方，如“这件衣服是去年流行的款式，已过时了”、“这车子的外观不是流线型”……虽然听起来也是异议，但不是客户真正的异议。

（三）隐藏的异议

隐藏的异议指客户并不把真异议提出，而是提出一大堆异议，其中既有真实的异议，又有虚假的异议，不直接表达自己的真实想法，目的是要借此假象达成隐藏异议解决的有利环境。例如，客户希望降价，但却提出其他如品质、外观、颜色等异议，以降低产品的价值，从而达到压价的目的。

秘籍 56 ：巧妙应对客户的价格异议

价格异议是零售异议中最常见的，绝大多数客户在购买产品时都希望得到更多的实惠，因此无论是真是假，也无论有没有支付能力，很多客户都习惯性地和你讨价还价。他们往往会说“你的价格比 ××× 高”，“再降一点我还可以考虑”，“我希望你们的价格再下降 10%”，“你这个价格太高了，不是我们马上能够支付的”……

面对客户这种异议，推销员首先要结合客户的身体语言，在与客户交谈的过程中准确地判断客户对这件产品的喜爱程度，准确判断客户提出的这种价格异议“是真还是假”。你要会讲“因为”两个字：这个东西的确不便宜，因为它的材质、品质、使用年限，还有售后服务都很出色。只要处理得好，即便不给客户折扣，客户也会心甘情愿地掏腰包，甚至满心欢喜，和你成为朋友。

客户：“你好，我想咨询下这款 IBM ThinkPad R60e 笔记本，你们这里零售价多少？”

推销员：“您好，我们这里的零售价是 6400 元。”

客户：“不会吧，怎么比网上报价高出 400 元呢？”

推销员：“先生，关于价格的问题，您不必担心。网上报价和现实成交价总是有差距的。不过我可以保证您在我这拿货的价格绝对是这个商场最优惠的！因为我们追求薄利多销，以量取胜！我们最大的优势就是依靠您这样的客户成了老客户后为我们多介绍几位朋友来买货。说实在的，现在市场竞争太激烈，报价表人人都可见，天天在更新，如果不是老客户的信赖，我们早就卷铺盖回家了！”

客户：“是吗，那为什么比网上价格还高出 400 元呢？”

推销员：“兄弟，你看到的信息可能是搞活动的促销价，这种价格我们进货都进不到呢？说真的，我们一台电脑才能赚 100 元，还有水电、人工、房租、运输、服务、税务等杂费的开销……说实在的，都不容易！”

客户看着那位推销员直笑，什么也没反驳。推销员看在眼里，就直接促成交易，说：“兄弟，我现在给您开票了，希望您能多给带几个朋友过来，以后电脑方面遇到什么问题都可以打电话给我，互相帮忙，这是我的名片，交个朋友。”

这种推销手段可谓是行之有效的推销手法，一切都让客户感觉自己是在公道、透明、互信的环境下洽谈交易，还让客户感觉这不仅仅是一次消费，而是认识一个朋友——朋友的价值无限，这些话让客户难以开口再谈价格。

可见，面对计较价格的客户，推销员只需在客户提出异议的最初阶段阐述价格的公道性，现身说法，让客户理解，这就好比钉入一根暗示性的楔子，使对方安心，不再抵抗价格，然后故意请求客户帮忙介绍客源，使客户保持兴趣继续商谈或决定购买。

如果在介绍完产品之后，客户还是说产品太贵了，怎么办？你可以学一学下面这位推销员的做法。

客户："我还是觉得你们的产品太贵了，有些不值。"

推销员："您说得对，一般客户开始都有和您一样的看法，即使是我也不例外。但您经过使用就会发现，我们产品效果会更好，而且后期服务更完善，并且我们还有庞大的客服团队。相信像您这么精明的消费者是不会选择错误的。"

推销员先是表示与客户有相同的看法，使客户感受到自己得到了对方的理解和尊重，这自然也就为推销员下一步亮出自己的观点、说服对方铺平了道路。一般来说，客户都明白"一分钱一分货"的道理，当客户得知产品价格高是因为质量好、服务周到的缘故，再加上推销员对其适当的认可和理解，客户对于价格也就不会再有争议了。

推销员在化解客户的价格异议时，必须对自己的产品存有信心，以饱满的自信作为后盾，充分相信公司的产品售价是合理的，是物有所值甚至物超所值的，这样才能使说服力大为增加。

升级训练

在销售实战中，最常遇到的异议就是客户指责商品价格太高，客户对价格产生异议要么是对商品本身的确有疑虑；要么是因为价格太贵，以此作为不购买的理由，或为要求减价寻找借口。推销员只要把握好客户的心理，就能找到价格异议处理的突破点，以下是几种价格异议处理方法，推销员如果能够学会，对于价格异议处理便可游刃有余了。

（一）预先设计法

要认清客户抱怨价格太贵是件很正常的事情，并在同客户洽谈价格问题的时候，拿出对应的策略，举出充分证据，说出充分的理由，让客户相信你的产品物有所值或者物超所值。

（1）展现产品的品质和价值，尽量让客户“亲身感受”品质的优越性。

（2）增添相关利益，大多数客户都愿意为品质带来的相关利益多付些钱。

（3）强调公司拥有训练有素的服务队伍，并解释他们将来能带给客户的价值和利益。

（4）多为客户提供些他想得到的额外服务，并实现所有承诺。你提供的服务越多，客户越不好意思强调价格问题。

（二）优势凸显法

在销售过程中，为了使客户接受价格，推销员一定要抓住客户对这个产品的主要需求和利益点，针对这个优点进行证明或说明，让客户感觉花这个钱值得，从而消除客户的异议。而非一听客户讲价格高，立刻转换到别的型号上面介绍，渴望寻找出客户能接受的产品或价格。这也是许多推销员将产品逐一介绍完毕，客户也走了的缘故。

（三）缓兵之计法

在客户对产品还没有全面了解之前，最好先别急于跟客户讨论价钱，而要引导客户，全面地向他介绍产品及其价值。比如你可以说“您先别急着讨论价钱，先看看产品怎样再说，好吗……”

（四）搜集证据法

广泛收集和整理出可证明产品价格合理的证据和资料，向客户证明价格的合理性。抱怨价格高的客户心里究竟在想什么？他们是认为“价钱”最重要，还是不在乎“品质”好坏呢？敏锐的推销员在说服客户时，不仅要证明品质好，还要让对方认为“钱”花得有价值。

（1）提供其他客户购买的证据及产品的口碑。客户看到他人的验证时，通常愿意为了这样的品质而不再在意价格。

（2）把对产品满意的客户调查表列成一张表或者印刷成册，拿出给客户看，并解释你是如何为他们服务的。

（3）拿出公司的荣誉、相关工艺技术、设备以及科研成果证书和专利项目的证书等。

（五）说理比较法

“不同的品牌当然有不同的价格，这件产品值不值这个价钱，关键是要看产品的质量、服务和品牌，相信您一定很有经验，比方电器产品……”这是“说理比较”的常见方式。其目的是通过其他类型产品的价格状况说明不同品牌的价格不同，不可以将一些没有可比性的产品放在一起比较。运用这种方法需要注意的是不要就事论事，只说自己的品牌好，而别人（便宜）的品牌不好，或者干脆说：“你也不看看这是什么品牌？”这样难以取得客户的信任，说服客户。最好举出一些不同类型产品的价格现状。如果你卖的是服装，不如说：“您看电器产品，A 彩电与 B 彩电价格就是不同，却没有一个人说 A 彩电贵了，因为牌子不同。”相反，如果你是卖电器，那么你不妨说说服装。

（六）转移比较法

和说理比较有所不同，说理比较是用其他的产品来证明不同品牌的价值和价格不同，所以我们的产品值这个价。转移比较的方法是在客户身上找出一件价格很贵的产品，反衬出你现在所推荐的产品并不昂贵。比如你说“您看看，您这么小的一部手机都要 5000 多元，我们这么大一套沙发才卖 6000 多元，您还觉得很贵吗？”

如果一位客户嫌你的衬衣太贵，而你恰巧有把握他的西装是一件名牌产品，你不妨这样说：“看您穿的西装就知道您一定是一个很有身份的人，如果给您推荐一件很便宜的衣服，您肯定不会要，这件衬衣才与您的身份相符。我说得对吗？”

（七）肯定异议法

“您说得对！”

这是“肯定异议法”的常见方式。

一个推销员去拜访服装店的代理商，老板一见到推销员就开始抱怨说：“哎呀！你们这个广告为什么不找某某明星拍呢？如果你们找比较有名的明星的话，我早就向你进货了。”

这个推销员只是面带微笑说：“您说得对。”然后就接着向代理商介绍自己的产品和服务了。

推销员的重点不是谈请某某明星拍广告的问题，重点是要和代理商谈进多少货，因此他用肯定异议的方法迅速绕开异议的话题，避免了浪费时间。

肯定异议法就是当客户提出一些反对意见，但并不是真的想要获得解决时，你只要让客户满足了那种表达的欲望，然后就采用忽视法，迅速地展开你要谈的话题。

（八）价格分摊法

“我们的产品品质很特殊，又是浓缩的，每瓶洗洁精可以调兑成十瓶，用一千次都没有问题，所以您每次使用只相当于花四角钱。”

这是一种“价格分摊”的办法，它将产品目前所花费的总价格按产品的使用时间或是次数进行分摊，这样计算出来的单位价格就会是一个很小的数字，从而使客户觉得价钱更为合理。

客户在购买一台冰箱时说：“这个价钱确实是贵了点，并且我今天也没带这么多钱。”

推销员可以认同客户的异议：“您说得不错，现在一下子要您拿出这么大一笔钱来，可能是一个较大的负担。”

然后转折：“但是，您想想看，这个冰箱不是用一两年就会坏的，只要您使用方法正确，用上 10 年都没有问题。我们不要说 10 年，就以 5 年来算，您 1 年只要花 1200 元，每天只要 3 元钱，如果没有冰箱，每天的浪费都不止 3 元钱，您说对不对？”

这样一来，大矛盾就化成了若干个小矛盾，大金额化成了若干个小金额，问题就显得不突出了，便于促进成交。

总之，推销员在推销实战中，要根据客户对价格要求的松紧程度以及客户面对价格的态度，灵活调整自己解决客户价格异议的办法，争取做到事半功倍。

秘籍 57：选择好回应时机

一般推销员是这样回应客户异议的：客户提出一个异议，他就处理一个异议。这样的做法当然不能说不对。但是，需要注意的一点是，在处理异议的时候，一定要选择有利于我们的时机去回应。

一般来说，我们可以选择三种时机来回应：

推销员小王被指派到一个人口稀少的小县城推销食用油。

小王见到经销商，说：“我知道您不愿意多进货是因为每个月只有那么多人来买，而大量存货要占用较多现金。”

老板一边听小王分析，一边点着头。

“但如果您存放一定数量的食用油，可以带动其他货品的销售。比如可以在旁边摆一些鸡蛋、发酵粉等。顾客在买油的同时就会稍带买一些其他的东西。”

“你说得有道理，那我试试吧。”老板说。

通过这个案例，我们可以概括出第一个回应时机，即在异议尚处于萌芽状态时。案例中的小王就是选择了一个非常有利的回应客户异议的时机，先发制人，从而迅速完成销售。

第二个回应时机是在客户明确提出异议的时候。

如果在销售过程中不能首先知道客户会提出什么样的异议，就需要等待客户提出异议后再解决。当然，客户一旦提出来，就要立刻解决，这样可以使客户感觉自己被尊敬。

第三个回应时机是在客户提出异议后的一段时间内。

销售人员应该根据具体情况具体分析，并不是所有的异议都需要立即回复，有些问题延后处理可能更好。

究竟选择哪种处理方式，需要销售人员在处理的过程中不断摸索，不断总结经验。

升级训练

在异议的萌芽阶段，销售人员需要注意的是：

（1）客户会提出哪些问题。

（2）不同类型的客户会提出哪些意见。

这就需要销售人员先发制人，当然，知道了客户有什么异议，只是提出来还不够，还需要告诉客户应该怎样解决问题，这样才算是真正圆满处理异议的方式。

在第二种回应时机，即当客户明确提出异议时，销售人员应该立即答复。这样做的好处是一方面可以取得客户的支持，使销售顺利进行；另一方面，避免客户转向竞争者。

有哪些异议需要延后处理呢?

一种情况是客户提出的异议涉及较深的专业知识，即使销售人员解释，也不易被客户理解；另一种情况是销售人员自身对客户提出的异议不能给予圆满的答复，因为问题超出了销售人员的专业能力；第三种是客户在不了解产品性能的情况下就提出了价格异议；最后一种是客户提出的异议，销售人员没有权力解决。

对于这些延后处理的异议，专业知识需要请教专家后进行解答，超出自己权限的需要请示上级后再答复，至于客户不了解产品性能的则需要销售人员对其详细介绍后再答复。客户提出的与业务毫不相干的异议，销售人员大可不必理会。

秘籍 58：让客户回答自己反对的问题

有时候，销售人员会遇到这样的情况：客户提出了很多异议，但是销售人员还来不及解释，客户又提出了其他的问题，并且在后面的谈话中将自己前面提出的问题全部解答了。

为什么客户自己提出了问题，又自己解答呢？这个异议对销售人员来说是否没有任何意义呢？

其实这种情况也需要销售人员具有认真倾听的精神，如果你能够真诚和耐心地倾听，并在必要的时候插进几句简单的话与客户保持沟通，引导他们谈话。一旦客户回答了自己的反对意见，情绪就会平静下来。

比如，你可以说："王先生，我对您的这个看法很感兴趣，可否请您进一步解释一下呢？"或者，你可以直截了当地问："为什么您这么认为呢？"

假如客户的反对意见并不是十分合理，或客户自己对这个意见也是一知半解，观念不是很成熟，这时，通常他们会坚持一阵子，然后就会承认这个问题并不是很重要。

萨姆曾在某地推销一种新型播种机。当时，这个地区还没有流行使用这种大型机器。

这一天，萨姆到附近一个农场进行拜访。农场主约翰先生刚劳作完毕。萨姆向约翰绘声绘色地介绍完产品后，约翰先生看了他一眼，说："对不起，我不需要这种产品，而且白天工作非常累，我需要休息了。"

过了几天，萨姆又去了约翰家。这次，他和约翰先生聊了一些生活琐事和农场的经营情况。聊天中，萨姆问："约翰先生，为什么上次您说不需要那种机器呢？”

这时候约翰先生说：“你不知道，当时我已经雇用了十几个工人了，这些工作完全可以通过人力完成。”

约翰先生滔滔不绝地说了将近半个小时，先说机器太贵，又说到手工劳作的辛苦，最后竟然感叹说：“拥有一台机器该有多好啊！”

之后，他对萨姆说：“能不能给我一张订购单？我想购买一台播种机。”

萨姆在第二次的谈话过程中，始终把倾听作为主要内容，却成功地完成了说服的任务。

很多时候，客户反对销售人员提出的看法，并不是因为他不愿意购买，而是他需要得到他人的认可。这时候，优秀的销售人员往往会一边倾听客户的谈话内容，一边引导客户进行更深入的谈话，这样会取得非常好的效果。

既然是谈判，首先就应善于倾听。美国谈判专家尼尔伦伯格明确指出，倾听是发现对方需要的重要手段。另一位美国谈判学家卡洛斯也说过：“如果你想给对方一个你丝毫无损的让步，这很容易做到，你只要注意倾听他说话就成了，倾听是你能做的一个最省钱的让步”，而恰当的提问则有助于倾听。

总之，让客户回答自己的问题，就是一种真诚倾听与巧妙提问的有机结合。

升级训练

如何让客户回答自己的问题呢？

（一）销售人员要有耐心和服务精神

让客户回答自己的问题，需要耐心地倾听客户，让客户说出自己的看法、自己的意见，有时候客户自己在说话过程中就回答了自己之前提出的问题。

（二）提问的语气和表达的态度要温和

心理学的研究表明，人们难以接受那些对自己带有攻击性的、违背社会规则的、违反伦理道德的行为或事物。如果人们感觉到别人对自己说话的方式和意图是善意的、缓和的、尊重的，就愿意接受。在自己真实目的不变的情况下利用语序变化改变语调，使听话者产生好感，在态度上形成积极的呼应，减少对抗、戒备、敌视等不良反应。

另外，提问要简明扼要，提问的内容太长、太多，有碍于对方的信息接收和思考。提问后应允许对方有思考后作答的时间，不要随意搅扰对方的思路。

其实，很多时候，客户提出异议，并不是真的要销售员进行解答，而是要得到销售员的认可，这时，销售员就可以使用提问的方式让客户自己回答自己的异议。当然，在引导客户回答自己异议的过程中，销售员要以热情的语气和真诚的态度予以肯定。

秘籍 59：态度诚恳，直接反驳

虽然说直接反驳客户容易陷入与客户争辩的局面，但是有些情况你必须直接反驳，以纠正客户的错误观点。

比如，当客户陈述观点的时候引用的资料不正确，或者客户对企业的服务、诚信有所怀疑的时候，你就必须直接反驳，因为客户若对你企业的服务、诚信有所怀疑，你拿到订单的机会几乎是零。

客户："贵公司经常延迟交货，实在糟糕透顶。"

销售员："张先生，您这话恐怕不对吧？在我所接触过的客户当中，还没有人这样讲，他们都认为本公司的交货情形一向良好，并且本公司在同行中是有口皆碑的，您能否举出实例，供我参考？"

下面的例子也说明了同样的道理：

客户："一样的东西，你比别人卖得贵！"

销售员："刘女士，不会吧！我们公司已经实行推销标准化，产品价格有统一的标准，这是本公司产品价格目录，请您看这里……”

在上述情况下，推销人员使用了直接反驳法，否定客户异议，提供更多的推销信息，打破客户的各种借口，促成交易。

客户提出的异议重点，如果真有其事，客户必能举证，销售员应该向上级反映，设法补救；若有不实，客户必然无词搪塞，自寻台阶下场，其所谓的异议，因而也就得以转化。

需要注意的是，在使用直接反驳技巧时，销售人员在遣词造句上一定要特别留意，态度要诚恳，本着对事不对人的原则，切勿伤害客户的自尊心，要让客户感受到你的专业知识与敬业态度。

升级训练

采用直接反驳法时，销售员必须注意以下几点：

（一）态度诚恳

由于是在驳斥客户的意见，因此为了避免引起不快，一定要语气诚恳，态度真诚，切忌责备客户。

（二）对有些客户忌用此法

对固执己见、气量狭小的客户最好不用这种方法，因为这类客户会据此认为销售人员不尊重自己，从而产生争执。

（三）针对问话

在客户的异议以问话表示时，应用此法最为有效，因为它给予对方一种销售员非常肯定自信的感觉。

（四）不能伤害客户的自尊

这一点是在处理中需要特别注意的，伤害客户自尊为推销第一大忌。

秘籍 60 ：旁敲侧击，巧妙转化

转化就是把要解决的问题转变成另一个与之相关的问题再进行解答，从而达到化繁为简、化难为易的目的。

对销售人员来说，就是直接把客户异议进行转化之后再处理。

从现代推销学理论上讲，顾客异议具有二重性，它既是成交障碍，又是成交信号。顾客异议传达出了顾客的实际问题和看法，如果能利用顾客异议积极的一面，去克服顾客异议中消极的一面，就可以变障碍为助力，促进成交。

客户说："你的商品提价了。"

销售人员就可以说："是涨价了，根据市场行情以后还得涨，所以建议您现在应多进一些货。"

这是对中间商而言，如果对终端消费顾客就该说："再不买吃亏就更大了。"

中间商说："产品卖不出去，不敢进货了。"

销售人员可以告诉他：那是因为你没有买所推销的产品，如果买了所推销的产品，就有了畅销货，可以带动其他商品的销售。

如果销售人员在推销的过程中能够巧妙转化，就可以把客户的异议转化为反击客户的优良武器，使客户"跳进自己的陷阱"，促成生意成交。

升级训练

推销员在推销过程中采用转化法处理客户异议，有时也会带来一些负面影响。因此，使用转化法处理客户异议时，需要注意以下事项：

（一）以客户的异议为基础

销售人员在运用转化法时，必须以客户的异议为基础，把顾客异议中所含的积极因素当成利用的根据。首先肯定顾客异议的实际性、合理性与积极性。

（二）直接针对客户异议

应该直接针对客户异议，如果回避客户异议，只能影响客户异议的转化，使利用异议失去基础。

（三）认真分析和利用客户异议

销售人员肯定与赞成客户异议，目的只在于利用其中正确与积极的部分。因此，销售人员不能不加分析地对客户异议一概加以肯定与赞美，而应该在分析与判断的基础上，肯定与赞成客户异议中的正确部分与积极因素。

（四）提供正确的信息

在转化过程中，顾客心理面临着较大的反差，要使顾客相信自己的购买是正确的，就必须向顾客提供正确的信息，尤其是市场行情方面的信息和产品质量信息。

（五）心态平和

销售人员在应用这种方法时，必须心平气和，即使客户的异议缺乏事实依据，也不能当面反驳，而应旁敲侧击，去疏导、启发和暗示。

（六）精于销售技巧

采用转化法的销售人员，必须具备丰富的销售技巧，因为只有精通销售技巧的人，才能察言观色，当机立断，将客户异议转化为有利于成交的理由。

秘籍 61：先是后非，间接否认

这种方法是指销售人员听完客户的异议后，先肯定对方的异议，然后再诉说自己的观点，即通过迂回曲折的方法否定客户的异议。

客户王先生听完销售员小张的说明后说："其实根据我的了解，你们这个项目根本就没有你说得那么完美。"

小张说："王先生，您说得对，一般客户最初都有和您相同的看法，即使是我，也不能例外，但是如果您再仔细看看，就会发现……"

案例中的小张就运用了间接否认的方法，这种方法我们在平时销售活动中经常会使用到。使用这种方法的好处就是不直接反驳客户的观点，可以让客户在心理上平稳过渡，进而接受你的观点。

罗宾森在《下决心的过程》一书中说过这样一段富有启示性的话："人，有时会很自然地改变自己的想法。固执己见不是那些想法本身有多珍贵，而是他的自尊心受到了威胁。"

所以，当你不同意客户的意见时，最好先找出你认为正确的或可以接受的部分加以肯定，然后再谈你的不同意见，先"甜"后"苦"，就如同给苦味的药丸裹上糖衣，让病人乐意服用。这样，你的意见就容易被客户所接受。

使用这种方法需要注意的是：

（1）对于那些自以为对产品了解，并有独到见解的客户，可以使用这种方法。这些人生性主观自负，常常自以为是，所以只能顺其性而智取，不能直接反驳。

（2）自己所肯定的，应当是符合客户心意的、值得肯定的。只有如此，才能触动客户神经的兴奋点，他才能有兴趣听你讲下去。如果你去肯定一些无关主旨的内容或者不值得肯定的因素，不仅不会引起客户的兴趣，而且会使对方认为你无话找话、故弄玄虚，更增反感，这比不肯定更糟。至于哪些是符合客户心意的、值得肯定的，这就需要销售人员根据现场情况，审时度势去发现。

（3）重心要放在否定上。肯定只是手段，否定才是目的。开始的肯定，是为下面的否定而故意设置的，万不可本末倒置，一味地去肯定客户的观点。为此，销售人员应当架好肯定与否定之间的桥梁，找准肯定与否定之间联系的纽带，使肯定之后能自然而然地过渡到否定上去。至于重心如何把握，这就需要销售人员在肯定之时分寸得当，适可而止。

（4）这种方法的基本表达句型是“先是后非”，即对于客户异议用“是……但……”答辩。

升级训练

先肯定后否定的论辩谋略，就是在对手推出命题之时，先予以暂时的肯定，承认其正确、有理；然后由此引申、发挥，合理地推出与其命题不适或有悖的结论，从而暴露出其命题的错误、无理，获得否定变肯定的效果。

先肯定后否定论辩谋略的威力，主要适用于以下人群：

（一）对付自高自大的人

自高自大的人往往对自己的优势非常得意，而忽略自己的缺陷。要驳倒这种人，我们不妨从他竭力夸耀之处入手。先通过肯定让他沾沾自喜，这样在助长他缺陷膨胀的同时，也麻痹了他的思想，使他乐意倾听你的言辞，从而在不知不觉中接受你的主张。

（二）对付势优固执的人

势优是指客户凭借某种条件处于优势地位，而自己同其相比，则处于劣势地位。客户往往因为自己势优而固执己见，对销售人员所说的不同意见不愿听或听不进。这时候，销售人员要想获胜，就应该采用先肯定后否定的谋略。先尽可能地捕捉对方言行中可能存在的合理因素，争取到对手能让自己进一步陈词的时机和气氛，然后再从容推导。

（三）对待特殊身份的人

特殊身份是指客户所置身的环境、所涉及的内容等方面较一般人有所不同。碰到这样的客户，如果你直接批评、驳斥，只会引起他的反感，加深对立情绪，对于你所说的一切，无论对错，他都会一概予以排斥。如果你有心要说服他，让他愿意听你讲，并且听得进，最佳方案就是采用先肯定后否定的论辩谋略。

秘籍 62：重申优点，强调紧迫性

相信许多销售人员遇到过这样的情况，当你向客户提出立即购买的建议时，他们总是会提出这样那样的看法。针对这种情况，销售人员如果处理得不好，即将到手的成交机会也会付之东流。

要对付这种情况，方法比较简单，就是重申产品的全部优点与强调立即购买的紧迫性。

（一）重申产品的优点

重申产品的优点，就是让客户在购买之前再次获得心理保障，因为客户需要再次确认购买的理由。

当然，这时候的重申不需要像刚开始那样，对所有情况一一陈述，销售人员只需要对已经同客户达成一致的地方再次确认即可。

小陈是一位电脑销售人员。与客户王先生刚刚谈好一款笔记本电脑的交易，所有的情况都说得差不多了，客户这时候突然又说还没有考虑好。

小陈说："王先生，您觉得这款电脑的样式不错，是吗？"

王先生说："是的。"

"您对这个牌子电脑的质量也是非常信任的，是吗？"

"是的。"

"产品的价格是不是也很合理？"

"是的。"

"王先生，既然都符合您的要求，还有什么需要考虑的呢？我现在就可以去为您拿一台新机出来。这样不是也可以为您节省许多时间吗？"

"好的。"

这就是一个典型的重申产品优点的例子。

（二）立即购买的紧迫性

客户听了产品介绍后，评估了产品的价值和价格条件，也考虑了自身的购买力，但是就是没有作出购买的决定，为什么呢？

主要是客户没有意识到立即购买产品的好处和不购买的后果。这时候，销售人员需要强调立即购买的紧迫性，使客户作出购买决定。销售人员可以讲一个客户熟悉的理由，或者其他客户的购买行动，从而强化客户立即购买的紧迫性。

一个保险推销员在推销人寿保险的时候，遇到了一位老人，老人说："我年纪已经非常大了，买这个还有什么用呢？"

推销员了解到老人和老伴相依为命，没有儿女。

他说："我以前也不相信保险，认为自己根本就不需要。但是，有一年，我得了一场大病。家里根本拿不出那么多钱来，父母只好东借西凑，最后终于把我的病治好了，但是家庭从此变得更加艰难了。事后，全家非常后悔，当初为什么不早买一份保险呢？现在，您和老伴的年纪都非常大了，虽然我不该说这样的话，但是万一您得个什么病，离开了，那您的老伴怎么办呢？我想您肯定不愿意看到您的老伴过着贫困交加的生活吧？"

老人没有再犹豫，立刻买了一份保险。

所以说，处理客户异议的办法就是让他们意识到立即购买的紧迫性，帮助他们作出立即购买的决定。

升级训练

客户在作出购买决定前，除了商品的功能性需求外，还有什么样的心理需求呢？

（一）安全需要

对客户来讲，不做出购买行为往往是安全的。选择"不购买"往往可以给客户带来心理安全感。而购买行为则意味着将打破客户原来熟悉的平衡感，在生活中引入新的东西。

因此，推销员必须通过各种方式让客户感觉到“购买”能够给他带来足够多的利益。

（二）信任感

客户更容易受到他们信任的人的影响，如自己的朋友。在不具备专家、顾问等“光环”的情况下，推销员如何快速取得客户的信任？推销员如何高速有效地和客户建立起强大的情感链接？如何通过商品的销售成为客户的贴心好友而不仅仅是问题解决方案的提供者？这些成了决胜销售的关键。

（三）愉悦感

推销员需要关注客户在购买过程中的情绪体验是什么。他们是否得到了足够的愉悦甚至可以称得上是幸福的感受。这些情绪感知将决定客户是否会购买你的产品。

所以，当推销员的理性分析、逻辑判断等该完成的工作都完成了，客户的购买热情可能已经达到了99%时，如何来提升这最重要、最关键的1%才能使客户作出立即购买的决定呢？

我们需要与客户感性的层面打交道，让他们意识到购买的紧迫性和使用产品后将获得的愉悦感，帮助他们作出“现在就买”的决定。

秘籍 63 ：将反对意见转化为独特卖点

客户的反对意见一般有两种情况：一种是客户的借口，一种是客户真正的困难。不管是哪一种，只要推销员拥有将客户的反对意见转化为独特卖点的销售技巧，就能化危机为转机，进而成为“商机”。

客户说：“不用了，我的卡已经够多了。”

推销员说：“是的，陈小姐，我了解您的意思，就是因为您有好几张信用卡，所以我才要特别为您介绍我们这张‘××卡’，因为这张卡不管是在授信额度上、功能上还是便利性上，它都可以一卡抵多卡，省去您必须拥有多张卡的麻烦……”

客户说：“我没钱。”

推销员说：“是的，王先生，我正是考虑到您没有钱才向您介绍保险的。我相信一个人一辈子没有钱是件很痛苦的事情。投保是使您晚年不受没钱之苦的有力法宝。”

客户说：“我对这些没有兴趣。”

推销员说：“是的，正因为您没有兴趣，我才会打电话给您。”

客户说：“我已经有同样的东西，不想再找新厂商了！”

推销员说：“依您这么说，您是觉得这种产品本身不错嘛！那您为什么不选择我们呢？我们公司可以提供给您更优厚的运转资金条件，节省下来的资金费用正好可以付每个月的维修费用，每个月维修等于是免费的呢！”

客户说：“我现在没钱，以后再说吧。”

推销员说：“听您这么说，意思是这套产品是您真正想要的东西，而且价格也是可以接受的，只是没有钱。我想说的是既然是迟早要用的东西，为什么不早点买，早买可以早受益。而且，世界上从来就没有钱的问题，只有意愿的问题，只要您决定要，您就一定可以解决钱的问题。”

客户说：“价格太高了。”

推销员说：“依您这么说，我了解到您一定对产品的品质是相当满意的，对产品的包装也没有什么异议，您心里一定也想拥有这套产品。既然对品质、包装、功效这些重要的方面是满意的，就没有必要在乎价格的高低，有些时候，价格真的不那么重要。”

客户说："我想现在不需要，需要的时候再找你吧。"

推销员说："谢谢您对我的信任。听您的意思是说，现在不需要，以后肯定需要。那就是说您对产品的各个方面都是相当满意的，是吧？既然以后肯定需要，为何不现在买呢？我很难保证以后您可以以这么低廉的价格买到品质这么好的产品。"

……

总之，客户的反对意见具有双重属性，它既是交易的障碍，同时又是很好的交易契机。推销员倘若能坚持不懈，不断探求客户的异议点，就能够使客户认可你的产品，也就能够及时将客户的反对意见转化成独特的销售卖点。

升级训练

将客户的反对意见转化为独特卖点是一种更积极也更高明的销售技巧。在使用这种技巧时，推销员首先需要明确：与客户进行胜负辩论毫无意义。推销员与客户之间的关系如同镜子的反射原理：推销员以何种态度对待客户，客户也会以相应的态度来对待推销员。因此，推销员在与客户沟通时需要记住：不要伤害客户的尊严。

很多客户在购买商品时，会提出款式过时的反对意见。针对款式过时的异议，推销员可以从价格方面或者产品特点方面来化解。如：

推销员："哪里过时了！"

推销员："这是我们去年的库存！"（卖不出去的商品……）

推销员："是的，所以我才要跟你说，现在买最划算……"

推销员："是的，它跟去年有些相似，但这真的是今年的款，因为差别不大，所以你没看出来，它的特点是……"

上面推销员的四种回答中，"哪里过时了"是直接地反驳客户，潜台词是客户没有一点常识，会让客户感觉很不受尊重；"这是我们去年的库存"意味着产品是因为没有销售出去，所以打折促销，无形中降低了产品的价值；

"是的，所以我才要跟您说，现在买最划算……"是积极地将异议转为卖点；第四种回答将话题引到产品的特点，推销员可以顺着客户的话锋继续强调卖点。利用顾客提出的异议，继续强化购买欲望是最积极的处理方式。

推销员切记，客户有多种选择的权利。因此，在处理反对问题时，推销员不能伤害客户的尊严。

秘籍 64：改造自身的销售行为

销售人员在销售中要谨记：客户永远是正确的。所以要千方百计地改造自身的销售行为。虽然有一些异议是客户的原因，但客户产生异议主要还是推销员自身导致的。

首先，客户购买商品最关心的问题就是质量。一件商品的质量体现在商品的实用性、有效性、方便性等方面，如果客户对某一方面存在不满，便会产生异议。

对这种异议，毫无疑问，需要我们提高自身的产品质量和服务质量，赢得客户的好感。

还有一些异议的产生是由于定价的原因。因为价格直接关系到客户的经济利益，价格的高低会直接在客户心理上产生影响。

第三类非客户原因造成的异议是推销员自身在销售过程中的行为表现。销售过程中，客户对推销员的行为非常敏感，哪怕一点细微的动作都会让客户产生不满情绪。

具体来讲，主要有以下几种：

（1）推销员在介绍产品的过程中使用了太多的专业术语，使客户无法理解而产生异议。

（2）推销员没有为客户提供足够多的信息情报，使客户无法得知足够的信息而产生的异议。

（3）推销员在陈述的过程中，使用了不恰当的资料或不符合事实的陈述语言，有欺骗客户的行为，从而使客户产生异议。

（4）推销员在现场展示产品时失败而导致客户对产品的性能产生怀疑。

（5）推销员在某些问题上同客户进行争论。

（6）推销员的行为举止让客户感到反感，因而提出异议。

对此，推销员必须从改变自身做起。

升级训练

对于需要提高自身行为的推销员，可以从以下几方面做起：

首先，对产品的性能必须了解清楚，作好介绍产品的准备。

其次，为客户介绍产品的时候必须有明确的目标。

再次，在介绍产品的过程中必须围绕客户的兴趣进行。

最后，推销员应该不断学习，提高自身素质，给客户留下一个美好的印象。

第8章

耐心地说服客户

就像冲洗高山的雨滴、吞噬猛虎的蚂蚁、照亮大地的星辰、建起金字塔的奴隶，我也要一砖一瓦地建造起自己的城堡，因为我深知水滴石穿的道理，只要持之以恒，什么都可以做到。

我要尝试，尝试，再尝试。障碍是我成功路上的绊脚石，我迎接这项挑战。我要像水手一样，乘风破浪。

➲ 原著精读

在古老的东方，挑选小公牛到竞技场格斗有一定的程序。它们被带进场地，向手持长矛的斗牛士攻击，裁判以它受到攻击后再向斗牛士进攻的次数多寡来评定这只公牛的勇敢程度。从今往后，我须承认，我的生命每天都在接受类似的考验。如果我不怕失败，勇往直前，迎接挑战，那么我一定会成功。

我不是为了失败才来到这个世界上的，我的血管里也没有失败的血液在流动。我不是任人鞭打的羔羊，我是猛狮，不与羊群为伍。我不想听失意者的哭泣，抱怨者的牢骚，这是羊群中的瘟疫，我不能被它传染。失败者的屠宰场不是我命运的归宿。

生命的奖赏远在旅途终点，而非起点附近。我不知道要走多少步才能达到目标，踏上第一千步的时候，仍然可能遭到失败。但成功就藏在拐角后面，除非拐了弯，我永远不知道还有多远。

再前进一步，如果没有用，就再向前一步。事实上，每次前进一点点并不太难。

每天的奋斗就像对参天大树的一次砍击，前几刀可能了无痕迹。每一击看似微不足道，然而，累积起来，巨树终会倒下。这恰如我今天的努力。

就像冲洗高山的雨滴、吞噬猛虎的蚂蚁、照亮大地的星辰、建起金字塔的奴隶，我也要一砖一瓦地建造起自己的城堡，因为我深知水滴石穿的道理，只要持之以恒，什么都可以做到。

我要尝试，尝试，再尝试。障碍是我成功路上的绊脚石，我迎接这项挑战。我要像水手一样，乘风破浪。

从今往后，我要借鉴别人成功的秘诀。过去的是非成败，我全不计较，只抱定信念，相信明天会更好。当我精疲力竭时，我要抵制回家的诱惑，再试一次。我一试再试，争取每一天的成功，避免以失败收场。我要为明天的成功播种，超过那些按部就班的人。在别人停滞不前时，我继续拼搏，终有一天会丰收。

我不因昨日的成功而满足，因为这是失败的先兆。我要忘却昨日的一切，是好是坏，都让它随风而去。我信心百倍，迎接新的太阳，相信“今天是此生最好的一天”。

只要我一息尚存，就要坚持到底，因为我已深知成功的秘诀：

坚持不懈，终会成功！

秘籍 65：把东西卖给“没钱”的客户

“没钱”是最常见的也是最有效的拒绝理由，推销员必须学会应对所谓“没钱”的客户，因为这些“没钱”的托辞多是假的。推销员出去推销产品，客户立即称：“我（们）没钱。”任凭推销员如何强调产品的好处，客户还是说没钱。其实客户说没钱并不表示他不需要你所推销的产品，可能客户没有时间，可能需求不强烈，可能对推销行为反感等，“心口不一”是人性的特色，无论中国人还是外国人，都有可能嘴上说一套，心里想的是另一套。因此，推销员遭遇到客户的这种拒绝时，千万不要打退堂鼓，紧张心虚，应该理性地看待这种拒绝，见缝插针，抓住可能的时机进行推销。

有一个推销员上门推销化妆品。

“不好意思，我们目前没有钱，等我有钱再买，你看行吗？”女主人客气地拒绝了。

这时，推销员突然发现她家门厅里有一只女用高尔夫球袋，推销员立刻计上心头，话锋一转问道：“这球袋是您的吗？”

“是啊！”

“呵，您的球袋真漂亮。”

“噢，这是我去年到欧洲旅游时在巴黎买的。”

“您一定在高尔夫球运动上花了不少金钱和精力。”

“没错。”接着，这位太太眉飞色舞地向推销员介绍她为高尔夫球运动所付出的金钱和精力。

“高尔夫球是上层社会喜爱的高级娱乐项目，不是一般阶层所能消费得起的，就像这种化妆品，价钱比较贵，所以用它的女士都是高收入、高层次的。”

一句话正好说中这位太太的心意，为了不丢掉自己的面子，她无法再说出“没钱”的借口了，反而非常高兴地买下了一套化妆品。

推销员在推销的过程中都会遇到号称“没钱”而将人“拒之于千里之外”的客户：“你推销不就是想从我这里拿到钱吗？我现在没钱，你还有什么好说的？”但不论什么样的拒绝理由，到优秀的推销员这里总能转个方向，反而变成应该购买的理由。

当客户说他没钱的时候，你要确定的是，他所谓的没钱指的是什么意思，是他的口袋里现在没带钱呢？还是他真的已经身无分文了呢？抑或你的产品不能真正吸引他，他只是把没钱当成一个推脱的借口呢？找出客户所谓“没钱”背后真正的意思，然后想办法帮客户解决这个问题。

升级训练

对付“没钱”客户的操作方法：

（一）拉拢客户的心

最简单的方法就是同意他的话，因为当他说“没钱”时，当下的气氛不免有些对立，我们当然不希望彼此存有这种负面的感觉，因此要想办法将对立气氛降到最淡。

（二）让客户心情放轻松

可以采取缓兵之计：“你没钱没关系，我们可以做个朋友啊！”这个很重要！先让客户的心情放松，再提要求。中国人对于“做个朋友”这样的提议是不会拒绝的，通常都会附和：“做朋友当然可以！”简短几句话，一开始的对立情势，已经转为朋友之间的和缓气氛了。

（三）攻破客户心理防线

成为朋友后，推销员就可以“以朋友的名义”发问：“既然我们是朋友，您可以帮我做件事吗？”当然客户第一个反应是：糟糕！他要我做事了！一般人都会说：“要看是什么事情啊？如果你要我借钱给你的话，当然不行。”“不是这样麻烦的事。因为很多客户都不愿意买产品，所以公司要我们做个调查。可不可以请您告诉我，您不买我们产品的真正原因是什么？”

（四）针对理由，各个击破

客户在推销员步步“紧逼”的形势下，通常都会想找一个借口搪塞推销员，这时候，我们应当马上反击：“是不是解决掉这个问题，您就愿意买？是不是排除这些原因，您就会买这个产品？”这是个过滤手法，客户很可能心生惶恐，连忙说：“不是这样，还有别的原因……”之所以惶恐，是因为他知道自己已经被你的话套住了。这样抽丝剥茧，把不相干的理由一一滤掉，就可以探知客户心里真正的想法。比如：“我刚开始就声明了，我现在没钱买你们这个产品！这是真正的原因。”

（五）粉碎客户最后一个借口

客户说自己真正的理由是“没钱”时，怎么办？这时我们应该说：“这个产品这么重要，你就是借钱都要来买……”“我了解，现在很多企业的资金都很有限。正因为如此，我们才会推荐我们的产品，它可以用最少的资金得到最大的效果！不如让我亲自为您讲解一下好吗？您看这周三可以吗？”

很多时候，你的客户说没钱只是借口，并不意味着客户真的身无分文。客户的真正意思是：我没钱去买不值得相信的产品。如果能让客户相信你，客户就会奇迹般地掏出钱来！

秘籍 66：创造有说服力的声音

一次成功的推销应该像一部好的电视节目，有好画面，也有好音响，如果电视机的音响不好，观众的听觉享受就不佳。这就像推销时，不管你是临时交易还是用电话来交易，一切都用声音同客户交流，所以必须随时注意自己说话的声音。

有一次，明治保险公司的一名推销员被一家成衣公司挖走了。企业界之间彼此挖人原是较为常见的，不足为奇，但这家成衣公司的总经理非常讨厌保险，只要是保险推销员来访，他一概不接见。这么一个讨厌保险的人，居然挖走了保险公司的推销员。这件事激起了另一位推销员原一平的好奇与斗志，他决心会会那位总经理。

首先，原一平从各方面调查这位总经理。他是大阪人，对同乡会会务很热心，有兄弟多人，其中还有当大学教授的。他最初在三越百货公司服务，后来到大阪从事成衣批发的生意发财了，如今在北海道还有一个规模较大的牧场。

初步了解到这些情况后，原一平到该公司的传达室去打听进一步的消息："请问总经理大约什么时候来上班呢？"

"大约10点。"那位年轻貌美的传达小姐很客气地说。原一平又顺便打听出他的座车号码、颜色、车型。次日上午10点钟，原一平又去该公司的大门前，等那部车开进来，有一个人从车上走出来。判断他大概就是总经理后，原一平立刻用自己的隐形照相机偷偷地拍下他的照片。回家后，立刻把照片冲洗出来。唯恐挑错了人，原一平拿洗好的相片到传达小姐处确认。现在，既然核对无误，他立刻决定点燃战火。

原一平早已调查得知，这位总经理很少在总经理室办公，他平常喜欢脱掉西装，与员工在外面的大办公室一起工作。但他还想进一步确认，于是，原一平问传达小姐："总经理目前是否在总经理室办公呢？"

"不，我们总经理通常都是在外面的大办公室里和员工一起办公的。"传达小姐充满自豪地讲。

倘若不是原一平准备充分，一时之间根本认不出哪一位是总经理。他只穿着衬衫，与职员们忙成一团，整个办公室生机盎然、朝气蓬勃。推销员原一平轻松自然地从他的斜后方走过去，像一个老朋友似的轻轻拍了一下总经理的肩膀："总经理，好久不见啦！"

总经理转过头诧异地说："咦！我们在哪里见过面呢？""哎哟！贵人多忘事啊，就在同乡会呀！我记得您是大阪人，对不对啊？"

"不错，我是大阪人。"

一直到这个时候，原一平才掏出名片递给总经理。他一看是推销保险的，就礼貌地推辞。但推销员原一平并不想就此放弃，于是，他放开喉咙说："总经理，我相信贵公司的员工，原先并非立志终身奉献成衣业而到贵公司服务（这时原一平的声音逐渐提高）。他们都因仰慕您的为人，才到贵公司服务（说到这里，原一平的音量更高。经过目测断定，自己的音量提高至此，全办公室的人都可听见自己的谈话了）。全体员工既然都怀抱对您的仰慕之情（原一平慷慨激昂），我认为最重要的是您的健康。您必须永葆健康，才能领导员工冲锋陷阵（说到这里，原一平降低了声音）。如果您的身体坏到无法投保的话，您怎么对得起爱戴您的员工呢？您喜欢或讨厌保险，您要不要投保，那是次要的问题（到这里，原一平又提高了声音）。现在最重要的是，您的健康是否毫无问题，您曾经去检查过吗？"

原一平一口气说到这里，想到运用"停顿"的妙方，于是突然打住。这时整个办公室鸦雀无声，都在等待总经理的回答。总经理显得有点手足无措，隔了一会儿才说："我最近没有去检查过。"

"那么您应该抓住机会去检查啊！机会必须自己去创造并好好把握，才是真正的机会。让我为您服务吧！我将带着仪器专程来贵公司给您做身体检查。"原一平紧追不舍，不给对方一点回旋的余地。

总经理沉默了一会儿，原一平也闷不吭声，总经理明显能够感到全体员工关注的目光给自己带来的压力。最后总经理说："好吧！那就麻烦你了！"

就这样，一位最不喜欢接待保险推销员的总经理被原一平给攻下了。

升级训练

如何在和客户沟通的过程中，使自己保持合适的声音？下面教给你一些技巧：

（一）适当研究一下身边人的声音

研究声音时，你可以从许多方面来加以考虑。例如，一位客户向你抱怨或诉苦，你必定是一边听他的话，一边加以判断，由他的音调之中，你可以大致获悉其感情如何波及声音。你还可以想象，当正在生气的人说话时，同样能够从他的声音中揣度其情绪。

（二）找到自己最合适的音调

当你内心紧张时，发出的声音往往又尖又高。其实，语言的威慑力和影响力与音调的高低是两回事。不要以为大喊大叫就一定能说服和压制他人，声音过大只能迫使他人听到，但结果往往是对方不愿听你讲话进而讨厌你说话的声音。

（三）音量的大小要适中

打雷般的说话方式，会造成听众情绪及听力上的负担，形成疲劳轰炸。接听电话时，如果听筒传来的声音太大，我们通常会将听筒拿远一点儿；同样，如果你说话音量太大，也会令人刻意与你保持距离，而且大声说话也容易让人产生误解。相反，音量太小，使客户要身体前倾才能听得到的话，也是不对的。正确的做法是：在两人交谈时，客户能够清楚自然地听到你的谈话内容就行了。

（四）模仿客户的语调和语速

模仿语调的作用，在于有意识地创造一种感情融洽的气氛，以便客户更好地接受你。每一个人在交谈时，声音都是有高有低、有快有慢、有缓有急的，有不同的语调、不同的语速。这些差别会产生反差鲜明的结果。推销的关键是你能不能做到用跟客户同步的语调和语速与客户沟通。如果客户说话慢、声音低，你说话快、声音大，不模仿他的语调是谈不到一块儿的。

（五）转换停顿

运用好停顿，可以吸引对方的注意，甚至可以加强话语的重要性和感染力。适当的停顿亦是一个制造气氛的好方法，而且有助于听者在停顿的间隙进行消化、思考、回味，同时亦令讲话者有换气的机会。那么什么时候需要停顿呢？当我们转换话题、承上启下或提出重点、总结中心思想的时候，就需要转换停顿。停顿应自然、合理、适当，不要违背平时的语言习惯而随便乱做停顿，应受语言逻辑所制约。例如，平时的对话依书面行文的规矩做停顿便可以了；若想表达的意思太长，亦可根据想要表达的意思，长话短说，中途做一个短暂的小停顿。

（六）感情停顿

感情停顿并不受语言逻辑所约束，完全是基于讲话者本身情感心态的需要而做出停顿，停顿的长短受情感的支配。通常感情停顿会运用在激动、思考、回忆、悲哀等情况下，讲话者的声音因停顿而中断，但气氛及神情不散，即声断意达。这种停顿需要以真实的感情为本，方可有效。一般来说，如果你想表达出蕴藏在内心的激情，讲话就应该有抑扬顿挫。另外，感情停顿并不仅限于声音的停顿，还可以配合动作、手势进行。

秘籍 67：用精确的数据说服客户

数字是一个神奇的东西，不同的数字会给你不一样的感觉。据说世界上最神奇的一组数字是“142857”，它被发现于埃及金字塔内。它是一组神奇的数字，它证明一星期有 7 天，用它分别从 1 乘到 6，得到的 6 个结果就由它的 6 个数字，依顺序轮值一次，到了第 7 天乘以 7，它们就放假，由 999999 去代班，数字越加越大，每超过一星期轮回，每个数字需要分身一次，你不需要计算机，只要知道它的分身规律，就可以知道继续累加的答案。

如今，在商品推销战中，曾令数学家们倾倒的数字也日益显示出其神奇的魅力。例如，订阅一份报一年的费用为 75 元，但在推销时可说“一星期只花 1.5 元”；一台有效寿命为 10 年的空调如果售价为 3500 元，推销时说“一天大约只花 1 元钱”，就会收到意想不到的效果。

这就是利用数字提高推销成功率的见证。即使是令人难以信服的内容，只要列出“以调查和客观事实为基础的”具体统计数据，就可以大大提高可信度，因为很多人都十分相信数据。记住，最好精确到小数点以后，如

“99.9%”。

一位客户到一家自行车行买自行车。他相中一种牌子的车，可是这种车比同样规格的其他牌子车贵36元，他犹豫不决。

推销员走了过来，向他介绍：“这款车确实贵了一点，不过它的刹车性能好，一个好的刹车对安全行车很重要，一辆车至少可以用10年，一年才多花3.6元，一个月才多花3角钱就可以买到一辆性能好、安全可靠的车子。您是自己骑还是给孩子买？”

客户：“我给我上中学的儿子买。”

推销员：“男孩子骑车愣头愣脑，更需要一辆刹车性能好的车子。”

几句话就打动了客户的心，客户再不嫌贵了，痛痛快快地买下了这辆自行车。

这可以说是善用数字推销商品最典型的例子。可见，精确的数字比起模糊的语言来，可信程度更强，说服力也更强，劝说成功的把握也就更大。下面一例也有异曲同工之妙。

齐格是一位烹调器推销员。一次，他到一个城镇的集会上推销时，当地一位著名的守财奴说：“你的产品再好我也不会买的。”齐格想了想，从身上掏出1美元，当着守财奴的面把它撕碎扔掉并问他：“你心疼不心疼？”守财奴吃了一惊，然后说：“我不心疼，你撕的是你的钱，如果你愿意，尽管撕吧！”齐格说：“我撕的不是我的钱，而是你的钱。”守财奴很奇怪地说：“这怎么是我的钱？”齐格说：“用这个现代烹调设备烧煮食物，一天可节省1美元，360天就能节省360美元。在过去的20年内，你没使用烹调器就浪费了7200美元，不就等于白白撕掉了7200美元吗？”齐格盯着守财奴的眼睛，一字一顿地说：“难道今后20年，你还要继续再撕掉7200美元吗？”齐格把产品带给顾客的利益由抽象变为具体，把“节省”变成一个实实在在的数字，就是这些数字令他取得了推销的成功。

熟练运用数字不但可以让你更好地推销你的产品，而且当你遇到挫折，感到泄气的时候，了解一下大师们有关数字的经历同样能够让你重新振奋起来。闻名世界的推销大师乔·吉拉德就是这样一位与数字有不解之缘的人物。他曾经总结出推销的“250 法则”，并讲述了发生在自己身上的一件事：

乔·吉拉德发现，一个人一生中与其往来的大约是 250 人。经过进一步的调查，证实了吉拉德这种推测基本准确。这 250 人可被视为一个平均数字，或者说是一个人要好的朋友数。基于这个法则，吉拉德对自己的工作进行了分析：假如一星期接待 50 位客户，其中有两个不满意自己的态度，年终时，便会影响 500 个人不满意自己的态度。如果以自己从事汽车推销工作 14 年计算，就会使 7 万人不满意自己。这还未考虑被影响的 250 人中的任何一人对其认识 250 人的再度影响。换句话说，只要你气走一位客户，你就将失去 250 位或更多的客户。这就是吉拉德的 250 法则。

曾经有一位人寿保险经纪人想卖给乔·吉拉德 50 万美元的保险单，乔·吉拉德随口问他自己买了多少。“嗯，我投了 25 万美元的保险。”他压低了嗓子回答。从那以后，不管他怎么极力推荐，乔·吉拉德都不想从他手里买保险。几个星期后，乔·吉拉德对另一位人寿保险经纪人提出同样的问题，他告诉乔·吉拉德，他买了 100 万美元的保险，因为他的话很有说服力，乔·吉拉德决定从他手上买下一份大额保险。这就是数字造成的两种悬殊效果。

从另一个角度看，乔·吉拉德的经验告诉我们，要让我们产品的价值具体化、现实化、数字化，只有这样，客户才能够感受到具体的、实实在在的利益，才会产生购买的欲望。

升级训练

推销说服不外乎一个数字的游戏，如何让准客户在你的说服下成为真实的客户，是提升你销售业绩的关键。为了掌握上面所说的数字说服技巧，在生活中，推销员不妨有意识地训练自己的数字敏感度，下面可行的技巧会让你对数字更敏感，对自己推销的产品所蕴涵的利益、价值能更直接、更自然地用数字描述出来：

（一）谙熟产品规格、性能、技术指标中的数字

虽然这些数字属于产品的基础信息，但推销员烂熟于心，不但能突出产品的专业性，也可凸显推销员的干练，使消费者产生信赖感。

（二）谙熟价格策略中的数字应用

拥有定价权的推销员可利用消费者的心理因素，有意识地将产品价格定得高些或低些，以满足消费者的心理需求，通过消费者对企业产品的偏爱或忠诚，扩大市场销售，获得最大效益。

1. 尾数定价法

即给产品定一个零头数结尾的非整数价格。如 0.99 元、10.98 元等。消费者会认为这种价格经过精确计算，购买不会吃亏，从而产生信任感。

2. 整数定价法

推销员可将产品价格定为整数，以显示产品具有一定质量。多用于价格较贵的耐用品或礼品，消费者容易产生“一分钱一分货”的感觉，从而有利于销售。

3. 习惯定价法

有些产品在长期的市场交换过程中已经形成了习惯价格，推销员可采用“习惯成自然”的定价方法。

4. 招徕定价法

推销员适应消费者“求廉”的心理，将产品价格定得低于一般市价以吸引顾客、扩大销售。由于低价产品能带动其他产品的销售，所以还是有利可图的。

5. 分档定价法

是指把同类商品简单分成几档，每档定一个价格，不但能简化交易手续，节省顾客时间，也让顾客有充分的选择空间，利于销售。

（三）谙熟促销策略中的数字应用

1. 化整为零法

就是将产品总价按照使用寿命、折旧期或其自然使用时段等分解为单位时间定价，以使顾客感觉物有所值。比如，当顾客认为价格较高时，不妨将总价分解成每日、每周、每月的单位价格。

2. 化零为整法

特别适合于说明积少成多为顾客提供巨大利益的商品，比如节能、节水、降耗的产品或折让返利的产品。

3. 数字类比法

以其他消费者的订货价格、订货数量、订货规格、批次等作类比，以此说明客户选择的商品性价比高、物有所值、物美价廉。

秘籍 68 ：用幽默说服客户

英国思想家培根说："善谈者必善幽默。"

每一个人都喜欢和幽默风趣的人打交道，而不愿和死气沉沉的人待在一起，所以一名幽默的推销员更容易得到大家的认可。幽默语言的魅力在于话虽然不直说，却能通过曲折含蓄的表达方式让人心领神会。

第二次世界大战结束后，英国首相丘吉尔到美国访问，当记者问他对美国的印象时，丘吉尔说了句"报纸太厚，厕纸太簿"，引得记者们哄堂大笑。但笑过之后，人们才发现丘吉尔语言的尖刻。

在推销活动中，有时候把话说得委婉一些，诙谐一些，可能比直截了当地说效果更好。

一位推销员在市场上推销灭蚊剂，他滔滔不绝的演讲吸引了一大堆顾客。突然有人向他提出一个问题："你敢保证这种灭蚊剂能把所有的蚊子都杀死吗？"这位销售人员马上机智地回答："不敢，在你没打药的地方，蚊子照样活得很好！"这句玩笑话使人们愉快地接受了他的推销宣传，几大箱灭蚊剂很快就销售一空。

幽默可以说是销售成功的金钥匙，它具有很强的感染力和吸引力，能迅速打开顾客的心门，让顾客在会心一笑后，对你、对商品或服务产生好感，从而诱发购买动机，促成交易的迅速达成。

有两位推销员去同一名客户那里推销保险。

A公司的推销员说他的保险公司十有八九能在意外发生的当天就把支票送到投保人的手中。

而B公司的推销员却对他说："那算什么！我的一位客户不小心从楼上摔下来，还没有落地的时候，我已经把赔付的支票交到了他的手上。"

最后，客户选择哪一家保险公司应该不言自明了吧？

幽默话语本身就是一种极具艺术性的广告语，不仅可以营造轻松活泼的气氛，还可以为销售工作创造出一个良好的环境。

沙拉王公司的创办人哈里·雷蒙斯曾经是位优秀的推销员，他能够在客户对产品提出问题之前就把它解决掉。

有一次，他向一些客户推销一种切食物的机器。他在快速而轻松地切割完三四种食物后，看着客户说："看过示范的人经常问我，他们买了这种机器后能不能像我这样处理食物？"

"老实说，这是很难做到的。你们绝对不可能像我这样巧妙使用。这不是吹牛，而是事实，因为我每天都要操作这玩意儿好几小时，瞧我用起来多轻松自如。说实话，我之所以熟练，是因为我已成了专家。"

没有人反驳哈里的话，包括那些主妇们。哈里继续介绍："你若不能像我一样有效使用这机器，你或许想知道如何省时省钱，又给家人带来更吸引人的食物。我们可以拿这位女士（通常挑选靠近前面的一位年轻女士）做试验，给她5分钟时间阅读使用须知，她切食物会比这里其他女士使用最锋利的菜刀切得更快更好。这并非因为她是机器专家，而是因为她有这种机器替她代劳——这不就是你们想要的吗？”

这时哈里再切了两三种食物，把机器上的第一个刀片取下，然后示范说：“这机器有 5 个刀片，我只用了一个就可切 6 种食物。我问你们，如果这机器只有这一个刀片（这时哈里放低声音看着他们），你们有多少人已经决定要拥有这台机器？”几乎毫无例外，5% ~10% 的女士和更多的男士点头举起手来，或嘴上说出他们要一台。

哈里明白，这些主妇或者男士们现在一定在考虑使用这台机器的安全问题，于是，他又切了两三种食物，然后说：“我想，一定会有人问我，买了这种机器会不会切到手？我只能无奈地回答：只要是刀，都可能切到手，否则它就不叫刀，而应该改叫木头了！”哈里幽默的语言引得主妇们笑了起来。哈里接着说：“不过我相信，只要您打开机器后，不要把手指插到刀片与漏斗之间，我想您的人身安全我是可以保证的。”哈里幽默的语言引得主妇们大笑。这个方法显然漂亮地应付了机器会切到手的反对意见，因为哈里再也没听到异议。

就这样，哈里在幽默轻松的气氛中不但完成了自己的产品演示，而且还成功地向几位渴望省时、省钱，又能给家人带来美味食物的主妇们售出了这种切食物的机器。

但是，销售人员在运用幽默语言时应注意：尽量以简单明了的语言把尽可能多的信息传递给客户。无论谈生意还是推销产品，都要突出要点，让对方能够听懂并记住。如果说话颠三倒四、反反复复、言之无物，不仅让人抓不住重点，还会因为占用对方太多的时间而引起反感。简洁的语言不仅是交际的需要，也从客观上反映出销售人员业务熟练、作风扎实、诚实可信的职业素质。幽默而不简洁的语言，很难从实质上提升推销员的工作业绩。

升级训练

幽默是一种特殊的情绪表现。它是人们适应环境的工具，是人类面临困境时减轻精神和心理压力的方法之一。俄国文学家契诃夫说过：“不懂得开玩笑的人，是没有希望的人。”可见，每个人都应当学会幽默。

那么，怎样培养幽默感呢?

（一）扩大知识面

幽默是一种智慧的表现，它必须建立在丰富的知识基础上。一个人只有具备了审时度势的能力和渊博的知识，才能做到谈资丰富，妙言成趣，从而作出恰当的幽默比喻。因此，要培养幽默感，必须广泛涉猎，充实自我，不断从浩如烟海的书籍中收集幽默的浪花，从名人趣事的精华中撷取幽默的宝石。

（二）陶冶情操，乐观对待现实

幽默是一种宽容精神的体现。推销员要使自己学会幽默，就要善于体谅他人，学会宽容大度，克服斤斤计较，同时还要乐观。乐观与幽默是亲密的朋友，推销员生活中如果多一点趣味和轻松，多一些笑容和游戏，多一分乐观与幽默，那么就没有克服不了的困难，也不会整天愁眉苦脸、忧心忡忡了。

（三）培养深刻的洞察力

提高观察事物的能力，培养机智、敏捷的能力，是提高幽默感的一个重要方面。只有迅速地捕捉事物的本质，运用恰当的比喻、诙谐的语言，才能使人们产生轻松的感觉。当然在幽默的同时，还应注意，重大的原则总是不能马虎，不同的问题要区别对待，在处理问题时要灵活，做到幽默而不俗套，使幽默能够为推销工作提供真正的养料。

秘籍 69 ：说服直爽型客户的有效话术

小田是一位保险推销员。一天，他打电话给一位家具厂老板吴先生。据他调查，吴先生是一位典型的直爽型客户。小田懂得说服直爽型客户的技巧。

吴先生："我很忙，你有什么话就直说吧！"

小田："好的，之前讨论的那件有关保险的事情，不知您考虑得如何？"

吴先生："我没时间考虑，也不用考虑。"

小田："我知道您很忙，所以我为您考虑了一下。麻烦您听一下我精心为您设计的这张保单，谢谢您经常关照！"

吴先生："我们还没有做成生意，怎么叫做经常关照！你再多说也没有用的。"

小田："您真会开玩笑。"

吴先生："你不必拍马屁。"

小田："我不是拍马屁，能不能给我一个机会试试看？"

吴先生："既然你这么有诚意，那好吧，你想说什么？"

小田："我为什么要为您设计这张保单呢？主要是因为对您有三点好处：第一点是可以为您合理避税，我知道您是个事业有成的人。第二点是可以为您提供充分的保障，这张保单特别适合您的情况。第三点是可以用最小的保费得到最大的收益。"

由于直爽型客户通常没什么耐性，所以说话时不要拖泥带水，宜简明扼要。

这种类型的客户说话都是直来直往，感觉上很冲，所以你不能生气，一旦生气，你就输了。只要直接表达你的意见，就能取得成功。

升级训练

直爽型的客户说话做事，一个最大的特征就是爽快，不喜欢拐弯抹角，不喜欢矫揉造作。他自己是这样，也希望别人这样。所以，你与这种人沟通也应该直来直去，不要拐弯抹角。

想要说服这种类型的客户，最好的策略和话术有：

（一）语言简洁、直接

直爽型客户的行动迅速、果敢，比较冲动且反复不定。另外，他们经常会感情用事地说一些冲动的话，但到了第二天又不当回事。对于这种类型的客户，要避免琐碎地说明，最好是简明扼要地陈述，尽快结束。比如：

“这种产品在2012年春季行业展示交流会上荣获全国二等奖，对您非常有帮助。”

“我可以负责任地说，这套产品是您目前见过的同类产品中最好的产品。使用它可以让您获得意想不到的好处。我的这种自信是许多客户带给我的。”

（二）直接说出对客户的好处

这种类型的客户不喜欢听太多无关的话，但他喜欢听对他有利、有好处的话。比如：

“我今天要给您介绍一套每个月能为您多赚1000元的产品。”

“我们这套产品，只要您使用，立马就可以看到效果，那可是两成的效率提升啊！假如您目前的赢利是每月10万元，那您下个月就可以赢利12万元。”

（三）直接点出客户目前存在的问题，夸大他的痛苦

“××先生，您难道没有发现您每天都在损失一些钱吗？”

客户说：“没有啊？”

“表面上看来，您的收入在增长。事实上，您的收入可以更高，收入没有提高也就等于损失金钱。”

秘籍 70：说服慎重型客户的有效话术

慎重型的人，特征是注意细节，思考缜密，决定迟缓。此外，他们大多个性沉稳，不急躁。

此类消费者的购买行为以理智为主，感情为辅，他们喜欢收集产品的有关信息并了解市场行情，经过周密的分析和思考后，再决定是否购买。在购买过程中，他们主观性较强，不希望别人介入，受广告宣传、推销员的介绍影响较小，往往要经过对商品细致的检查、比较，反复衡量各种利弊，才作出购买决定。

对于这类顾客，销售人员不能急急忙忙地说："您看这个怎么样？"而应该拿出两种以上的商品来，以温和的态度对比介绍。

升级训练

说服慎重型客户的有效策略和话术是：

（一）配合客户的步调

这种配合包括以下几点：语调和语速同步，共识的同步，情绪的同步，语言文字的同步。

推销员："您是否已经清楚地了解了我推荐给您的这种产品特征？由于我是第一次向您推销这种产品，所以我怕自己说得不够清楚。"

客户："我还需要一些时间考虑。"

推销员："是吗？我想也不宜现在就作决定，最好是经过深思熟虑再说。还有，我帮您收集了一些资料，不晓得对您是否有用。"

客户："是什么？"

推销员："是 100 家上市公司 5 年内相关用品经费的统计数字。"

客户：“哦，是这种东西啊？”（对方心动）

推销员：“是的，这是蛮珍贵的资料。它是民间自行做的调查，或许可信度要打些折扣，不过大致上没错。”

客户：“能借我看看吗？”

推销员：“当然，我正是特地为您做的调查，相信它可以为您提供一些帮助。”

由于这种类型的客户个性稳重，所以商谈大致上也是平和的。如果你的性格比较急，可能会感到焦虑，但是无论如何都要配合对方。

推销员：“如何？您能下决定了吗？”

客户：“不，我还要再考虑一下。”

推销员：“是哪方面还有疑问呢？”

客户：“我对……还有些疑问。”

推销员：“那我明白了。站在您的立场，当然必须考虑这些。如果您在仔细研究这些之后，决定采用本公司的产品，这是我们的荣幸，今后还请您多多指教。”

（二）要使对方自己说服自己

你千万不能为他作决定，你只能提供作决定的依据。他不会因为你的因素而购买，他会因为他自己的因素购买。比如：

“这套化妆品最大的特点是能快速使皮肤滋润，而且不伤皮肤。我抽时间为您送去一点试用品，让您试着使用，感觉一下。到那时，您就可以决定该买还是不该买了。您说行吗？”

秘籍 71：说服优柔寡断型客户的有效话术

“您好！我是上次去您那里的电脑推销员小李，您上次很看好我们的电脑，我想问一下什么时候能给您送货？”

“知道知道，你们的产品真的很好。可是，我没有权利动用公司的资产，我需要老板的同意。”

当你听到这句话，是否感觉这些拒绝就像一道无法逾越的屏障，让你一筹莫展？推销过程中，我们经常会遇到这种情况，说话人或者自己就是“一级大老板”，但是他并不想告诉你他就是最终决策者；或者他有权决定是否和你做这笔买卖，但是他上面还有股东、总部、总公司，在程序上需要履行申请与批准的程序；也有可能对方是一位优柔寡断的人，他在很多事情上犹豫不决，不敢作决定，需要拒绝你之后一个人好好想想。

不管是哪一种情况，你都不要沮丧，其实客户这样说，有一半以上是谎言—— 一个无关紧要的托辞。这种反对理由给你的挑战是，弄清楚他是真的需要老板同意，还是客户担心老板（或者上级）怪罪而不敢做主。一个简单有效的技巧就是：主动“出牌”，让客户来应答这个异议。

有一次，推销员王军做软件程序推销，一位客户和他讨论过各方面条件后，突然话语少了，而且闪烁其词。凭经验，王军知道客户对自己的产品已经没有什么大的异议了，客户现在在想打压价格的策略，而且很多客户都会说：“你的产品不错，但是我需要总部同意，才能和你做这笔生意。”现在，王军已经学会了应对的策略，一见客户犹豫不决，他一字一顿地问：“请问，您能做主，代表公司给我一个决定吗？”

客户本来还在犹豫是否要作最后的决定，听了王军的这个提问，条件反射似的坐正了身体，反问道：“怎么，你看我不像吗？”

“当然像。不，您本来就是老板。那我们现在就签约吧？”

“好吧！”

王军用这一招挡住了不少客户“我需要老板同意”、“这需要总公司批准”、“这需要向总部申请”的拒绝信息，成交了不少订单。

想一想，当有人问：“你可以做主吗？”你会有什么反应？大多数人都会表现出自己就是有权做主的人，虽然事实可能并非如此。而推销员正可以利用客户的这个心理，成功应对客户“我需要……同意”的拒绝信息。如此一来，客户就不得不当场作决定，那时他就没有后路可退，没法说：“这个我不能做主，恐怕还要经过上级允许才行。”

升级训练

应对客户需要老板同意的理由或困境，推销员还有如下对策：

（一）询问客户有关取得老板同意的程序

如果客户坚持需要老板同意才能够给你答复，你不妨暂时采取缓兵之计，问问对方关于老板的批准程序：“那得多久时间？”“是一个人决定就行了，还是要全体委员会同意？”“如果是委员会，他们什么时候开会？”“我可以提出企划书吗？”“您手头有没有企划书的样本？”“我可以跟决策者联系吗？”

（二）寻找解决问题的变通方法

有些时候，你只有一笔可自由动用的预算；有时候预算有最高金额的限制，所以如果你能开立数张发货单，把大额数目分成小额数目，可能会奏效。与此类似，还有很多方法可以避免这种反对的发生。

（三）催促客户马上与老板联系

“既然一定要老板同意才行，那么就趁我在您这儿的时候，跟他们联系吧，如果老板有什么情况需要了解的，我也好马上答复他们。您说对吗？”或者请求客户当场和老板通话，以判断客户所言是否属实。如果对方解释无法马上和老板联络，很可能你们所谈的买卖并不需要老板批准。当你看到客户闪烁其词、目光飘忽的时候，至少你能够判断对方没说实话。

（四）巧妙打探到其他决策人

我们的目的是，在说明商品之前，弄清楚还有没有其他决策人。在询问是否还有其他决策人的时候，可以这样问："还有没有其他人参与这个问题的决定？"而不应该问太直率的问题，比如："你是唯一的决策者吗？"这听起来销售意味太浓了，而且会让客户不高兴。

（五）让客户说出事实

如果你不相信客户说的是实话，那么就应该找出真正的反对理由来。客户是否说实话，一试便知："请告诉我，×× 先生，如果不需要老板的同意，您会不会购买？"如果回答"会"，那么你已经跨越了做成这笔生意的第一个障碍，不管老板是否同意。

总之，如果你真的想要做成这笔生意，就要尽全力去争取。不要让客户以需要总公司的同意为托辞，妨碍你接到一笔大订单。你甚至可以到客户的总公司去，把订单拿到手，有人就这么做过。

秘籍 72：说服果断型客户的有效话术

果断型的人有很强的控制欲。果断型性格往往有下列特征：

（1）冷静、客观、自制。

（2）易于表露个人期望。

（3）结果导向，关注个人利益。

（4）有冒险精神，好竞争，目的性强。

（5）时间观念强，早早就做好准备，主动干预事情的进展。

（6）不善于倾听。

（7）没有耐心。

（8）固执。

要获得果断型客户的信赖，你可以尝试下面这些办法：提高服务速度，强调产品的节约特性，提供无争议的可靠担保。

小华是一位资深保险推销员。一天，他打电话给A先生。A先生是一位退役军人，具备典型的军人脾气，说一不二，刚正而固执，做什么事都堂堂正正、干干脆脆。

所以，小华开门见山，直截了当对他说："A先生，保险是必需品，人人不可缺少，请问您买了吗？"

A先生斩钉截铁地回答："年轻人当然需要保险，但我老了，又没有子女，所以不需要保险。"

小华说："您这种观念有偏差，就是因为您没有子女，我才热心地劝您投保。"

A先生觉得不可思议，生气地说："哼！要是你能说出一套令我信服的理由，我就投保！"他此时的神态，一副刚刚击败敌人获得胜利的模样，真是标准的军人脾气。

小华说："我常听人说，为人妻者，没有儿女承欢膝下，乃人生最寂寞之事了。（举这种例子，必须说成第三者的话，以免有强迫的味道。）可是，单单责怪妻子不能生育，这是不公平的。既然是夫妻，理应由两个人一起负责。所以，做丈夫的，应当好好安慰妻子的寂寞才对。"说到这里，小华故意停顿一下，看看A先生的反应，他沉默不语。

于是，小华接着说："如果有儿女的话，即使丈夫去世，儿女还能安慰伤心的母亲，并负起抚养的责任，一个没有儿女的妇人，一旦丈夫去世，留给她的恐怕只有不安与忧愁吧！您刚刚说没有子女，所以不用投保，如果您有个万一，请问尊夫人要怎么办呢！您赞成年轻人投保，其实年轻的寡妇还有再嫁的机会，您的情形就不同喽！"

"所以，"小华故意又停顿了一会儿，"到时候，尊夫人就只能靠抚恤金过活了。但是抚恤金够用吗？一旦搬出公家的宿舍，无论另购新屋还是租房子，都需要一大笔钱呀！以您的身份，总不能让她住在陋巷里吧！我认为您最起码应该为她准备一笔买房子的钱呀！这就是我热心劝您投保的理由。"说到这里，小华突然打住，看着这位军人先生不再说话。

A 先生默不作声，小华也静静等待着，隔了一会儿，A 先生点头说："你讲得有道理，好！我投保！"

升级训练

果断型客户与优柔寡断型客户正好相反，他们动作积极爽快，对任何事情都很有自信心，凡事亲力亲为，不喜欢他人干涉。说服这种类型的客户就要注意以下几种策略和话术：

（一）老老实实、安安静静地做一个"聆听"的人

从他的话中归纳出他的想法和意见，再将话题引导到产品方面，让他在不知不觉中对你推销的产品产生兴趣。

（二）赞美客户，满足客户的自尊心

推销中，说些赞美的话是非常管用的，这个世界几乎没有人不喜欢被赞美。

推销员："您好，抱歉！打扰了。"

客户："有什么事吗？"

推销员："是这样的，听人说您很喜欢钓鱼是吧？我有位客户也喜欢钓鱼，我想约这位客户一起来钓鱼。由于我对钓鱼完全是外行，想请教您钓鱼方面的事。"

客户："是这样子啊，那……"

推销员："果然是钓鱼高手，讲得非常有道理。不晓得您是否有兴趣和我们一块儿去旅行？"

客户："我又不是你的客户，能够参加吗？"

推销员："当然，不是客户，也可以是朋友嘛！"

第9章

成交才是硬道理

如果人家要求你走一里路，那么你要自觉自愿地多走一里。千百年来，能够有这样的决心的人寥寥无几，而只有他们能够享受到成功的殊荣。

➲ 原著精读

对我来说，工作是维持生存所要付出的辛酸代价。我出生时，上帝准是闭着眼睛，没有把黄金放在我的手上，把王冠戴在我的头上。以前的我是多么愚蠢啊！

现在我知道，从劳动中结出的硕果，是最甜美的果实。天才可能承担伟大的工作，但必须靠辛勤的劳动才能完成。

要是我把以前用来为避免工作而寻找借口的精力用于想方设法改进工作，我的工作该变得多么轻而易举啊！

有一个最大的成功秘诀，它使所有其他法则相形见绌。它无疑包含在数百年、数千年来为创造更加美好的生活而证实了的各项原则中，因为它太难做到了，所以大多数人一再地拒绝它。财富、地位、名誉，甚至难以把握的幸福都会来临，只要我下定决心，每天比原来付出更多的热情和汗水。

还有一种方法可以帮助我们记住生活中这条最艰辛的原则：如果人家要求你走一里路，那么你要自觉自愿地多走一里。千百年来，能够有这样的决心的人寥寥无几，而只有他们能够享受到成功的殊荣。

秘籍 73：辨别成交的几种信号

成交信号是指客户在接受推销的过程中有意无意流露出的购买意向，它很可能是一种成交的暗示。毕竟在实际谈判中，客户为了保证自己所提出的交易条件，往往不愿主动、明确地提出成交。

但是客户的购买意向会有意无意地通过各种方式流露出来。例如，微笑，漫不经心地看商品资料，下意识地点头，对产品的不足表现出包容或理解的神情，仔细研究商品，较深地关注商品的功能和使用细节，请求对商品进行操作示范，提出有关问题，赞成你的意见等，这些都是成交的信号。有时客户的注意力就是一盏指示灯，当客户的注意力开始关注到商品的一些细节时，成交的信号即将来临，业务人员必须善于捕捉这些稍纵即逝的成交信号，抓住时机及时成交。

从理论上说，一个完整的业务过程包括寻找客户、接近客户、洽谈、处理异议、成交等不同阶段，但是，在实际业务过程中并不是绝对严格按照顺序执行的。成交时机可能会提前来临，也可能延后，也就是成交时机是有弹性的。而确定成交时机是否成熟的标志就是成交信号。这里的成交时机是指目标客户和推销员在思想上完全达到一致的时刻。

人们经常认定，在某些瞬间买卖双方的思想是可以协调的，如果推销员不能在这一特定的瞬间成交，成交的机会就永远消失了。但不是说一次买卖中成交的时机只有一次，而是说推销员要时刻注意倾听和观察，捕捉谈判中的各类成交信号，判断客户决策的成熟度，抓住任何可能的机会拍板。

升级训练

成交信号的表现形式是复杂多样的，一般可以分为表情信号、语言信号、行为信号和进程信号。成交信号一旦出现，就要及时抓住机会，促进成交。

表情信号是客户心理在面部表情中的反映。如目光对商品的关注或分散，面带微笑或表情严肃等，均是判断成交时机的重要依据。

语言信号是客户在言语中所流露出来的意向，如赞赏商品的性能、质量，故意压价，挑剔产品的款式，具体询问有关交货的时间、地点及售后服务等，都是成交的语言信号。

行为信号是指客户在举止行为上所表露出来的购买意向，如不断用手触摸商品并不住点头，拍拍推销员的手臂或肩膀，做出身体自然放松的姿势等，均是有意成交的表现。

进程信号是客户的语言和行为暗示或表达出坚定地购买决策信心抑或显现推进促成交易行为的信号，如主动要求进入洽谈室，向业务人员介绍购买的决策人员等，这些都是明确的进程信号。

成交信号极为复杂多变，在很多情况下，往往多种信号交织在一起出现，常见情况有以下几种：

（1）当你将商品的有关细节以及各种交易条件说明以后，客户表现出认真的神情，并把你所提出的交易条件与竞争对手的条件相比较时，你就可以询问他的购买意向了。

（2）客户以种种理由要求降低价格。这是非常有利的信号，说明此时客户已开始基于产品的报价衡量自己的支付能力。有购买意向的客户经常会要求价格上的优惠。此时你不能轻易让步，要判明客户是否确定想买而又存在支付上的困难。否则，你急于求成的降价，或许会让客户兴味索然。此时，你不妨先回避要与不要的焦点，而反问对方要多少，然后根据数量来考虑价格与折扣。这样会给客户一种你比较认真地对待这一问题、同时又很灵活的印象，从而让客户觉得有希望得到价格上的优惠。

（3）客户主动热情地将你介绍给负责人或其他主管人员。虽然这时你会觉得有挫折感，因为你的一系列努力没有马上兑现成销售，但这表明你离成功又近了一步，你的成功率可能大大增加。因为这位客户一定想让别人赞同他的看法，那么他就会努力帮助你推销，这时你不妨沉默一下。

（4）客户要求详细说明使用时的要求、注意事项以及产品的维修等售后服务。此时推销员除了耐心详细地说明外，还要诱导对方提问，以打消客户的顾虑，使其迅速作出决定。有时客户会就你已经解释过的某些问题反复询问，这时千万不能急躁，而要耐心地回答。

（5）客户主动出示自己收集的有关这种产品的信息和资料。这说明客户潜意识中已经接受了这种产品。此时可以向对方询问，他一定不会拒绝。如果对方信息中有些部分于己不利，也不要急于纠正，而应该充分地向客户展示产品。

（6）客户对目前正在使用的其他厂家的产品表示不满。这是你成交的好机会，但你不能过分附和客户，批评其他厂家及其产品，只要适时地强调自己产品的优点即可。

（7）客户对推销员的接待态度明显好转，接待档次也明显提高。这说明客户已经信任推销员并愿意听取建议，这时就可以提出交易条件，询问客户的购买意向了。

（8）客户的反常行为。当客户感到犹豫不决时，往往会通过反常的行为表现出来，推销员要善于发现、捕捉客户不自然的甚至是反常的行为。例如，忽然变换一种坐姿；下意识地举起茶杯或摆弄钢笔、手表等；眼睛盯着产品的说明书、样品或者长时间沉默不语；询问旁人的意见等。

正确、适时地运用以上的方法可以助你推销成功。前提是要正确地分析客户反对意见的性质与来源，灵活而巧妙地化解客户的反对意见，使摇头的客户点头。

秘籍 74 ：把握成交的时机

机会只留给有准备的人，但有准备的人不善于把握成交时机，照样功亏一篑。打火机的原理是这样的：当你打动滑轮，擦出火花，并及时供应充足的气体，火焰就产生了。有时候只见火花不断闪现，但形不成火焰，原因是液化气不能及时供应，而错失点燃的机遇。

我们可以将时机理解为：时机犹如那千分之一秒的火花闪现；抓住时机则是在那火花闪现的刹那，及时提供充足的易燃物，使其形成熊熊大火。

抓住时机，促进成交，在销售活动中占有十分重要的地位。因为推销的最终目的就是为了成交。

如果一名推销员具有渊博的知识，了解寻找准客户的原则，掌握面谈的技巧，但就是不能成功地与准客户成交，那他就不是一个合格的推销员。因此，洞悉成交时机，把握时机成交，是推销过程中的关键行为。

何时向顾客提出成交？首先要找出好的成交时机，而找出好的成交时机，要依靠推销员敏锐的洞察力。

（一）从肢体语言把握成交信号

在进行销售的过程中，推销员自始至终都要非常专注，了解客户的一举一动，尤其是其所表现出来的肢体语言。

常见的几种有成交可能的肢体语言是：

1. 双手

客户如果摊开手掌或伸开双臂，往往表示接受，这是签约的好机会。手握成拳状，并下意识地用劲时，也是签约的好机会。

2. 头部

客户面带微笑，头偏向一侧，说明他有浓厚的兴趣，可以提出签约。不断点头，并伴随肯定的话语，则表示他完全同意，是签约的好时机。

3. 坐姿

面谈结束，客户身体前倾，表明他对你提供的信息有兴趣，此时可提出成交的请求。

4. 眼睛

如果客户眼睛专注于你所提供的材料，并有闪亮的眼神，是提出成交的好机会。如果他的眼神随着你的谈话内容不断变幻，并表现出渴求、惊奇、兴趣的神色时，可以大胆地提出签约要求。

（二）观察了解顾客的心情

当客户心情非常快乐、轻松时，推销员提出成交要求，成交的概率会很大。例如，客户请推销员喝杯咖啡或吃块蛋糕时，推销员要抓住这个绝好的请求时机。此时，顾客的心情就非常轻松，会愿意购买。

（三）产品介绍结束后

当推销员进行完商品说明和介绍之后，就可抓住时机，询问客户需要产品的型号、数量或者颜色等外表特征，这时是提出成交请求的比较好的时机。

（四）解释完反对意见后

客户有反对意见非常正常，当客户提出反对意见时，推销员就要开始向客户解释，解释完之后，征求客户意见，询问客户是否完全了解了产品，是否需要补充。当客户认可推销员的说明时，推销员就要抓住这一有利时机，询问客户选择何种产品。

升级训练

对于有经验的推销员来说，可以在非常短的时间内让一名客户接受签约。对客户来讲，采购的决策并不是盲目的。如果你销售的产品不是让所有客户都感到陌生的新产品，客户必定知道你的产品或同类产品的存在，所以快速提出达成协议的要求是非常可行的。在一名推销员的业务生涯中，大多数的协议是在这些时刻达成的：

（一）每一个销售重点阐明后

在你说明一个销售的重点后，要表示出一个达成协议的意向，以确认这个重点是否为客户关注的利益点。如果错过这样的机会，也许你辛苦地忙碌了两个小时，但是客户已经没有兴趣了；就算是最后交易成功，也浪费了客户的时间。

（二）重大异议解决后

化解了客户的重大异议后，你可以立即提出交易，因为重大的异议是客户决定是否购买的重要障碍，实际上解决异议时，客户已经承认了产品的价值。

秘籍 75：请求式成交法

请求式成交法一般是业务员在觉得时机成熟的情况下，直截了当地向客户提出交易请求或者购买建议。

刘先生："王小姐，我们的课程产品可以让您的销售人员不断地重复收看，也可以再复习。这个课程的订购单您看一下，这套课程总价是 2800 元，如果您需要请在这个订单上签好名字，这课程一共 24 讲。冒昧地问一下，您办公室的电话是多少？"

王小姐："×××××××××（电话号码）。"

刘先生："×××××××××（电话号码），好的。"

如果这时客户并没有表示反对，推销员就可以请求客户签名确认订货单。此时推销员要有一个直接递笔的动作，这是一个销售技巧，有助于让客户快速作决定。

（一）请求式成交法的特点

（1）可以有效促进客户直接考虑交易的问题。

（2）表达的意向清楚明白，不易导致客户误解和拖延时间。

（3）时机把握不当容易影响沟通的气氛。

（4）可能给客户造成一定的心理压力。

（5）当推销员判断客户的购买意向准确时，运用这种方法的效率是非常高的。

客户心里也十分明白和理解，推销员之所以这么辛苦地进行推销，目的是达成交易，因此，只要时机把握好，这种方法还是非常适用的。

（二）请求式方法的适用情境

（1）买卖双方有相互熟悉和理解的基础。

（2）买卖双方有多次成交经验。

（3）当客户的购买意向明显时。

（4）当面对内向或者被动型的客户时。

（5）通过交流，客户对于产品和企业的了解达到一定的程度时。

（6）灵活把握阶段性时机，比如客户该问的都问过了，该了解的都了解过了，或者客户一时提不出什么问题时，也可能是促成交易的时机。

升级训练

推销员与客户交谈过程中若出现以下三种情况时，可以直接、果断地向客户提出成交请求：

（一）商谈中客户未提出异议

如果商谈中客户只是询问了产品的各种性能和使用方法，推销员都一一作了回答后，对方也表示满意，但却没有明确表示要购买，这时推销员就可以认为客户心理上已认可了产品，应适时主动向客户提出成交。

（二）客户的顾虑被消除之后

商谈过程中，客户对商品表现出很大的兴趣，只是还有所顾虑，当通过推销员解释客户已经解除了顾虑、产生了认同时，就可以迅速提出成交请求。

（三）客户已有意购买，只是拖延时间，不愿先开口

此时为了增强其购买信心，可以巧妙地利用请求成交法适当施加压力，达到直接促成交易的目的。

需注意的是，请求成交不是强求成交，更不是乞求成交，使用时要做到神态自然坦诚，语言从容，语速不快不慢，充满自信。但不能自以为是，要见机行事，达到最终目的。

秘籍 76：小点成交法

小点成交法是利用客户的心理活动规律，避免直接提示客户比较敏感的重大成交问题，而是向客户提出比较小的次要成交问题，逐渐由小到大，由小攻大，由小求大，先小点成交，再大点成交，最后促成客户作出购买决策。

房屋推销员向客户推销山清水秀的乡村别墅，客户以一时无法筹措全部资金为理由欲拒绝购买时，推销员可以说："付款不是大问题，我们可以帮助您办理个人购房抵押贷款，当然您也可以采用分期付款的方式，这是两种办法的具体内容，请您看一下。"

待顾客阅读有关内容后，推销员继续说："怎么样？付款不是问题了吧？我们是否可以签合同了？"

你向对方提出大的要求，对方拒绝你的可能性会大一些；如果你把大的要求划分为小的要求，这些小的要求对方就有可能会接受，在对方接受你小的要求之后，你再提出一个小的要求，对方可能也会接受……这些小要求加起来不就是一个大的要求吗？

小点成交中，所谓的小点问题，一般是指诸如产品包装、运输、交货日期和保修条件等一些相对次要或易达成一致意见的问题；所谓成交重点问题，即指购买决策等重大问题，抑或成交问题本身。

因此，小点成交就是先就成交活动的具体条件和具体内容达成协议；再就成交活动本身达成协议，采取循序渐进、迂回进攻的策略促成交易。比如：

“王经理，关于设备安装和维修问题由我们负责，您尽管放心使用，如果没有别的问题，我们就这样定了吧。”

这里，推销员没有直接提及购买决策本身，而是先提示设备安装及维修之类的次要问题，并取得经理的认同，慢慢诱导经理作出购买决定，同时主动提出成交请求。

升级训练

（一）小点成交法的适用情境

（1）客户不愿直接涉及决策的重大问题，只对成交的某些具体问题产生兴趣。

（2）推销员看准成交信号，购买决策的关键只在于某一小点，或款式，或颜色，或交货时间，或付款方式等。

（3）推销员未发现任何成交信号时，需做出能够避免冷遇或反感的成交尝试。

（4）成交气氛比较紧张，客户的成交心理压力太大，交易无法直接促成。

（二）小点成交法的优点

（1）可以减轻客户的成交心理压力。

（2）有利于推销员主动尝试成交，同时保留一定的成交余地。

（3）有利于推销员合理利用各种成交信号，有效地促成交易。

（三）注意事项

（1）不能忘记根本的或者最终的交易。

（2）要注意避免弄巧成拙，把客户看成傻瓜是非常愚昧的行为。

（3）要进行良好的设计，包括回答下面的一些问题：如何围绕主题来设计成交的“小点”内容和要素？这些点的前后顺序如何安排？怎样围绕主题展开？过程如何把握？

（4）尽量使“小点”问题或者交易要素成为客户关心的问题，也是客户容易接受的要素或者问题。

（5）注意在推销过程中对客户的影响和引导。

秘籍 77：设想式成交法

设想式成交，就是让客户进入一种情景，从而强化客户购买的欲望。这种技巧就是要你只管设想推销成功，客户没有别的选择，因此没有必要去请求客户作出决定，你只需设想他正在购买。下面这个实战案例就发生在一家电零售店，注意看看这种成交技巧是怎么起作用的。

推销员：“您想用现金、支票还是信用卡支付？”

客户：“我得想一想。”

推销员：“我知道您会喜欢带遥控器的电视，而且您坐在沙发上看着这台电视的时候还会很奇怪以前没有遥控器的时候怎么能够感到习惯。”

客户：“是啊！但没有遥控器，我也过了这么多年。”

推销员：“没遥控器怎么能行呢？这是一种标准设备，这种机型就是带遥控器的，您并没有多花钱啊！今天上午送货上您家，行吗？”

客户：“最好是上午。”

推销员（拿着订单）：“您住在……”（注意这种说话方式，客户可能不知不觉说出住址来。）

填完订单，推销员又问：“您想用现金、支票还是信用卡支付？”

客户：“信用卡吧。”

推销员马上果断地说：“那好。今天上午就给您把货发到。”（成交）

这个推销员在不知不觉中支配了客户的意志。具体地说，就是推销员先有一个客户一定会购买的信念，并做了一个设想式的声明，使客户无法说“不”。然后，推销员在向客户解说产品时，就会假设客户购买产品后会获得怎样的价值。比如：

保险公司代理人：“王老板，我需要用您的地址开发票。好，我现在问一个问题，您希望每年交一次保险费，还是每半年交一次？”

旅行社代理人：“杨经理，我会为您预订两张头等舱往返机票。您喜欢哪一家出租车公司派车接您？”

服装推销员：“大哥，我建议您买这两件衬衣，瞧，它们配您那套新西服正好。（这句话只能在客户同意买下西服之后说出来！）您看看这三条领带哪一条更适合？”

网络推销员：“您这里是南京有名的律师事务所，在网络上输入‘南京律师’一词时，就可以找到咱们律师事务所的信息。我相信您不会愿意别人在网络上输入‘南京律师’，跳出的是您的同行或者名气远不如您的律师事务所。那么，您是选择一级推广方案还是二级推广方案？”

类似于“您想用现金、支票还是信用卡支付？”的设想式提问可以被任何一个推销员提出来——旅行社代理人、零售商、办公设备代表、网络推销员等。它主要是抓住了人的易冲动心理。懂得了这个问题，你就抓住了设想式成交法的实质。

升级训练

面对不同的客户，推销员要采取不同的推销技巧，设想式成交是最常用的成交技巧，但是不要因为其常用而羞于或不屑于运用。在这里建议推销员运用这种技巧，是因为它仍然能够起到不错的作用。

（一）以找到问题点为目的

设想式成交，其目的同样在于为客户解决问题，而不是单单注重问题的存在。更重要的是通过此类提问，客户可以在你的引导下无压力地说出关键问题点和解决途径。

（二）多重复几遍

设想式成交法在一次推销中可以重复好几遍。例如，如果客户避而不答，只是说："我想四处看看。"那么你同样可以运用这种技巧，继续推销下去。

（三）不要忽略不买的可能性

需要注意的是，设想式成交不是强逼客户，否则会惹怒客户，反而适得其反。因此，提问的时候不要忽略客户不买的可能性。

秘籍 78：鲍威尔式成交法

"鲍威尔说服术"是指推销过程中遇到客户对我们的产品满意，但又犹豫不决的时候，就要想办法刺激客户、帮助客户下决心的成交方法。

曾经有一家以承包工程建设为主业的客户，在经过策划人员的诊断和分析后，认为过去管理中存在的"效率低下，责任不清"的问题，是由于其组织架构没能和工程项目的业务特点相适应，策划人员建议应采取矩阵制的组织架构，以加强项目管理。

本来策划人员已经和客户方负责人充分沟通过现有架构与新方案之间的优劣利弊，也评估过新方案实施之后的风险。可是由于客户方负责人对新方案的某些细节过于看重，总试图寻找一种更佳的"没有缺点"的方案，使得新方案长达六个多月也没有实施。

于是，经理派出公司的公关小将——推销员张灵。张灵见到客户方负责人后，单刀直入地说："王老板，美国前国务卿鲍威尔说过——拖延一项决定会比作错误决定浪费更多美国人民、企业、政府的金钱和时间。而我们今天讨论的就是一项决定，对吗？"

客户负责人麻木地说："你说的什么我不懂。不过我知道你们的方案还有缺陷，需要再改进，我不能决定是否使用。"

"王老板，有句老话说，十个手指伸出来还不一样长呢。您明明知道我们的这个方案贵公司用了一定会使业务大大增加，但是却执著于要追求完美无缺的方案。然而，事实证明这是很难办到的。现在六个月已经过去了，假如今天您说好，那会如何呢？假如您说不好那又会如何呢？假如说不好，明天比起今天将没有任何改变，对吗？假如今天您说好，您即将获得的好处是很明显的，这点我想您会比我更清楚。王老板，说好比说不好对您的好处更多，是不是呢？"

推销员见客户不再接话，便进一步突出客户的损失："今天就让我来为您作一项决定吧。我已经把协议书带过来了，只要今天您点点头，那么从明天起您就能看到很明显的业务增加效果；要是您继续这样犹豫下去的话，那六个月后的公司业务和今天的业务也不会有所不同，对吗？"

就这样，推销员张灵终于帮助客户下了同意的决定。

这是一个典型的犹豫不决型的客户，过于追求咨询方案的"完美"，这可能和决策者的性格有关，也有可能与他们对管理的理解有关。

对于这种性格比较犹豫的客户，推销员必须主导整个推销过程，因为他的潜意识里面需要别人替他作出购买决定。他总是需要听取别人的意见而自己却不敢拿什么主意。对于这种客户，推销员千万不要不敢为你的客户作决定，你要明白，你的决定可能就是他的购买行为。

升级训练

犹豫不决的客户常常会使你在他们身上花很多时间，但你必须认清一点，那就是你谈不成生意，责任不在客户身上。如何有针对性地帮助犹豫型的客户马上作决定，这里给出一些建议。

（一）区别对待

年轻人比较缺乏判断力，需要有人从旁鼓励，帮助他作决断。当你要诱导这些客户时，可以采用指导晚辈或下属的方法，一一指点说明。这也是你必须学习的一面。

（二）不要暗示客户“你不懂”

客户犹豫，也许是因为他对产品还不十分了解，因此，不能完全相信你。对此，如果你当面指出，说客户“你不懂”，当然是不易被他接受的。

（三）试探客户是否因对产品了解不足而迟迟无法做决定

为了了解客户到底懂了多少，可以用一小部分专门问题来问他。比如：

可以问：“电线回路不好，到底什么原因呢？”或者问：“为什么扩音器越多，发出的声音越好？”如果客户能够很流利地回答这些问题，说明他懂得不少，你可以照他懂的程度来应付。

如果客户的回答是：“嗯！这个嘛！意思就是……就是……”

如果是这种答案，无论是谁听起来，都知道对方的产品知识有限。你需要对产品性能再进行一番解说，等客户心中的疑虑解除后再帮客户下决心。

秘籍 79：激将式成交法

激将式成交法，指销售人员采用一定的语言技巧刺激客户的自尊心，使客户在逆反心理的作用下完成交易行为的成交技巧。日本人就比较善于使用激将法。

美国国富民强，于是，日本人与美国人打交道的时候就常常会抓住对方的“自大心理”做文章。例如，一个美国人想以 2200 美元的价钱卖出一辆轿车，有位日本人来看车子，经过很长一段时间的讨价还价，卖方很不情愿地答应以 2000 美元的价格成交。日本人留下 50 美元的定金给卖主，可是，第二天他带来的却是一张 1900 美元的支票，而不是应付的 1950 美元，并且一再地向对方恳求、解释，他只能筹出 1900 美元。如果对方不同意，一般日本人就会用激将法刺激对方："美国人一向自诩世界上最慷慨的人，今天我才领教了你们的慷慨。"或者说："区区50美元都不让步，这样是不是显得有点小气了？况且你们美国人在赚钱方面很有一套，还会在意这点儿？别太贬低自己的能力了吧。"

这位可怜的美国人肯定认为自己的自尊心受到了挫伤。这时，那位日本人就会再找一个台阶让对方下来，2200美元的轿车就以他希望的1950美元成交了。

在销售中，正确地运用激将法，能收到积极的效果。运用激将法成功的话，可以减少客户异议，缩短整个成交阶段的时间。如果对象选择合适，更易于完成成交工作。所以，在恰当的时候应设法刺激一下准客户，引起他的注意，取得谈话的主动权之后，再进行下一步。

有一次，原一平去拜访一位个性孤傲的准保户。由于这位准保户性情古怪，尽管原一平不断转换话题，他仍然兴趣不大，反应冷淡。原一平只好告辞。

回到家后，原一平决定第二天仍然去拜访这位性情古怪的准保户，不过对这种一贯冷淡的人应该小小"刺激一下他的神经末梢"，让他激动起来。

第二天，见到这位准保户后，原一平讲话的速度越来越快，这位性情古怪的准保户开始还不在意，后来原一平语速太快，准保户想听也听不清楚了。他问道："你在说什么？"

原一平回一句："你好粗心。"

准保户本来脸对着墙，听了这一句之后，立刻转过来，面对着原一平："什么！你说我粗心，那你来拜访我这位粗心的人干什么呢？"

"别生气，我只不过跟你开个玩笑罢了，千万不能当真啊！"原一平真诚地说。

"我并没有生气，但你竟然骂我是个傻瓜。"

"唉，我怎么敢骂你是傻瓜呢？只因为你一直不理我。所以才跟你开一个玩笑，说你粗心而已。"

“伶牙俐齿，够可以的了！”

“哈哈……”（一出闹剧后，得以和客户形成互动，更利于成交。）

升级训练

激将法是一种和客户面对面交锋时需要使用的方法。它的具体操作技巧如下：

（一）看清对方的脾气再“下嘴”

推销员一定要根据不同客户的性格特点，采用不同的方法，巧言激将。比如有些客户争强好胜，在他犹豫不决的时候，你只要对其稍作刺激，他就会因为“面子”或“炫耀”等心理因素而购买某些高价或并不一定马上需要的产品。

（二）反话刺激

推销员如果认为对客户的性格有了一定的把握，就可以运用反话刺激的激将方法，“贬低”对方，刺激对方，让对方“暴跳起来”、作出平时根本不会作的决定。例如，直接嘲笑对方的无知，直接说对方不直率，不厚道，说对方知道得太少。

（三）运用“要和××商量一下吗？”这句话

一位女士在挑选商品时，如果对某件商品较中意，但却犹豫不决，推销员可适时说一句：“要不征求一下您先生的意见再决定？”这位女士一般会回答：“这事不用和他商量。”从而立即作出购买决定。

（四）褒扬对方的同行

有意识地褒扬对方的同行，暗中贬低对方，激发他压倒、超过第三者的雄心壮志。

激将法的特殊性使得它在使用时，因时机、语言、方式的微小变化，可能导致客户的不满、愤怒，以致危及整个推销工作的进行，因此必须慎用。

（五）用笑声来化解激将带来的副作用

“笑”是可传染的，你的笑声往往会感染对方。对方越冷淡，你就越以明朗动人的笑声对待他。这样一来，你在气势上就会居于优势，容易压倒对方。如果最后两个人都很开心，那么，余下的事情就好办了。

秘籍 80 ：幽默成交法

幽默是生活的调味品，是社交的润滑剂。幽默的语言常常给人带来快乐，面对客户的异议，最好的化解方法就是幽默。

幽默可以产生一种力量，它可以借助这种力量把不愉快的气氛转化成愉快的气氛。

乐观的人能说出令人高兴的话语，快乐的言语是诚挚自然的，包含着信心与力量。如果你掌握了这个诀窍，那么你的客户和你都会置身在祥和融洽的气氛中。下面让我们看一个实例：

有一次，原一平去对一位客户进行回访，客户打开门后看了一眼原一平没好气地说："敲门的总是推销保险的，贵公司的推销员已经让我倍感头疼了，反复过来，太令人讨厌了。"面对这样的斥责，原一平温和地笑道："有这种事？不过我可跟以前的推销员不同啊？我比他们可要英俊潇洒得多。"客户打量了一番眼前这个个头矮小、长相平平的人，忍不住笑了起来。

"我看你不像英俊潇洒，倒像是小辣椒。"客户说道。

"您说得对极了，个头越是小的辣椒越是辣，我保证在半小时之内让您感受到我与先前销售员的不同。"原一平趁机说道。他开始发动脑筋思考能够逗乐客户的妙计，一边想着，一边说着，一边手舞足蹈，不一会儿两个人就开始开怀大笑起来，笑声让陌生感顿时消失，二人针对保险问题谈论了很久，最终客户紧闭的心门被原一平打开了。

原一平就是这样坦诚面对客户，并以乐观的心态调侃自己的缺陷，从而很快拉近了自己与客户之间的距离。无论如何，总要设法把客户逗笑了，然后自己跟着笑。当两个人同时开怀大笑时，陌生感消失了，气氛也就和谐了。

因此，幽默是销售过程中应该掌握的最重要的沟通技巧。如果你能让客户笑出来，你就能让他们把钱掏出来。没什么比幽默更有利于建立关系。

升级训练

只要你能创造出与准客户一起笑的场面，就突破了第一道难关，并拉近了彼此的距离。如何使用这个有力武器去增加销售，以下是一些建议：

（一）在开场白中使用幽默元素

幽默会给交易营造一种愉快的基调。好的开始是成功的一半，开场白的好坏，几乎可以决定销售拜访的成败。

（二）不要拿别人开玩笑

你永远不知道到底谁认识谁。如果客户正好认识你所嘲笑的那个人，或者和笑话结尾的事主正好相似，那你就完了。如果听的人又去跟别人转述你的笑话，那么总有一天你会受到惩罚的。

（三）在笑话中自嘲

自嘲可以显示出你是一个可亲随和的人，而且是一种安全的幽默。

（四）每个人的笑点不同

有些笑话可能只有几个人懂，这种笑话是小圈子笑话，所以圈子外的人你不要指望他们觉得多好笑。

（五）先倾听，后玩笑

在开口之前判断清楚对方是哪种类型和风格的人。正确的幽默对你的帮助有多大，错误的幽默对你的损害就有多大。

（六）关键时刻舒缓气氛

在严肃的场合，周围的气氛常常有一种无形的压力。这时候你就得做一下小丑的角色，让现场气氛轻松一些。这样做或许会让人觉得你不严肃，不过这会让你接下来的事情好做些。

（七）尽量以个人的经历而不是编出的故事作为笑话

例如，讲一讲你办公室里的事情，或者你孩子身上和你小时候的趣事。

（八）重复和已经事先听过的笑话会让人反胃

如果对方不看电视、报纸、杂志和书的话，那你算幸运。如果对方是笑话迷的话，可以说你讲什么笑话他都听过了，那种“并不好笑”的感觉会在对方的脸上表现出来。

（九）用幽默把问题变成机会

比如，你想在电话中用30秒介绍一下产品并订下约会。客户问：“怎么收费？”你说：“哦，这个电话是免费的。”

（十）黄色笑话很危险

这种笑话尤其在异性面前应少讲为妙。不管对方跟你多熟悉，都不要在异性面前讲这种笑话。

（十一）把握时机

巧妙地在谈话中插入幽默，会使客户喜欢上你。但要提醒你的是：任何时机都不适于向你不认识的人讲政治或宗教笑话。

（十二）有人不喜欢笑话

在说完笑话之后得到一阵沉默，是件很恐怖的事。

（十三）至少要准备一两个笑话

为了备不时之需，要准备一两个笑话。例如，对方是一位拘谨的女客户，你可以把你的招牌笑话讲出来，逗对方笑。不过这种笑话是招牌笑话，也是你的杀手锏，所以不要随便讲出来。

秘籍 81：“双向托底”成交法

推销员使用“双向托底”技巧，可以让客户感觉到你们在平等地分享成交的好处。“双向托底”有助于我们培养一个好的心态来面对客户，它的内在意义是：我们期待得到的东西，也在准备给我们的客户带来利润。下面来看一个推销实例：

“张经理吗？我是王柯，家具地板城的。您想起来了吧？您到我们这儿来过好几次了。”

“你是……”

“我就是那个向您介绍地板的，我给您在纸上列过一个清单，您还揣兜里了，想起来了吧？”

“噢，想起来了，想起来了，你说吧，什么事？”

“是这样的，通过那一次和您的接触，我感觉您一定是一位正直的人，我想请您帮个忙……”

“什么忙？”

“您也知道，现在的生意很难做的，而我作为一个小推销员就更难了。上次您到地板城来我们谈过地板的事，到现在我们只做了两笔小买卖。昨天老板给我递话儿，没有买卖这房租都交不上，你说他这么一说，我不就是要面临下岗了吗？现在找工作这么难，这个活还是亲戚给介绍的。”

“你到底什么事你就直说吧！”

“那我就直说了吧。您也看了，我们专卖‘丰木’这个牌子的高级地板。您说怎么办呢？到现在我这个月就卖了两笔，一共卖出 36 平方米，挣的钱仅仅够交门市费的。老板虽然没怪我不会卖东西，可整天给脸色看。我自己没帮老板挣到钱，心里也不好受。”

“是啊，现在生意难做，但是装修有几家用得起‘丰木’这种牌子的？”

“正是因为没有多少人能够买得起，我又了解您的消费实力，所以才冒昧打这个电话请您帮忙的啊！”

“我还没想好……”（明显能够感觉到客户虽然在拒绝，但因为自己的消费能力被别人认可而变得语调轻快起来。）

“您别急，我知道您在犹豫什么，您一定是嫌贵。不过我已经想好了，与其在这里饿死，不如和您交个朋友。我卖地板，老板也会给我提成。我提 13%。这样，我这 13% 也不要了，您就当帮我一个忙，您就在我这儿买，我卖出点东西心里也踏实。您看行吧？”

这里，推销员使用的是“双向托底”的技巧，向客户回答了“你得到多少，我赚了多少”这个问题。其实，客户在推销员“双向托底”的过程中也在“掂量”推销员话语的“含金量”，他想知道你和你的老板在这笔交易中赚了多少，所以好的推销员在这个问题上也会给客户一个交代。因此，在你游说时要熟知于心，一方面要讲明客户可以赚得的实际好处，包括利润与售后服务等；同时，你也要留心回答客户的另一个问题，如“你给了我这些，而你赚到了多少？”

“嗯，这个价格，其实也很高，跟你说，我买了这么贵的地板，还真有点心疼——180 元每平方米，你说是不是？”

“张经理，您要是再这么压价，我可只好把自己的工资贴给您了啊。您就当帮帮我，这都快到月底了，您要下个月来，我可能就不在这儿站岗了……”

“嗯，不过，我得跟我爱人商量阿，明天我给你信儿好不好？”

“没问题！您是要 50 平方米是吧？我一定挑好的给您留着。还有，您如果真的愿意帮我这个忙，就明后天来拿吧？我怕错过了时间，别的推销员把我留给您的卖出去了，就对不住您了。您说是不是？”

“好吧！那我明天下午去你们店面吧。”

“好嘞！不见不散。”

在上述这个案例中，推销员很好地运用了“双向托底”的技巧，先是用生意难做和自己的捉襟见肘来赢取准客户的同情心，然后明确告诉准客户：愿意把自己赢得的那一部分利润“让利”给客户甚至自己全部“转让”应得的利润，目的只有一个：交个朋友，赢得一个回头客。当客户意识到自己既能拿到更便宜的货，又能做个顺水人情时，何乐而不为呢？

升级训练

有些客户购买产品，并不是看重了实际的产品质量、服务和价格等，而往往是由于特别欣赏推销员的原因。如果产品在以后出现了什么问题，客户首先找的不是公司，而是推销员本人。实施“双向托底”技巧，会让客户更感到你是一个“实在人”，跟实在人打交道，“放心”！如何在向客户“双向托底”的过程中，让客户感受到你的“实在”，这里介绍几个技巧：

（一）告知生产过程

告知客户产品的生产过程，就是让客户了解到与产品有关的生产流程上的一些信息，这也是“双向托底”的一种，这样客户会感到其实推销员和厂家也“赚不了多少”，客户的心理也就会平衡一些。

（二）告知客户自己的付出

委婉地向客户透露“其实做推销也是很辛苦的”，同样可以掳获客户的同情心。不过运用这个技巧有两个忌讳：如果自己收入稳定，提成颇丰，不能流露出沾沾自喜得意的神情；如果自己是推销新人，不能在客户面前流露出待遇太低而很不愿意做推销的落魄神情。

秘籍 82：骑虎难下成交法

人们生活在一个盘根错节的社会环境中，每个人都有错综复杂的人际关系，这些关系总是左右人的行为。如果销售人员能够将客户的这种关系成功地加以利用，也就等于左右了客户的购买行为。

我们看下面的例子：

一位母亲带着女儿走进服装店，为了祝贺女儿考试取得优异的成绩，母亲决定送她一条裙子作为礼物，促销员小丽接待了他们。

“你有这样的一位母亲真是幸福啊！”小丽说。

接着，小丽用一种柔和而夸张的语气说：“在我年轻的时候，我也非常渴望能有一条这样的裙子，你真应该感谢你母亲为你买了这么漂亮的一条裙子。”

升级训练

这种方法在应用过程中应该注意，要能够及时地抓住客户的家人、朋友及其相关人员的心理。拉近感情，用关怀的方式打动客户，让客户与家人之间产生共鸣，从而获得客户心理上的认可和接受。

秘籍 83：从众成交法

从众成交法也叫排队成交法，是指推销员利用客户的从众心理，促使客户立即购买商品的一种方法。

社会心理学研究表明，从众行为是一种普遍的社会心理现象。长期的社会规范、有形或无形的团体压力以及人类自身的成长要求，都是形成从众心理的主要原因。

客户在购买产品时，不仅会考虑自身的需要，还会顾及社会规范，服从社会的某种压力，并以大多数人的行为作为自己行为的参照。

推销饮水器的推销员这样对他的推销对象说："这种冷热饮水器目前在一些大城市非常流行。特别适合于大公司的办公室使用。既方便、实用，又能增添办公室的豪华气派和现代感，与贵公司齐名的 ×× 公司、×× 公司等，办公室里都换上了这种饮水器。"

女性买化妆品，大多数是看自己周围的朋友买什么牌子。女性总是认为如果大家都对某一品牌情有独钟，那它肯定是好商品。消费者在购买某商品时，若营业员说："对不起，这种商品现在缺货，明天才能进到货，要不等进到货时，我先帮您留一件，否则又没货了。"一般来说，顾客听到这种话，都会对该商品产生好印象，即：缺货就意味着是好货，紧俏品就是好商品，肯定值得购买。

从众成交法正是利用了人们这种心理，营造一种众人争相购买的气氛，促使顾客迅速作出购买决策。

需要注意的是，使用从众成交法时，出示的有关文件中的数据必须真实可信，采用的各种方式必须以事实为依据，不能凭空捏造、欺骗顾客。否则，受从众效应的影响，不但不能促成成交，反而会影响店铺信誉，破坏全盘推销工作。

升级训练

在销售领域，推销员可以巧妙地运用客户的从众心理，使客户消除疑虑，进而快速作出决策。

（一）优点

从众成交法有很明显的优点：

（1）可以增强推销员的说服力，有时客户之间的相互影响会比推销员的说辞更具说服力。

（2）可以消除客户的疑虑，强化客户的安全感。

（3）有利于推销员给客户一种压力与紧迫感，促使客户尽快下决心购买。

（4）有利于推销员促成大量成交。

（二）缺陷

从众成交法也存在一定的缺点：

（1）不利于推销员正确地传递推销信息，因推销员把顾客的注意力吸引到有多少人购买产品上了，不利于产品信息的传递。

（2）可能会使客户受到有很多人购买的影响，而忽视了对产品本身的研究，导致客户盲目购买。有了这种购买行为的客户，很容易在冷静之后产生后悔心理，这样难免会给公司及推销员造成不必要的麻烦。

（3）如果没有足够的推销经验，在使用这个策略时，很容易因为把握不当，在介绍有好多人购买或提供其他证据时，顾此失彼，甚至泄露公司的保密信息。

（4）若遇到个性较强、喜欢表现的顾客，会起到相反的作用。

（三）应该注意的问题

在营销过程中应用从众效应时，必须注意以下几点：

（1）在不泄露公司机密的前提下，应用具体例证向客户介绍，而不能仅凭口头诉说。

（2）一定要准确地选好中心客户，以便说服其他人跟随购买。

（3）推销员应讲究职业道德，不能用夸张的事实去误导客户，不能用虚假的情报蒙骗客户。

（4）如果客户关心有谁购买了，推销员应重点说明某个名人或某个有影响的人已经购买，以发挥权威效应法。

（5）一般情况下，只有当客户主动询问有多少人购买时，推销员顺水推舟地介绍，这样效果才会最好，千万不要抢先介绍。

秘籍 84：锐角成交法

每一个拒绝推销员的客户，总能提出太多的理由。推销员如何越过这些理由和客户进行沟通，是决定销售能否顺利进行的关键。所以，合理应对客户的反对意见是非常重要的。

反对意见有时可以转变成购买的理由，关键要看你的反应是否足够机敏，是否可以把客户的反对意见灵活地转变为促进成交的因素。聪明的推销员不但不会被这些反对意见所困扰，反而会借助这些意见促成交易。

那么什么是锐角成交法？

就是在某种情况下，当客户提出具体的理由作为反对购买的意见时，推销员采用的方式就是巧妙地把客户提出来的各种反对意见转换成相应的购买理由。这种把反对意见转换为相应购买理由的方式，如同几何学中延长一个锐角的任何一条边就可以变出钝角一样，因此被人们形象地称为锐角成交法。

锐角成交法的实质其实就是借力使力，即借助客户提出的反对意见的力量，把这种力量转换为促进购买的理由，然后把这种力量再传达给消费者。

客户："我没有用过这种产品，没有兴趣购买。"

推销员："正因为您没有用过这类产品，所以才要尝试一下啊！您可以先试用一下，然后再买一小部分，回去后如果觉得效果不错的话，那您就不枉此次尝试了。但如果您不买的话，就永远不会知道这种产品的好处了。"

又如：

客户："实在对不起，你也看到了，我现在的工作忙得一团糟，根本没有时间和你谈。"

推销员："我知道您现在很忙，没有时间去了解产品的详细信息，所以我今天把您需要了解的这类产品信息进行了汇总和分类，这样您就可以对这类产品的信息一目了然了。"

客户："既然这样，那就谢谢你了。"

推销员："为您这样的成功人士提供最好的产品和服务，是我们公司一贯的宗旨。我今天就是带着这样的服务宗旨来您这里的，如果您今天决定购买，以后也不用花时间去做这件事情了。"

锐角成交法是要在客户提出的反对意见中寻找突破口。在运用这种策略时，销售人员要注意自己在转换观点时，表现一定要自然，不要牵强附会，硬把客户往成交的轨道上拉，这样，只会引起客户的不满。

因此，销售人员一定要用周到的服务来吸引客户，最终让客户在这种诚挚的态度面前打开心扉，从而促成销售。

升级训练

运用锐角成交法应对客户的销售技巧：

（一）针对没有时间的客户

"我很忙，没有时间。"这句话推销员是经常听到的，也是客户拒绝销售员最好的理由。以“没有时间”为理由来拒绝推销员的客户，多半是对具体的销售活动进行敷衍。现在很多推销员都有了应对这种异议的方法，只有缺乏经验和勇气的推销员才会在这个问题面前退缩。

面对这个问题时，推销员同样可以采用锐角成交法，将反对意见转换为促成成交的理由。

客户：“对不起，我现在很忙，以后有时间我会与你联系的。”

推销员：“实在不好意思，其实您现在只要抽出5分钟的时间就可以了，这5分钟的时间可以为您今后节省好多时间呢。我们这种产品正是专门针对工作忙、压力大的客户设计的，如果您购买了我们公司的产品，并且坚持每天正确使用，那么您的精神面貌就会焕然一新，您的工作效率也会大大提高。”

（二）针对嫌“产品质量差”的客户

“害怕产品质量差”和“听说这种产品质量差”，也是客户经常使用的拒绝理由之一。客户这种疑虑多半是因为客户对产品或服务的不了解引起的；还有一些客户是知道产品的具体问题的，他们提出这样的拒绝理由，只是希望以此来拒绝推销员。

但是，无论客户是找借口推托，还是不了解产品的真相，推销员都可以利用锐角成交法对这种理由进行灵活转换。

客户：“我们与另外一家公司合作得很好，况且万一贵公司的产品质量或服务品质不如那一家怎么办？”

推销员：“您说得对，正是因为您以前一直用一家公司的产品，所以才没有机会比较好坏。如果您对我们公司有所了解的话，您就会发现我们公司无论是在产品质量还是服务方面，都会让您更加放心。您看，这里有相关客户的反馈信息和产品的质量保证，您还有什么不放心的呢？”

对于那些想急于摆脱销售人员的客户，销售人员可以先消除客户的反对意见，再挖掘出客户拒绝购买的真实意图。

（三）针对“没钱”的客户

有些客户以“我没钱”或“这方面的预算不够”等一系列的理由来拒绝推销员。面对这种客户，推销员可以通过多谈产品的价值，少谈价格，以商品的价值影响客户，从而使客户产生购买的欲望。面对这种拒绝，推销员同样可以根据实际情况对具体的反对理由进行相应的转换，使之成为促成交易的有利条件。

客户：“你来得真不是时候，公司最近财政非常紧张，其他方面的资金都周转不过来，哪有这方面的预算呢？”

推销员：“是啊，现在正是淡季，很多公司都在缩减财政预算，虽然一方面可以为公司节省资金，但可能也导致很多公司因为预算问题而耽误了原料的采购，等到旺季来了再采购，利润肯定不如现在大。根据您以往购买的经验，您也肯定知道什么时候购买原材料最合适。现在的原材料价格不仅低，而且供货快。此外，我们也考虑到很多客户资金周转的问题，便进一步放宽了收款期限，收到原材料的同时，您只需要支付30%的预付款就可以了。剩余的货款您可以分期支付，总之，只要在半年内结清就可以了。”

总之，客户提出对立的意见后，推销员不要紧张，更不用害怕，可以先想一想能否借助客户的反对意见促成成交的实现。当然，把客户的反对意见转换为促成交易的理由时，一定要自然，态度诚恳，不能让客户感觉到你只是为了推销产品才这样做的。否则，一旦客户识破你的目的，那就很难再说服客户了。

秘籍 85：富兰克林成交法

富兰克林成交法是一种通过对比购买理由和拒绝购买理由，从而作出购买与否判断的一种有用的方法。

这种成交技巧就是在销售过程中推销员说服客户时，在一张纸上画一条线，然后请客户把他们乐于购买产品的原因写成一栏，把不乐于购买产品的原因写在另一栏。之后，推销员根据两种情况，有针对性地展开销售活动，最终说服客户作出成交决定。

客户："让我写这种东西干什么啊？我是绝对不会买的。"

推销员："您可以先把您认为不买的理由写到这边，这样您也可以更清楚地了解您不愿意购买的真实理由。写出来之后，您可以进一步明确这些理由，然后再作出决定，看是否真的决定放弃购买我们公司的产品。"

这种方法的基本做法是：在一张纸上画出两栏，呈"T"形，左边表示肯定，右边表示否定。把购买某产品的一切好处按照轻重缓急进行排序写在左栏，将客户已经或可能感知到的不利点写在右栏，让客户看哪边理由更充分而作决定。

这份利弊卡有两种写法，一是买卖双方各写一份；二是推销员写肯定，客户写否定。

它之所以被叫做富兰克林成交法，是因为它最早是由美国富翁富兰克林发明的。

富兰克林在创业过程中，当要做出重大决定时，他总是使用这种方法，通过客观冷静地分析，从而决定是否做这些事情。

随着富兰克林本人在商业上的巨大成功，他这种作决定的方法被应用到更多的领域中。后来，这种方法被销售人员用于具体的销售活动当中，而且取得了非常显著的效果，因此这种方法就以他的名字命名。

运用这种方法，销售人员能够更有效地找出潜在客户在面临决定时真实的内心想法，而使用其他方法很难一下子掌握那么多丰富而真实的客户信息。

一旦推销员知晓了客户的真实信息，就可以根据客户内心的具体想法展开相应的说服、介绍或推荐等销售活动了。

当然，在使用的过程中，推销员还应该借助其他方法。因为在实际的销售过程中，任何一种成交技巧都不是孤立的，优秀的推销员都能够根据具体情况将各种销售技巧灵活运用，相互配合。

升级训练

推销员使用这种方法的时候，需要注意以下几项内容：

（一）使用这种方法必须得到客户的支持配合

有些推销员可能会说：“如果我建议将不愿意的理由写下来，客户却不愿意这样做，怎么办呢？”事实也正是如此，有许多客户并不愿意接受推销员对他们的安排，他们也不愿意花费时间和精力填写这些理由。

推销员：“我在这张纸上画了一条线，请您把自己愿意和不愿意购买的理由分别写在这条线的两边，好吗？”

客户：“哪有那么多理由？我没有时间和你谈这些东西，我根本就不想买这种产品。”

如果在一开始就遭到客户的拒绝，那么你根本就不会弄清客户愿意购买或不愿意购买的真实原因，销售活动自然无法继续展开。

因此，在使用这种方法之前，一定要说服客户愿意与你配合，然后才能在此基础上引导客户逐步作出成交决定。

（二）诚恳地赢得客户的信任

推销员应该首先得到客户的信任，然后告诉客户，你愿意帮助他们分析作出成交的决定对他们的实际利弊。

如果分析的结果是弊大于利，那你自然会为客户的利益着想；如果分析的结果是利大于弊，那么客户可以自己斟酌。

有些客户可能配合你填写，但他也许只会写出一些表面上的理由，而没有说出更多更重要的信息。这时，推销员需要积极引导客户，让客户表达出自己的真实想法。

在对客户进行积极引导的过程中，不要表现得过于急躁，同时态度要诚恳，要尽可能多地使用一些提示性的语言。例如：

“这是您拒绝的全部理由了吗？还有其他的理由没有？”

“您写的是不想购买，那么您愿意写出为什么不想购买吗？”

“您认为除了……之外，还有哪些问题呢？”

（三）与客户展开互动，共同分析

当客户把他们的支持理由和反对意见都写出来之后，推销员要针对客户提出的理由和意见进行具体深入的分析。此时，推销员必须注意，这个分析的过程，是推销员与客户互动沟通的过程。

进行分析的时候，推销员需要从客户的实际需求出发，同时强化客户购买的理由，逐步化解客户的反对意见。在分析的时候，多问客户几个“为什么”，很多时候，客户的拒绝理由他们自己也说不清楚，当他们不能解释时，这些理由就不攻自破了。

需要推销员注意的是，使用富兰克林成交法的时候，一定要态度诚恳地告诉客户你的目的是什么，得到客户的信任，而不要仅仅告诉客户你只是做一个所谓“调查问卷”或“测试”，那样反而会引起客户的不快。

秘籍 86：最后机会成交法

最后机会成交法，又称机会成交法、限制成交法、无选择成交法或唯一成交法，是指推销人员直接向顾客提示最后成交机会而促使顾客立即购买的一种成交方法。

这种方法的实质是推销人员通过提示成交机会，限制成交内容和成交条件，利用机会心理效应，增强成交的可能性。例如“这种商品今天是最后一天降价，机不可失，时不再来”，在最后机会面前，人们往往会由犹豫变得果断。

这种方法的最大优点是能够促使顾客立即购买。例如：

“这是最后十件，要买趁早。”

“我们这个机器只剩下三台了，我们最后的优惠时间只有一个星期了……”

“我们的活动在今天下午 5：00 就结束了，对您来说可是一个很好的机会哟，还有最后三样特价，卖完为止，明天就会恢复原价，您还要犹豫吗？”

“由于钢材价格不断上涨，这种商品的出厂价已上涨 10%，我们是在涨价前进的货，所以售价不变，下一批货的价格肯定要上涨了。”

这些都是运用最后机会成交法诱导消费者进行消费。

最后机会成交法能吸引顾客的注意力，是因为它利用了人们对各种机会表现出的兴趣，可以增强成交说服力和感染力，从而打动顾客，利于成交。

但是，使用这种方法应该注意，要讲究推销道德，实事求是，绝不可采用欺骗的手段来换取顾客的购买。

升级训练

想要纯熟地运用最后机会成交法达成交易，必须对最后机会成交法进行细致的分析，并对其优缺点作详细的了解。

（一）最后机会成交法的优点

（1）可以使客户在心理上产生一种“机会效应”，引起顾客对购买的注意力；可以减少许多推销劝说工作，避免顾客在成交时再提出各种异议。

（2）这种方法把客户成交时的心理压力变成成交动力，促使他们主动提出成交，实际上是对顾客的一种让步，主要满足顾客的求利心理。

通过这种方法，可以向客户提供优惠成交条件，有利于巩固和加深买卖双方的关系，对于较难推销的商品，能够起到有效的促进作用。

（二）最后机会成交法的缺点

（1）有时可能会加深顾客的心理负担。

（2）可能会增加推销费用，减少收益。

此外，运用这种方法，需要注意针对客户求利的心理动机，合理地使用优惠条件，还要注意遵守有关的政策和法律法规。

秘籍 87：应对“别家产品更便宜”的成交法

每名销售人员在销售过程中，都会不时碰到表示“别家的产品比你的产品便宜”的客户。不过无论他是什么态度，你用下面的成交法都能有效地激发他们的购买欲望，除非他们真的对你的产品和服务不感兴趣。

但如果你的客户真的不感兴趣，他也不会跟你在价格上纠缠来纠缠去，他们的异议只不过想以较低的价格购买最好的产品和服务罢了。

既然这样，你就跟他说：

“××先生，别家的价格可能真的比我们的价格低。在这个世界上我们都希望以最低的价格买到最高品质的商品。依我个人的了解，客户购买时通常都会注意三件事：产品的价格、品质、服务。”

“我从未发现有任何一家公司可以以最低价格提供最高品质的产品和最好的服务，就好像奔驰汽车不可能卖到桑塔纳的价格一样，对吗？”

说完这句话后，你最好留下时间给你的客户作出反应。因为你说的是经济上不折不扣的真理，你的客户几乎没有办法来反驳你，他只能说“是”。接下来，你可以对客户说：

“××先生，根据您多年的经验，以这个价格来购买我们的产品和服务，是非常划算的，您说对吗？”

让你的客户作出回答，因为你产品的品质和服务确实符合这样的价格，你的客户如果不是故意刁难，应该不会作出否定的回答。然后，你再继续问他：

"×× 先生，为了您长期的幸福，您愿意牺牲哪一项呢？您愿意牺牲产品的品质呢？还是我们公司良好的服务？"

"×× 先生，价格对您真的那么重要吗？有时多投入一点来获得你真正想要的产品，也是很值得的，您说是吗？"

"事实上，大公司的基层采购人员都致力于从供应商那里尽量获得最低的价格。然而，有经验的采购人员都了解，低价位产品产生的问题往往比它能够解决的问题还要多。"

"资深的采购人员基于他们的经验，更在意获得最高品质的产品，远胜于那些低价位的产品。他们似乎都能因此为公司作出较好的决定。×× 先生，您说对吗？"

如果你的产品和服务真的够好，你只要将上面的语言记下来，并且说出去，你的订单就会足够多了。

升级训练

有这种"别家可能更便宜"心态的客户往往属于反复考虑型的客户，也是推销员经常遇到的客户类型。明明资料都已经给他看了，产品也已经反复给他演示了，好像一切都朝着马上要成交的方向发展，但最后还是换回这样一句话，前面的努力似乎全部付诸东流。

交易到了这样的关口，明明知道客户已经有了很明显的购买意图，但如果你仅仅出于礼貌说"那就这样吧，您再考虑考虑"，最后，"考虑"的结果一般是"不好意思，我们已经选择了别家的产品了"，或者眼睁睁看着客户在隔壁的柜台上买了竞争对手的产品扬长而去。我们真的一点办法都没有吗？

不，办法是马上回忆一下过去的演示过程或者先前的交流经历，事出肯定有因。按理讲，在前面你实际已经和客户完成了一个互动的过程，客户对你的产品肯定是有一定的了解，他之所以没有下定决心、最终决定，肯定你还有某一点没有打动他，所以这时候要当机立断，采取行动。可以直接询问他到底还有什么疑问，并且马上针对客户的问题拿出解决办法。

表面上看，这当然是一个价格问题。但我们必须首先分辨出他是真的认为你的产品比别家的贵，或者只是用这句话来跟你进行讨价还价。了解他们对你产品的品质、服务的满意度和兴趣度，将对你完成一笔交易有莫大的帮助。

顾客："我在别家的商店看到一模一样的提包只卖25元。"

推销员："当然只卖25元了，那是合成革的。皮件材料有真皮的，有合成革的，从表面看两者极为相像。您用手摸摸，再自己看看，比较一下，合成革提包哪能与真皮提包相提并论？"

如果这时顾客还是无法作出决定，可能他真的难以分辨合成革与真皮，这时就是你展示自己专业知识的好时机了。

第 10 章

搭建客户关系网——永久销售的秘密

我不要心胸狭窄，我要与人分享，使它成长，温暖整个世界。我要用全身心的爱来迎接今天。从今往后，我要爱所有的人。仇恨将从我的血管中流走。我没有时间去恨，只有时间去爱。现在，我迈出成为一个优秀的人的第一步。有了爱，我将成为伟大的推销员，即使才疏智短，也能以爱心获得成功；相反地，如果没有爱，即使博学多识，也终将失败。我要用全身心的爱来迎接每一天。

➲ 原著精读

我终于明白，原来这世界上有着三种人。第一种人从自己的经验中学习——他们是聪明的。第二种人从别人的经验中学习——他们是快乐的。第三种人既不从自己的经验中学习，也不从别人的经验中学习——他们是愚蠢的。

我曾经傻傻地站在路边，看着成功的人昂首而过，富有的人阔步而行，心里生出许多渴望和羡慕。我不止一遍地想过，是否这些人具备一些我所没有的天赋，比如说，独特的技能、罕见的才智、无畏的勇气、持久的抱负以及其他一些出众之处？是否他们每天比我多分到几个小时，得以完成那些伟大的计划？是否他们比我更具同情心与爱心？不！上帝从不偏心，我们是用同样的黏土捏成的。

我终于明白，并非只有我的生活才充满悲伤与挫折。即使最聪明、最成功的人也同样会遭受一连串的打击与失败。这些人和我的不同之处仅仅在于，他们深深知道，没有纷乱就没有平静，没有紧张就没有轻松，没有悲伤就没有欢乐，没有奋斗就没有胜利，这是我们生存所要付出的代价。起初，我还是心甘情愿、毫不迟疑地付出这种代价，但是接二连三的失望与打击，像水滴穿石一样，侵蚀着我的信心，摧毁了我的勇气。现在，我要把这一切都置之度外。我不再是行尸走肉，躲在别人的阴影下，在无数的辩解与托词中，任时光流逝。

我终于明白，耐心与时间甚至比力量与激情更为重要。经历年复一年的挫折以后，我终将迎来收获的季节。所有已经完成的，或者将要进行的，都少不了那孜孜不倦、锲而不舍、坚忍不拔的拼搏过程。这种过程是一点一滴的积累，步步为营的拓展，循序渐进的成功。

成功往往转瞬即逝。昨夜才来，今晨又去。我期待着一生的幸福，因为我终于悟出藏在坎坷命运后的秘密。每一次的失败，都会使我们更加迫切地寻求正确的东西；每一次从失败中得来的经验教训，都会使我们更加小心地避开前方的错误。就这种意义而言，失败是通往成功的道路。这条路尽管洒满泪水，却不是一条废弃之路。

秘籍 88：良好的人际关系能够创造财富

销售的本质就是经营人际关系。推销便是将产品卖出，而产品的卖出就牵扯到人与人之间的交往相处。所以对推销员来说，若有良好的人际关系，帮自己忙的人就越多，则推销的成绩就越好。

人际关系如同树根，一棵小树苗要想长成参天大树，成为栋梁之材，必须有粗壮发达的根脉从大地吸取营养，必须有充足丰富的枝脉和纤细纵横的叶脉吸收大自然中的空气、阳光和雨露。人际关系也是一个复杂的体系，成熟的营销人员都具有完备的人际关系系统，而营销的过程就是搭建人际关系网的过程。

人际关系是事业成功的助推器。我们每一个人都希望自己生命中有一个“贵人”，在关键时刻或危难之际能帮我们一把。“啊！那个人很好，我们工作上曾有往来，虽说我离开那个单位很久了，但他还是年年寄贺卡和信给我。这个推销员啊！你若能帮忙就尽量帮忙。”像这种一开始通过工作认识，就算变成无直接交易的关系后，这人仍然能对你的工作直接或间接地加以帮忙。

人际关系是事业发展的情报站。在这个信息发达的时代，拥有无限发达的信息，就拥有无限发展的可能性。人际关系有多广，情报就有多广，它是你事业无限发展的平台。

很多人只知道比尔·盖茨成为世界首富，是因为他掌握了世界的大趋势，还有他在电脑上的智慧和执著。其实比尔·盖茨之所以成功，除了这些原因之外，还有一个最重要的原因就是比尔·盖茨编织了一张有用的人际关系网。

让我们来领略一下比尔·盖茨的人际关系积累法则。

第一，利用自己亲人的人际关系资源。

比尔·盖茨20岁时签到了第一份推销合约，这份合约是跟当时全世界第一强的电脑公司——IBM签的。比尔·盖茨之所以可以签到这份合约，中间有一个中介人——比尔·盖茨的母亲。比尔·盖茨的母亲是IBM的董事会董事，妈妈介绍儿子认识董事长，这不是很理所当然的事情吗？假如当初比尔·盖茨没有签到IBM这个单，相信他今天绝对不可能拥有几百亿美元的资产。

第二，利用合作伙伴的人际关系资源。

大家都知道比尔·盖茨最重要的合伙人——保罗·艾伦及史蒂芬。他们不仅为微软贡献他们的聪明才智，也贡献他们的人际关系资源。

第三，发展国外的朋友，让他们去调查并开拓国外市场。

比尔·盖茨有一个非常好的日本朋友叫彦西，他为比尔·盖茨介绍了很多日本市场的特点，为比尔·盖茨找到了第一个日本个人电脑项目，以此来开辟日本市场。

第四，雇用非常聪明、能独立工作、有潜力的人来一起工作。

比尔·盖茨说："在我的事业中，我不得不说我最好的经营决策是必须挑选人才，拥有一个完全信任的人，一个可以委以重任的人，一个为你分担忧愁的人。"

想一想，如果自己拥有这样的人际关系、这样的人缘，会有一种怎样的心情、怎样的自信？当然，这样庞大的人际关系网是比尔·盖茨倾几十年之力悉心栽培收获的。作为一名推销员，如果你想得到这样的人际关系网，就要从现在开始编织。

人际关系是一种资源和资本，很多成功的商界人士都深深意识到了人际关系对自己事业成功的重要性。无论你从事什么职业，学会处理人际关系，掌握并拥有丰厚的人际关系资源，你就在成功的路上走了85%的路程，在个人幸福的路上走了99%的路程。因为人际关系是你终身受用的无形资产和潜在财富！

看看汽车推销大王乔·吉拉德的“教程”，你是否悟出了积累人际关系的秘诀呢?

汽车推销大王乔·吉拉德总是设法让每一个光顾他生意的客户感到他们似乎昨天刚见过面。

“嗨！老兄，几天不见，你都跑哪里发财去了？”乔·吉拉德微笑着，热情地招呼一个走进展销区的客户。

“嗯，好久不见。我想来这里看看车子。”比尔客气地和这位自己并不熟悉却又热情过人的推销员打招呼。

“难道你不买车，就不愿顺道进来看看，打声招呼？我还以为我们是朋友呢。”乔·吉拉德却一点也不感到生疏，仍然热情地和比尔寒暄，现在他已经确信面前的这位客户叫比尔了。

“是啊，我一直把你当朋友，乔。”

“你每天上下班都经过我的展销区，比尔，从现在起，我邀请你每天都进来坐坐，哪怕是一小会儿也好。现在请你跟我到办公室去，告诉我你最近都在忙什么……”

现在乔·吉拉德已经可以和比尔像兄弟一样亲热地交谈了，比尔也觉得自己新交了一位好朋友。

当一位满身尘土、头戴安全帽的客户走进来时，乔·吉拉德就会说：“嗨，你一定是在建筑业工作吧。”很多人都喜欢谈论自己，于是乔·吉拉德尽量让他无拘无束地打开话匣子。

“您说得对。”他回答道。

“那您负责什么？钢材还是混凝土？”乔·吉拉德不想让谈话中断，再次提了一个问题等待客户谈下去。

还有一次，当乔·吉拉德问一位客户做什么工作时，对方回答说：“我在一家螺丝机械厂上班。”

“噢，那很棒，那你每天都在做什么？”

“造螺丝钉。”

“真的吗？我还从来没有见过造螺丝钉是怎么回事呢。方便的话我真想上你们那儿看看，欢迎吗？”乔·吉拉德显得对造螺丝钉这件事充满了浓郁的兴趣，一点也没有轻视造螺丝钉这项工作的意思。

后来有一天，乔·吉拉德经过这家工厂的时候，突然想起和这里的一个工人聊过天，于是顺便来拜访他。当那位满身尘土、头戴安全帽的客户看到乔·吉拉德来看望自己的时候，喜出望外，虽然乔·吉拉德并没有带什么礼物来。客户把乔·吉拉德介绍给年轻的工友们，并且自豪地说：“我就是从这位先生那儿买的车。”乔·吉拉德呢，趁机送给每人一张名片。正是通过这种策略，他获得了更多的生意。

升级训练

成功学大师戴尔·卡耐基曾经说过：一个人事业上的成功，只有15%是由于他的专业技术，另外的85%主要靠人际关系、处世技巧等。推销员如何过好客户这道关，以最快速度赢得客户的认可与信任呢？

（一）学会做人，拉近与客户的距离

首先，做一个自信的人。坚信没有什么不可能。绝不要怀疑自己的公司，绝不要怀疑公司的产品，绝不要怀疑自己的能力，相信自己一定能够征服客户，客户一定会对你另眼相看。当遭遇客户刚开始时的一两次冷眼或者不热情的态度时，推销员心里要明白：这只是客户还没有或者不完全了解你之前的一种本能反应，没有什么大不了的。

其次，要做一个主动的人。客户不理睬你，你可以主动去推销自己，关心他及他周边的人，用你真诚的行动去感染他及他的家人，如每次拜访时为他或者他家人捎点小礼品等。

再次，要做一个能吃苦的人。很多客户不认可刚从学校毕业的新手，很大一部分原因是怀疑他们不能吃苦。新手如果没有吃苦的精神，是不可能获得客户的认可的。因为做销售，新手相对没有太多的经验，没有太广的关系网，没有太多的“老本”吃，唯一的方法是比别人拜访客户的时间更长，比别人拜访的客户更多，比别人拜访客户的频率更高，也就是说要比别人吃更多的苦。

接着，要做一个可信赖的人。推销员除了自信、主动、吃苦还不够，还必须使自己成为一个值得客户信赖的人。应该严格遵守公司的职业规范和作业制度，坚决不做任何有损客户与公司利益的事情，公私分明。同时还要有诚信，不能做到的事情坚决不承诺，承诺的事情坚决做到。只有这样，才能使客户依赖你，才有可能获取客户最大的支持与配合。

最后，推销员还要做一个好学的人。一是要养成“多问”的习惯。二是要养成“多听”的习惯。倾听，可以使你变得更聪明，更能受到对方的尊重。

（二）从简单做起，不要让客户小瞧

很多刚从学校毕业的推销员，一接触市场，就想管理很大的区域，就想做出很好的销售业绩。但是，由于受社会经验、专业知识、销售技能等因素的制约，一名新手要马上单独运作和管理好一个县级或者市级市场甚至更大区域的市场，难度很大。因此，只有从简单做起，从容易做起，做点成绩出来，不让客户小瞧你。

（三）与客户共同销售，用业绩赢取客户充分信赖

通过学会做人，拉近了与客户的距离。通过从简单做起，使客户再也不小看你了。但做销售，最终的结果是销售业绩，是销量的持续增长和市场份额的不断提升。接下来，你还应深入下去，将客户的激情充分地调动起来，与客户共同开发与管理市场，获取良好的市场业绩，最终使自己成为客户的合作伙伴，让客户感觉永远离不开你。

1. 帮助客户重新调研、分析与规划市场

通过全面的市场调研与数据分析，评估客户的机会、威胁、优势与劣势，制订客户现在与未来的市场发展规划，包括经营定位、发展区域、网点布局与选择标准、经营产品定位与策略、价格策略、促销政策等。

2. 与客户共同开发与培育网点

动员客户亲自或者与其业务员一起前往市场一线，根据客户发展的总体规划与要求，搜索、物色、开发和培育新的网点，不断壮大客户的分销网络。

3. 与客户共同管理市场

主动帮助客户管理市场，包括区域市场的渠道冲突控制、价格维护与控制、线下网点的管理、竞争策略的制订与调整等。

4. 帮助客户提高经营管理水平

除了业务上帮助客户提升外，你还应成为客户的经营管理顾问，通过培训、现场指导、传、帮、带等方式，帮助客户提高其财务管理水平、销售管理水平、人力资源管理水平。

秘籍 89：陌生人中找“贵人”

销售中，影响成交效率的障碍因素之一就是信任，客户要花大量的时间去考察产品、企业、销售人员的信用，而如果销售人员经过客户的“信用认证”、推销的过程就简单高效了，近几年兴起了微信营销，原因就是微信是经过熟人认证的“信用网络”。做销售必须善于借助朋友的力量、朋友的朋友的力量来拿到订单。借助朋友之力，就要广交朋友。美国销售界的传奇人物莱特曼最常做的一件事就是给各位朋友提供方便，让朋友的朋友们都能互相帮助。如果他听说一个人要到某个地方去，他会提前通知那里的朋友去机场或码头、车站迎接，并尽可能提供方便。

人际关系中，有些朋友和你关系非常亲密。譬如同学关系，尤其是对于高学历的人来说，与同学关系的好坏对于我们未来的发展具有重大的影响；譬如志趣相投的朋友，这种关系较为稳固，值得我们花大心思去维护、培养。要以诚相待，你可以把你的资料给你的朋友，让你的朋友在他的人际圈中为你宣传，为你推荐客户。

交朋友，不仅要交现时的朋友，更要注意培养未来的朋友。

譬如业务上的朋友，这是我们工作中直接面对的人，不要小看周围的任何人物，不要把他当做简单的产品服务对象。坚持和尽可能多的业务人士做朋友，会使我们更加容易掌握市场信息，更加容易处理投诉、服务等问题。

譬如一次性的朋友，这里说的一次性朋友泛指那些接触时间很短暂，却总要接触的朋友。比如说从你们公司买了个小东西的客户、一个朋友的朋友，一个你经常要打交道的政府工作人员，处理不好与这些朋友的关系，会使我们的工作效率大打折扣。

销售新手不要看不起这些小单，不管多买还是少买，都要把他们当做自己很重要的朋友、客户，一样给予真诚的关心和服务。

一般来说，我们可以通过下面的“五步原则”来实现结识陌生人的目的。

当一个人走进你的五步范围时，你应该友好而热情地自我介绍，并询问他的工作以及为什么在这个地方出现。用善意的对话引导对方积极回应。当对方问及你的工作时，你的任务是将名片递给他们。几乎没有人会拒绝你的热情和名片，接下来你会发现对方开始问你的工作和你的产品等一系列问题了，你需要的不正是对方的这些问题吗？你应微笑着告诉对方：“我猜想，可能某一天有为您或者是您的朋友服务的机会，为此事先致谢。”

你应准确地将这些话语和当时的气氛配合起来。

“我猜想”听起来一切都是自发的、自然而然的。

“事先致谢”说明你为人礼貌。

“有可能”显示一种谦逊的态度。

“某一天”使得你的服务不至于被搪塞到遥远的将来。

“为您服务”把潜在的顾客置于重要的位置，他们觉得自己对你很重要，很可能采取行动帮助你。

通常出现以下三种情况，都会对你有利：

他们同意打电话给你，进一步讨论。

同意让你打电话给他们，进一步讨论。

他们不感兴趣，但愿意帮助你向感兴趣的人推荐。

现在你得到了什么？认识了一个你几乎没有可能认识的人，得到了一名潜在的顾客并被推荐给其他的潜在顾客。

升级训练

有些朋友是早就认识熟知的，有些是需要你去结交的，是要经过一个生人变熟人、熟人变朋友、朋友变生意伙伴的过程的。那么如何去认识更多的朋友，让他们为你源源不断地带来客户呢？顶级推销员的成功秘诀是——每天会见四个人。

（一）坚持每天认识四个人

你要每天最低限度地和四个陌生人认识、交谈。如果你每天要和四个陌生人谈生意，你一定感到有压力。但当你转变心态，去认识四个朋友，了解他名字的特色和出处，指出与众不同的地方，了解他工作的情况，明白他工作上的困难以及体验他保持今天成就的窍门，相信陌生人也乐意向你吐苦水。一旦你成为好听众之后，陌生人便会与你成为好朋友。你要把由陌生人成为朋友，由朋友变成客户的工作，变成你生活中的一部分。

当你回家的时候，首先要自我反思一下，今天是否认识了四位陌生人呢？请记住交朋友的宗旨：你的目的是要和人家交朋友，至于销售，六个月后再说吧！试试这个方法吧！如果你没有足够的客户或者朋友，你根本不能在商场立足。

（二）真诚地关心相交之人

既然认识了他们，想为自己的销售成功打下基础的话，还要关心他们，这样才能和他们成为朋友，才能和他们保持长久的关系。

唯利是图是很多推销员所奉行的原则，这种做法是极其短视和有害的。聪明的推销员不仅在认识朋友的过程中、在向客户推销的过程中与他们建立良好的关系，而且在以后还经常与他们保持联系。

（三）让朋友介绍朋友

每天认识四个人，和他们成为朋友，让他们为你推荐客户。美国寿险推销大王贝吉尔，曾讲了这样一个故事：

一个意志消沉的年轻人向他请教，他说自己搞寿险推销已 14 个月了，刚开始做得还不错，但后来就不行了，感觉到没有市场了。贝吉尔向他提了几个问题，发现年轻人对许多准客户都浅尝辄止，浪费了许多“资源”。贝吉尔告诉他说：“你只做到事情的一半，回去找买过你保险的客户，从每个客户那里至少得到两个介绍名单。记住，在你卖给一个人保险之后，再没有比你请求他介绍几个人的名字更重要的事。此外，不管你和准客户面谈结果如何，你都可以请他们替你介绍几个朋友或亲戚。”年轻人高兴地告辞了。

6 个月后，他又来到贝吉尔的办公室，他热切地告诉贝吉尔：“这些日子里，我紧紧把握一个原则：不管面谈结果如何，我一定从每个拜访对象那里至少得到两个介绍名单。现在，我已得到五百多个人的名单了。这比我自己四处去闯所得的要多出许多。”

“你的业绩如何？”

“6 个月我已缴出 24 万元的单子，以我手头目前的保险来推算，今年我的业绩应该会超出去年很多。”

认识朋友，包括把你的客户当朋友，是一个长期的过程。一定要坚持做，才会有结果。推销员认识朋友，犹如一家石油公司一般。石油公司在提取石油之前，早已投入大量的资金去购置工具机器，又要聘请大量人员来进行开采和钻探工作。石油公司投下大量金钱去做一些不知有没有结果的钻探工作，但他们的心态认为这是成功之前的必然投资。也许推销员认识了一百个人，才得到一单生意。但这并不代表我们浪费了九十九个人，因为我们得到一个结果，得到一个好客户，这是做销售的心态和代价。

秘籍 90：让客户为你推荐客户

要想结识更多的客户，让别人成为自己的义务推销员是一个不错的选择。通过引荐认识的潜在客户，成功的希望会比从零开始发展的客户要大一些：一是已经从介绍人那里多少了解了对方的背景、爱好等有关情况，工作起来可以有的放矢；二是由于有中间人介绍，再去拜访不显得唐突，双方感情上容易融洽，心理上容易取得对方信任。

所以说，让客户推荐客户是个拓展业务的好办法，既可以大大避免结识新客户的盲目性，而且有助于推销员赢得新客户的信任。

有人做过统计：如果是客户推荐的生意，成交率会高达60%。相比之下，如果自己去开发客户，有可能拜访200位都没有一个成功的。由此可见，有人推荐对一个销售人员是多么重要。所以，我们从事销售行业的人，必须认真对待身边的每个人，因为每个人的身后，都有一个规模不小的潜在客户群，善待他有时就像点亮一盏灯，照亮一大片。

但是要想使客户成为你的义务推销员，就应该先取信于现有的客户。如果现有的客户都对你不满意，还怎么可能给你介绍新的客户呢？所以，你首先要善待你的老客户，和他们诚心诚意做朋友，只有这样才能够得到他们的帮助。

客户愿不愿意为你介绍新的客户，很大程度上取决于你是不是为他做了好事，是不是与他保持着良好的关系，是不是取得了他的信任。一个人之所以义务为你宣传，主要原因是他欣赏你的为人，知道你对客户认真而热情，不会耍花招欺骗他们。所以，一名销售人员一定要先做人、后做事。如果你能够给人一种诚恳、认真、勤勉、敬业的印象，赢得他们的赞赏，那么他们主动为你宣传便是迟早的事。

升级训练

美国推销协会统计：一名推销员在他销售的前两年，有75%的时间花在开发准客户上，花在销售上的时间只有25%。但是，两年以后两个数字开始发生变化，到后来开发准客户的时间不超过25%，其中最为重要的原因就是推销员由于向老客户索取新客户的名单，从而大大提高了业绩。

通过老客户推荐新客户，我们需要把握以下几步：

（1）在接触客户的过程中，要充分展现专业素养，这种专业知识要让客户真切地体验到。

（2）推荐卡或推荐信。

（3）了解推荐名单的详细资料。

（4）评估并过滤推荐名单。

（5）立即拜访最大可能的客户。

（6）要将商谈结果告之推荐人，迅速与推荐人联络。

推销员："岳先生，您买我的计算机大概有两年了，这两年来我为您维修了三次，升级了两次，您觉得我的服务还不错吧？"

客户："我很满意！"

推销员："您希望我长期为您服务吗？"

客户："那当然。"

推销员："说心里话，我是非常乐意为您这样高素质的客户服务，现在生意越来越难做，佣金越来越少，很多人都离开了公司。我也很想长期为您服务，不知道您是不是愿意帮我？"

客户："你说要怎么个帮法？"

推销员："在您的好朋友里给我介绍几个准备买计算机的朋友认识吧？"（要求具体）

客户："完全可以，我去找一下名片。"（推销成功）

秘籍 91：成交之后有讲究

在日本，对推销员每星期给客户写信的数量进行统计，发现汽车推销员是 29.8 封，证券推销员是 49.8 封，百货店推销员是 32.2 封，财产保险推销员是 22.1 封，房地产推销员是 14.3 封。创吉尼斯世界纪录的推销大王乔·吉拉德每个月都要给他的 13000 多位客户写一封信，每一年要给他的每位客户写 12 封信。在乔·吉拉德与客户握手告别的时候，乔的助手就已经把感谢信装进了信封。

与客户维系良好关系，最简便也往往最容易被忽略的就是在推销访问后寄上一封感谢函或者一封电子邮件。书写感谢函和电子邮件应该是销售人员日常工作的一部分，销售人员可以自己设计一个独特的格式，然后配合每一位特定的客户做必要的修正，使每封信都是独一无二的。用信函或者卡片所创造的良好的关系，与其他方式所花费的时间和金钱相比，成本是最低的，同时效果是最好的。

美国加利福尼亚州的一名保险公司推销员，总是寄送祝贺感恩节的卡片给所有的客户。他说："我的竞争对手通常都是在圣诞节前寄送贺卡给客户，我认为我的做法必须与他们有点不同。"而另外一名保险推销员则往往寄送生日贺卡给客户，提醒他们核对驾照期满日期，也取得了不错的效果。以年均签订4988份合同而成为世界推销大王的日本人齐滕竹之助为例，他的经验是："为了使对方保持对你的好感，隔一段时间，就应该发出一封热情洋溢的问候信，这是很有必要的。"

之所以在达成交易之后给客户写封信，是基于以下考虑：

（1）为接到客户的订单而表示感谢，是商场上的一种礼貌。

（2）与客户沟通感情，建立关系。推销员和客户之间的关系是慢慢建立起来的。推销员与客户的接触越多，彼此的关系就会越亲密。写信是接触客户的方法之一，也是成本最低廉的方法。

（3）减少了客户"买了以后又后悔"的感觉。一般人在买了东西以后，常有"悔不当初"的感觉。他们往往在事后产生过多的联想，如"产品是不是真像他说的那么好？""产品坏了的时候，他们真的能及时提供服务吗？"但是当客户接到销售人员的感谢信以后，这种感觉即会消失。

升级训练

一些推销员只重视推销，注重推销的成果，不注意成交后的艺术。而后者对与客户建立良好的关系非常重要。即使成交失败，也要给客户留下好的印象。成交后，就更要向客户表示感谢，要继续积极热情地为客户提供服务。

为了使成交更为圆满，在正式达成交易，即签订合同后，推销员还应做好更多工作，现在我们总结一下：

（一）为双方庆贺

在即将达成交易或者已经成交后，我们一定要注意为双方庆贺，强调谈判的结果是双方共同努力的结晶，满足对方的心理需要。同时，不要忘记赞扬对方。这样做会使双方心理得到平衡和安慰，并感到某种欣慰。

（二）稳定客户的情绪

交易顺利达成，推销员千万不要让客户感觉出你的态度开始冷淡。一定要让客户记住你的情谊，感到购买你的商品是明智的选择，是幸运的。为了做到这一点，在商品出售后必须稳定客户的情绪，找一些大家共同关心的问题聊一会儿（当然最好不要提商品），这样会使客户的心情平静下来。

（三）主动向客户承诺以后相关的服务

在向客户告别之前，为了表示对成交负责和对客户利益的重视，应该主动向客户表示自己愿意随时解答客户的疑难问题。通常，这种真诚的行为会得到客户的由衷称赞，从而为建立持久的关系打下良好的基础。

（四）表示感谢

在成交后，推销员要利用适当的时机和方法向客户表示感谢。致谢的时间最好在交货后两三天内，致谢的方法可以是书信、电话或亲自登门向客户表示谢意。

秘籍 92：不断提供超值服务

超值服务是什么呢？管理学家奥雷罗·彼德·杰尔林说：“超值服务就是指超越常规的服务，也就是做到企业规定的服务之外，自觉地使这种服务无限延伸，超越客户的要求。这种超值服务，会使客户深切感受到企业无微不至的关怀，从而使客户和企业之间建立起友好、融洽的关系。这是对传统服务观念和服务行为的挑战。”

对推销新手来说，尊重客户，为客户提供优质服务是一种没有尽头的追求，客户满意是赢得胜利的关键。这就需要推销员努力提高服务水准，把服务当做一种习惯、一种修行，要超越客户的期望。

小帆刚到一家房地产公司时，业绩为零，工作完全无法展开。

有一位老先生嫌市区吵闹，空气不好，打算在开发区买一套房老两口住，但他在多家售楼公司中摇摆不定。

某天，这位老先生的老伴得了胃病，这给了小帆一个突破口。她首先以追踪反馈信息的名义上门，但只和他们谈些保健知识，说自己做中医的父亲治疗胃病很有一套，老太太便让小帆帮忙。当晚小帆便打电话给父亲，让他提供一个治疗相关胃病的偏方。

第二天，小帆买了中药给老太太送上门。此后，每隔四天小帆就上门拜访一次，丝毫不提房子的事情。到第五次上门的时候，两位老人拉着小帆说：“闺女呀，今天下午我们一起签购房合同吧。”

从此，只要是从小帆手中购买商品房的客户，她都尽己所能地予以帮助。有付出就有回报，他们也十分关心小帆，主动为小帆提供信息，介绍买主。小帆的销售额直线上升，很快便居于所有同事之首。

从小帆卖楼的故事中我们可以看出，高品质的服务在推销中非常重要。在对客户的服务中，推销员要做到以下几点：

（一）以高品质的服务促进购买

销售就是服务，你可以在现实中去体会。当你把销售的观念用为客户服务、帮客户解决问题的方式表达出来的时候，客户会逐步解除对你的戒心，袒露他的需求和内心的真实意图，这时，你会找到销售的另一种乐趣。著名营销管理学专家特里·G. 瓦拉根据多年的研究结果提出：高质量的客户服务才是促进购买的真正原因。

在对客户推销的过程中，作为推销员，要义不容辞地担起为客户提供服务的责任。推销员的客户服务意识越强，客户在购买产品的过程中获得的服务就越充分，这样才能给客户带去更加满意的购物感受。也只有在推销过程中为客户提供高品质的服务，才能在客户满意的前提下实现销售目标。

做一名好推销员，高品质的服务是必不可少的。但有些推销员，特别是新手对客户服务工作存有这样一种错误的观念：我的工作是说服客户签署订单，为客户提供服务的工作应该由企业中专门的客户接待人员或者售后服务人员来承担。之所以说这种观念是错误的，是因为随着经济的发展和社会的进步，现在的消费者要比过去更加精明和理智，在购买过程中获得更优质的服务已经成为他们的迫切需要。更何况，竞争日趋激烈，在产品同质化日趋严重的今天，如果你在推销过程中不能为客户提供更优质的服务，客户很难感到满意，这将导致你的推销以失败告终。

（二）以服务提升客户满意度

作为一名推销员，虽然你的每次销售沟通都指向同一种结果——签订销售合同，卖出产品，拿到货款。但是在具体的销售沟通过程中，如果你不能让客户看到蕴藏在产品当中的价值，而且这种价值不能满足客户的各项需求的话，那就无法实现交易。通过满足客户需求的各项优质服务，推销员可以让客户形成更愉快的心理感知，从而使客户感到，他（她）从你这里购买产品要比在其他人那里购买产品获得更大的价值。

（三）要付出更多的努力

作为一名推销员，无时无刻不在面临着多方面的压力，担心自己会失去现有客户、销售业绩差、被竞争对手捷足先登、客户一再要求让步等。如何改变困境？如何让自己获得更多？如果推销员能够比别人付出更多一点努力，给客户再多一点关心，让客户再多享受一点服务，向客户多表达一些称赞，花费更多的时间来研究客户的需求，那么推销员的收获必定会更加丰硕。

虽然在实际的推销过程中，也许推销员付出了很大的努力，却收获很少。但是有一点值得所有人注意，那就是——付出也许不会有收获，但是如果不付出，那就永远没有收获的可能。

汤姆·霍普金斯是全美最知名的销售大师之一，他曾经在很多领域从事过销售工作。一天，在他第二次约见客户之前，想到第一次见面时客户谈到过多年前看的一本书，客户当时说："我对那本书的印象非常深刻，可是当时那本书是向别人借的，之后我再想买它时却一直没有找到，真是遗憾。"汤姆记得妻子曾经买过这样一本书，于是他打电话向妻子说明事情经过，然后在妻子的书房里找到了那本书。当他把这本书递到客户手中时，客户有些意外地说："你还记着这件事情啊，我当时只是说说而已。没想到你能为我带来这本书，真是感谢。"

总之，推销的工作就是去满足客户的需求，并艺术性地让客户认同和接受推销员的工作。要成功地做到这一点，推销员必须充分了解自身的产品和服务，并具备优良的销售技巧。

升级训练

推销新手在销售产品或服务的过程中，千万不要忽视客户服务的作用，因为在现代的激烈竞争中，如果客户得不到你优质的服务，就会把目光投向你的竞争对手。这样一来，势必会给自己造成很大的损失。比如：

1. **开发这些客户时花费的时间和劳务成本**

从搜集和分析这些客户的相关信息到费尽口舌地接近和说服他们，你花费的所有成本都将失去意义。

2. **客户不愿意购买造成的利润损失**

这种损失最为直接和明显，但这与你的其他损失相比不过是九牛一毛。

3. **失去由客户满意带来的长期客户资源**

你在第一次与客户接触时的劣质服务可能会使客户永远不再理会你；如果你为客户提供的服务为其留下了良好的印象，即使他（她）此次不购买，这种良好印象也会为今后你们的持续沟通奠定坚实基础。

4. 客户不满造成的声誉损失

客户会因为受到劣质的服务而产生不满情绪，这种情绪很可能会延及周围更多的人，进而使你及你所代表的企业声誉受到一定损失。

5. 在开发新客户时花费更大成本

据统计，开发一个新客户所花费的费用相当于维持十个老客户所花费的费用。在开发新客户的时候，一定不要忽视老客户的维持，毕竟老客户是你生存的基础。

所以，为客户提供超值服务是提高销售业绩的重要手段。在销售过程中，推销员为客户提供的内容需要包括以下几种：

1. 热情友好的服务态度

服务首先是态度问题。美国一位销售专家对客户服务下了一个定义：“服务指的是一名员工对客户所表示的谦恭、有效的关心程度。”谦恭、有效的关心，就是对服务态度的要求。服务态度包括主动、热情、爱心、帮助等。热情的服务态度是销售过程中的一项最基本、最重要的服务内容，也是满足客户被尊重、被关心需求的一种重要方式。

现在很多企业内部都专门针对销售人员的服务态度制订了严格的规定和标准，比如“三米微笑”和“八颗牙齿的微笑”，即在三米之内的范围看到客户时就要露出微笑，在对客户微笑时要露出八颗牙齿；又如称呼客户和语言表达方式上的热情，即必须用“您”称呼客户，在任何情况下都不得顶撞和嘲讽客户，也不允许对客户提出的服务要求置之不理等。

当客户的需求得不到满足时，他们就会产生消极的情绪，还会做出敌对的行动，或把话闷在肚子里一声不吭，因此，我们必须用适当的言语和行为来避免客户产生负面的情绪。我们要做的不是去争论谁对谁错，而是有效且迅速地把事情做对。我们要做的第一步是使客户平静，然后才能开始第二步，解决问题。客户需要的是得到别人的爱和关心，所以我们更应该明白，赢得客户的心才是服务的全部，如果继续争论，对我们没有任何好处。

2. 熟练的服务技巧

通常推销员的服务能力在于迅速了解客户的需求和解决客户问题。有些推销员只知道倾听客户的倾诉，却缺乏提问的技巧，加上有些客户对自己的问题和抱怨又阐述不清，故而常常使很多推销员难以弄清客户的真正需求，更别说帮助客户解决问题了。为此，推销员还应该掌握一些服务技巧，比如演示产品功能、指导客户使用、提供必要的信息、恰如其分地解决客户的燃眉之急等。

当然，所有的服务技巧都必须针对客户的需求进行，只有这样才能对销售沟通产生积极的推动作用。

3. 超强的耐心

服务是对耐心与信心的考验，必须将客户的每一项琐碎的要求做到细致入微。

4. 设身处地为客户着想

站在客户的立场上，把客户当成朋友，根据他们的实际需要，为他们提供服务和帮助，这样才能赢得客户的好感和信任。

5. 随时随地为客户提供服务

随时随地为客户提供最好的服务，当客户领会到你的这种服务精神时，你已经离成功不远了。

6. 养成随时搜集信息和记录信息的好习惯

为每一位客户提供他们所需要的信息，这些信息来源于平时的积累和搜集。

秘籍 93：灵活运用“外围影响”

赤壁之战中，鲁肃见诸葛亮的第一句话是：“我，子瑜友也。”子瑜，就是诸葛亮的哥哥诸葛瑾，他是鲁肃的挚友。短短的一句话就定下了鲁肃与诸葛亮之间的友情基础。

其实，任何两个人只要彼此留意，就不难发现双方有着这样或那样的“亲”、“友”关系。告诉客户，是第三方（客户的亲友）要你来找他的。这是一种迂回战术，因为每个人都有“不看僧面看佛面”的心理，所以，大多数人对亲友介绍来的推销员都很客气。例如：

“您好！我是 ×× 销售培训公司的陈 ××，您的一个朋友王 ××（停顿）介绍我给您打这个电话的（假如有人介绍的话）。我不知道您以前有没有接触过我们公司。我们 ×× 销售培训公司是国内唯一专注于推销员业绩成长的专业服务公司。我打电话给您，主要是考虑到您作为销售公司的负责人，肯定也很关注那些可以使推销员业绩提高的方法。所以，我想与您通过电话简单交流一下（停顿）。您现在接电话方便吗？我想请教您几个问题（停顿或问句），您现在的销售培训是如何进行的呢？”

提一提第三方，也许就能拉近你与客户的心理距离。当然，这个第三方，也许你确实认识，也许你并未接触过，但只要你运用得当，同样能够取得相当的效果。来看看大连石油化工公司黄春警经理是如何运用这一技巧的：

大连石油化工公司看准了国际市场需要润滑油基础油这一行情，大力生产出 8 种牌号的润滑油基础油，企业利润大增。可是好景不长，不久国际油价下跌，公司面临着停产抑或另寻出路的考验。

面对危机，公司经理黄春警认为，打开国际市场来之不易。如果一遇风浪就退出来，那么，想再占领市场就会更困难。于是，他决定亲自从推销员做起，到欧美一些国家寻找市场。在美国北部，黄春警找到美国著名的鲁布左尔石油公司国际销售部。

黄经理开门见山地说：“希望你们能买我们的产品。”

“洋”经理说：“你凭什么让我们把别的公司的产品推掉，而买你们中国的产品？”

黄春警不卑不亢地列举了大连石化公司的三大优势：“一是大连石化公司的产品保证质量，有很高的信誉；二是我们可以长期合作，保证长期供货；三是大连石化公司有自备码头，能保证及时交货，并有良好的服务，产品资料齐备，保证信守合同。”

“最重要的是，”黄春警顿了顿，认真地说，“贵国莫比尔集团的润滑油基础油就是我们负责提供的。”在不经意之中流露出与强大的第三方之间的关系，不由得对方不信，事也就好办了，黄春警深谙此道。

最后的不经意正是点睛之笔。莫比尔石油公司在美国享有盛名，是世界第六大工业公司。这位经理听说莫比尔公司已购买了大连石化公司的产品，立即放下架子，同意洽谈生意，并对大连石化公司的产品做了质量评定。经检验，大连石化公司生产的润滑油基础油全部指标达到规定要求。他们很快向世界各地分公司发放了准予购买大连石化公司生产的润滑油基础油的许可证。就这样，大连石油化工公司开辟了新的市场，中国石油产品终于在国际石油市场上占有了一席之地。

人有时就是这个样子，正面你好话说了一大箩筐，但对方还是对你不屑一顾；如果你从侧面出击，提一提彼此认识的或者有影响力的第三方，也许很容易将对方拿下。所以大路走不通时你不妨走小路，打“外围影响战”。

升级训练

在与客户进行沟通时，如果出现对方的态度比较生硬、气势比较大、不容易下决定等情况时，你不妨巧妙地采取利用第三方的方法，不经意间透露一点第三方的信息，给对方施加一点压力，这样不仅可以提高你的身价，而且可以打击对方的气焰，促使沟通顺利进行，从而达到说服成交的目的。

当然，打着别人的旗号来推介自己的方法虽然很管用，但要注意一定是确有其人其事。如果你说认识，一定要确实认识；如果你只是耳闻，千万不要“冒名顶替”。如果你真的能够找到一个客户认识的人，他曾告诉你客户的名字，或者还告诉你该客户对于你产品的需要，那么你自然可以这样说：“王先生，您的同事李先生要我前来拜访，跟您谈一个您可能感兴趣的问题。”“何先生，您的好友张先生要我来找您，他认为您可能对我们的印刷机械感兴趣，因为，这些产品为他的公司带来了很多好处与方便。”

这时，客户可能会立即想知道你所提出的一切，这样你当然已引起了他的注意而达到了你的目的。同时，他自然也会对你感到比较亲切。切忌虚构朋友的介绍，要不然，客户一旦查对起来，就要露出马脚了。为了取信客户，若能出示引荐人的名片或介绍信，效果更佳。

另一方面，人们大多迷信权威，知名人士的评价或权威机构的数据会使人不由自主地产生信任感。在我们身边也有很多迷信权威的人，即使觉得没有什么值得借鉴之处或者有许多疑问，只要是权威部门或权威人士的话，就会全盘接受。比如“国防研究所的某级军事评论家对伊拉克战争形势分析如下……”“据一流大学某某教授说……”“总经理好像也不反对这个计划”。

其实生活中，人们对权威往往有一种追随和模仿意识，他们相信“著名企业 ×× 都用了，我们还犹豫什么！”而推销员正可以利用客户的这种心理，如“著名演员 ×× 也加入了我们的俱乐部”、“英美烟草、巴坦公司等著名企业都把我们的产品作为他们运送产品的首选车型”。

虽然滥用权威会导致侵权、犯罪，但巧妙地借助第三方，肯定会大大增强自己的说服力甚至拓宽和改善人际关系。

秘籍 94：比你承诺的多做一点

我们经常听到这样的困惑：“客户，我拿什么感动你？”其实很简单——细节动人心。感动别人就是关心别人的过程，也是帮助别人的过程。

在很多时候，感动别人并不难，只要我们为人坦诚，把一些应该做到的事情做圆满了，就可以感动很多人。台塑集团的创始人王永庆卖米的故事，大家可能都耳熟能详吧。

王永庆 15 岁小学毕业后，到一家米店做学徒。第二年，他用父亲借来的 200 元钱做本金自己开了一家米店。为了和隔壁那家日本米店竞争，王永庆颇费了一番心思。

当时大米加工技术比较落后，出售的大米里混杂着米糠、沙粒、小石头等，买卖双方都是见怪不怪。而王永庆为了吸引客户，将米里的小石子、沙粒都拣出来，这一额外的服务深受客户欢迎。

凡有人来买米，他都主动询问，是否需要送上门。他在一个本子上详细记录了客户家有多少人、一个月吃多少米、何时发薪等。算算客户的米该吃完了，就送米上门；等到客户发薪的日子，再上门收取米款。

他给客户送米时，并非送到就算，而是先把米缸里的陈米倒出来，然后把新米倒进去，再倒上陈米。这样，米就不至于因存放过久而变质。他这个小小的举动让不少客户深受感动，铁了心专买他的米。

就这样，王永庆的米店越经营越好，给他以后的发展奠定了基础。

同样是卖米，为什么王永庆能将生意做到这种境界呢？关键在于他用了心！用心去研究客户，研究客户的心理，研究客户的需要，研究如何去满足这些需要。不单纯卖给客户简单的产品，而是将客户的需求变成自己的服务项目，用细节感动客户。

升级训练

推销员只有在那些看似琐碎、简单的细节上超越竞争对手，才有可能达到大师的境界。在客户关系管理上，应当注意以下细节：

（一）换个角度看“挑剔”

我们处在一个供大于求的时代，客户凌驾于商家之上，成了指点江山的“上帝”，他们决定商家的销售，决定商家的生产，甚至决定商家的发展规划。当我们面对负面事件，产生消极情绪的时候，换个角度看问题往往使我们豁然开朗。

在客户的刁钻视角下，事情再小，也与他们是否对公司100%满意这种完美结局紧紧联系在一起。一旦从认知上解决问题，也就从根本上解决了问题，我们就能做到不必强行压抑消极情绪，而是积极引导和调控自己。

（二）1%的错误也可能导致100%的失败

销售中经常会遇到一些看似简单、琐碎的事情，如接听客户电话、整理销售报表。如果你以为这么小的事情就没有必要那么认真了，犯一点小错误没关系，那你就错了。

克劳斯比曾说："一个由数以百万计的个人行动所构成的公司，经不起其中 1% 或 2% 的行动偏离正轨。"质量和服务中的细节缺陷，曾经使爱立信输掉了它从未想放弃的中国市场；同样，它也会使推销员输掉工作和事业。

（三）小处不可随便

在客户关系管理方面，能否取得预期效果，执行过程中的细节是重中之重。20 世纪最伟大的建筑师之一密斯 · 凡 · 德罗，在被要求用一句话来描述他成功的原因时，只说了五个字"细节是魔鬼"。他反复强调：如果小处把握不到位，无论你的建筑设计方案多么恢宏大气，都不能够被称为成功的作品。实际上，我们的古代圣贤老子也早就说过："天下难事，必做于易；天下大事，必做于细。"

（四）用客户的眼睛看世界

有一句名言说："你不可以改变事实，但可以改变公众的看法。"就像强生公司著名的"泰诺投毒案"：谣传泰诺致死消费者，这是多么严重的危机！却由于策划人立意从消费者的角度来处理这件事，最后不但澄清了被人投毒的真相，而且还树立了企业坦诚而负责任的形象。推销员和客户打交道的过程中，只有用客户的眼睛看世界，才能够了解、获知关于客户的更多信息，才能够以客户乐于接受的方式进行沟通，从而达到最终的目的。

在如今技术高速发展、产品趋同的形势下，一名推销员如果想比别人更优秀，就一定要有超越其他产品、让客户愿意为之捧场的理由。"客户感动"既无标准也无法监督，但是也正因如此，才促成了非常销售。所以，我们只有不断地创造感动故事、营造感动氛围，推销员才能攀登顶峰，企业才能成为市场的领跑者。

秘籍 95：节假日，问候客户一声

推销员与客户之间不仅仅是买卖关系，更应是朋友的关系。既然是朋友关系，就应互相关心。对于竞争激烈的市场来说，推销员更应对客户积极主动，在节日中以感恩的心去问候和关心客户，这样可以缩短彼此之间的距离，使自己的人际关系更广，为日后的销售工作打下坚实的基础。

需要你问候的客户可能很多，有现实客户，也有准客户；有对你满意的客户，也有对你不满意的客户。

如果一时安排不过来，你可采取形式多样的“立体”问候：可以登门拜访、亲自打电话，也可以短信问候。

以下几类客户是我们在问候的时候不能忘记的：

（一）近在咫尺的客户

这类客户可以是你的朋友、邻居，也可以是亲人。有些人认为眼前的客户对自己的支持是理所当然的，这种想法是错误的。即使经常见面，也需要问一声“节日好”，让他们知道你是多么在乎他们的帮助和支持。

（二）重要客户

对自己帮助特别大的客户，我们有什么理由不去问候呢？

（三）很长时间没有联系的客户

把这部分客户重新纳入你的服务范围之内，不仅是扩展、积累客户资源的途径，也是对往昔友谊的承诺。

（四）不支持自己产品的客户

有些客户虽然对自己的产品不支持，但是一声问候也许会使他们产生好感。

当然，问候的时候，一定要掌握方法。不能三句话不离本行，这样只会使客户厌烦。比如，好久没有联系的客户，最好不要介绍自己的产品，应该先联络感情、建立关系，等双方都有了“好感”以后，再拓展业务也不迟。

而对于目前正打得“火热”的客户，就不用太客气了，在问候之后就可直接把销售的问题提出来。

但是，更多的时候，节假日的问候不能过于功利。一旦客户发现你只是盯着他的“钱袋子”，那样的话，不仅不会产生好感，反会怀疑你的诚意，使节日问候的实际作用大打折扣。

因此，我们一定要注意：节假日应该多问候，少推销，不用推销的最好不要推销。如果你能够站在客户的立场看问题，总会有客户感谢你的一天。

升级训练

现在，手机的普及率非常高，节假日通过短信问候客户往往能有意想不到的效果。那么，如何通过手机短信在节日期间与客户进行交流呢？

我们可以从以下几方面进行：

（一）对客户要有称谓

对对方的称呼，即是对对方的尊重，也容易引起对方的注意。所编写的短信一定要让对方注意到，这条信息是专门写给他的。不要用“各位……”“你们……”之类的话。也就是说，尽可能让对方感觉是“一对一”的方式。

此外，运用个性的语言，自然可以使自己的短信“脱颖而出”，但注意不能矫揉造作，只需要把你想说的话用自己特有的方式表达出来就行。

（二）文字简练生动

手机短信 60 ~70 字为一条，最好不要超过这个字数，因为超过了不利于一次性读完。“没有”可用“无”，“因为”可用“因”。

（三）内容量身定做

一些人容易犯的错误是，换一个称呼发一条，以为大功告成。殊不知，对象不同，祝福词应该有所不同，起码应该根据性别、年龄、身份的不同，合作与否、合作深度而“创作”不同内容的短信，这是要量身定做的，绝不可以图省事而掉以轻心。

（四）落款要巧妙

也许有些客户记得你，而有些根本就没有存储你的号码。因此，巧妙的落款是非常必要的。

根据对象的不同，可以写上“弟 ××”、“小 ×（姓）”、“××（企业简称）的 ××”，或者“一定合作愉快的 ××”、“×× 随时为您效劳”等。

最后，需要我们注意的是，短信问候是加强客户感情的一种方式，它传递的是一种情感、信息和责任。因此，要想做好这一点，应该把群发短信贴上“历史封条”。

秘籍 96：开放你的人际关系圈

这一年，沃顿商学院举行了一场名为“成功 CEO”的主题演讲。史克必成公司的 CEO 在演讲的过程中，向台下众多沃顿商学院学生提了一个问题：“你们读 MBA 的目的是什么？”

他给出了三个选择：MBA 的名声、圈子和知识。

大多数人都毫不犹豫地选择了圈子，于是，众多听众还反过来问这位 CEO：“您 1953 年毕业，到现在对您帮助最大的是什么？”

这位演讲者微笑着回答：“就是圈子。”

什么是圈子？就是一个互相交流的圆圈。这个圈子，可以为我们提供人际关系资源、信息资源、品牌资源。

无论哪个人，在一生的征途中，都不可能仅仅依靠自己的力量独自走到终点，而需要亲情、爱情、友情的支持。同时，通过与他人合作、互相帮助，人们互通有无，来完成自己的目标。

销售也是一样的道理，也需要组建自己的圈子。在这个圈子里，你拥有了自己的信息、盟友和客户资源，也拥有了这个圈子为你带来的平台和品牌价值。

华平创投公司董事、总经理孙强说：“投资对象最好在自己的交际圈子中选择，因为你对他知根知底，能够信任。这就像产品一样，一般来讲，最好的企业都是通过熟人介绍，而不是靠广告去发现的，因为广告往往掺杂很多水分。所以，我们通常都是通过国内的朋友，比如律师、财务顾问、审计师、会计师以及企业界朋友的介绍来寻找投资对象。”

同样，最好的推销员也是通过自己的圈子把自己的产品推向社会、推向市场的。自己的圈子越大，意味着自己与社会接触越频繁，社会关系越开放，销售的范围就越广阔。

如今的市场，消费者的购买行为在很大程度上直接或间接地受他人或群体，如邻居、亲友、同事等的影响。除了从广告中获取信息外，大多数人会以身边的人为参照，从他们口中获取信息。

如果消费者对产品满意，他会在亲友间经意或不经意地称赞该产品的优点。反之，如果不满意，他更多地会向周围的人抱怨该产品的劣处，并劝其亲友不予购买等，这势必会抵消你为销售所做的许多工作。

若想利用人际关系圈实现成功推销，往往需经历以下三个阶段：

（1）多接触客户。与客户见面的次数多了，自然增加了熟悉感，甚至与客户成了朋友。之后客户会慢慢将公司的业务性质、优点、产品种类等资料介绍给身边的人，不知不觉中这些客户就成了你销售团队的一员。

（2）建立良好的信誉。建立别人对自己的信心，重点是让别人知道自己能够为他带来好处。

（3）一旦有良好的声誉，口碑营销将会起作用，吸引更多的生意。

广阔的客户资源是推销员通向成功必不可少的支持。销售的一个重要特点，就是能够帮助你最大限度地扩大圈子，扩大信息、客户、朋友等各种资源，最终使你取得成功。

升级训练

经营人际关系的六个实用方法：

（一）慷慨大气

美国人有句名言说：20 岁靠体力赚钱，30 岁靠脑力赚钱，40 岁以后则靠交情赚钱。意思就是：朋友多则赚钱的机会多。而朋友关系如何培养呢?完整的人际关系包含三个阶段，即发掘人际关系、经营交情、出现贵人。

现代社会，建立人际关系远远不是过去所谓的“拉关系”那么简单，它包含很多深层次的东西，需要用心经营。寻找人际关系资源应主动出击，找到想认识的人就想尽办法去结识，结识后当自己的好朋友般慷慨对待。

发展人际关系的出发点就是先“跑量”，再从中精选可重点发展的对象。而走好第一步，慷慨对人，让人感受你的大气是必需的。

（二）放低姿态

放低自己的姿态，学会仔细倾听别人的话，理解他人的立场和处世观点，尽量体谅他们，这样既能学习他们的优点，也能让朋友感到自己被尊重和理解。

（三）不轻视“小人物”

被称为前清商界之神的胡雪岩，其高超的交际手腕让我们不得不叹服。对胡雪岩有深入研究的学者曾仕强分析，胡雪岩的过人之处是“对事情看得透，眼光够远，从不会轻忽小人物”。“小人物”也许更能够帮你成就大事业。

（四）患难相交

在他们健康平安的时候和他们交好，在他们落难困苦的时候更应热心地帮助他们。危急时刻建立的人际关系不仅有用，而且能换得很好的口碑，在以后交其他朋友时也用得上。

（五）坚持原则

经营人际关系，是要选择有原则的“君子之交”。

（六）网络人际关系

科技的发达，让人际网络的往来变得多元而复杂。在网络上一天所认识的朋友，可能比过去现实生活中一年所认识的还多。网络交友是一个非常不错的“从虚拟变现实朋友”的渠道。

秘籍 97 ：双赢才是真正的赢

双赢就是互惠互利。对于销售来说，就是客户可以从产品那里得到好处，销售人员也能从销售中获取利益。双赢强调的是兼顾双方的利益，即所谓的“赢者不全赢，输者不全输”。

双赢销售是指与客户合作的销售，主要是通过向客户描述你的产品、服务或操作系统中那些能改善客户经营状态的附加价值，达到你和客户利益双赢的目的。

推销员去寺庙卖梳子的故事，可能大家都听过。我们在这里不妨再重复一遍。

有四个推销员到庙里向和尚推销梳子。

第一个推销员空手而回，他说：“庙里的和尚说没头发不需要梳子。”

第二个推销员回来了，销了十多把。他说：“我告诉和尚，头皮要经常梳梳，可以止痒；头不痒也要梳，可以活络血脉，有益健康。”

第三个推销员说：“我到庙里去，跟老和尚讲，您看这些香客多虔诚呀，在那里烧香磕头，磕了几个头起来头发就乱了，香灰也落在他们头上。您在每个庙堂的前面放一些梳子，他们磕完头、烧完香可以梳梳头，会感到这个庙关心香客，下次还会再来。”结果销掉了百十把梳子。

第四个推销员就厉害了，不仅销掉好几千把，而且还有订货。

他是怎么推销的呢？“我到庙里跟老和尚说，庙里经常接受人家的捐赠，得有回报给人家，买梳子送给他们是最便宜的礼品。您在梳子上写上庙的名字，再写上三个字‘积善梳’，说可以保佑对方，这样可以作为礼品储备在那里，谁来了就送，保证庙里香火更旺。”

为什么第四个推销员能取得那么好的销售成绩呢？就是因为他知道双赢

的道理：不仅销售了自己的产品，而且让客户获得了利益。

可见，销售产品的时候，不要只是一味地强调产品多么好，你给客户的价格多么低，而要坦诚地告诉客户双方的赢利点在哪里，只有双赢，才能促使双方达成稳固的合作关系。

只有双方利益均得，才能既赢得现在，又赢得将来。因为你的客户与你同样聪明，如果你只是把自己的利益放在眼前，置对方于不顾，那么，你往往会以失败告终。让别人获利，自己才会赚钱，这是销售中长盛不衰的法则。

有这样一则寓言故事：

一个人请求上帝带他看看什么是天堂，什么是地狱，上帝答应了。原来天堂和地狱的客观环境完全是一样的，每个人都只拥有一样东西，有的只有水，有的只有食物，有的只有娱乐用品……地狱中一片凄惨景象：那里的人都不肯与别人分享自己所拥有的东西，奄奄一息了还紧抱着各自的物品不松手；而天堂却充满了欢笑和健康，大家无所保留地提供自己的物品，也分享到别人的东西，个个红光满面，人人在互惠中获得快乐。

天堂里的人们活得快乐，就是因为拥有双赢的智慧。

任何一项销售工作都是这样的：让客户知道你能够满足他需要的同时，也让客户知道，你感谢他的购买带给你的利益。如果你能够构建一个与客户之间长期友好的合作关系，你就能够铸造一个双赢的局面。

升级训练

如何才能实现双赢呢？推销员要把握以下四个步骤：

（一）双赢的销售计划

制订一个双赢式的销售计划。计划中应该包括以下的问题：如何做才能使顾客乐意与我交往、愿意与我打交道？

制订双赢式的销售计划，需要做好以下几点：

（1）确定自己要达到什么样的目标。如果不知道自己有什么目标，计划也就没有意义了。

（2）要知晓客户的目标。客户交易的目的也是想达到自己的目标，如果客户一开始就没有自己要达到的目标，交易也就无法进行下去。

（3）明确彼此的目标后，推销员要寻找彼此之间的共同点，对于双方完全一致的共同点，就没有必要再进行协商。对于不一致的地方，为了协调不同的利害关系，推销员就要发挥创造力和协调能力，最终制订出一个双方都能接受的方案。

（二）建立良好双赢式关系

良好的关系是一种承诺。如果推销员赢得了顾客的信任和好感，顾客就会放心、乐意地和推销员进行交易。推销员与客户建立良好的关系，客户自然会为你的事情倾尽全力。

怎样才能形成这种关系呢?

（1）使各种计划都能赢得客户的信赖。推销员努力的态度、亲切的关怀和周到的礼仪都是非常必要的。推销员要用诚意去对待客户，当然，向对方表明自己的诚意是非常重要的。此外，一定要信守承诺，获取客户的信任。

（2）获取客户信任后，再谈及销售事宜。即在双赢式的关系明确后，再进行销售事务协商。

（三）互惠互利的协议

推销员可以给顾客所需要的，以换取自己所想要的。

当然，执行第三个步骤的前提是，必须彻底执行前两项内容。如果前两个步骤不能被彻底执行，第三项只是空中楼阁。相反，在计划制订完善、人际关系处理顺畅的情况下，订立协议只是形式而已。

当然，需要注意的是，协议必须对双方都有好处，如果只是单方面受益，彼此关系就会变得对立，协议也不会很容易执行。

建立互惠互利式的协议，需要做好以下事项：

（1）明确了解客户的目标。不能仅仅通过一系列的假设作出错误判断，可以通过询问的方式，了解客户的真正意图。

（2）将自己的目标和客户的目标进行对比，找出差异和相似点，努力解决不一致的地方。

当然，很多时候，客户与推销员都可能提出不一致的意见，因此双方就要用双赢式的协调方法来调整双方提出的不同解决方法之间的差异。

（四）使合作持续不断

一旦推销员与客户达成了协议，取得了销售上的成功，就必须使双方的合作持续下去，这样，客户才能再次光临，并能够为自己介绍新客户。

如何使这种关系维持下去呢？

（1）推销员要对客户履约的行为进行良好的激励。例如，亲自拜访对方，打电话致以问候，对其努力表示感谢等。

（2）推销员自己要遵守定下的承诺。如果自己都不能遵守承诺，怎么能获取客户的信任呢？

总之，如果推销员能与客户保持良好的关系，也就为自己今后的成功奠定了良好的基础。

秘籍 98：诚信，将订单持续到底

当今社会已步入信用时代，企业需要信用，个人需要信用，销售人员尤其需要诚实守信，无诚信的销售人员与骗子无异，是不可能做长久的。著名的 GE 公司非常注重销售人员的诚信，没有诚信的销售员会在第一时间被 GE 拒绝。一个不讲诚信的人，怎么会得到客户的信任呢？这个道理适合于任何企业。

岛村芳雄生于日本一个贫困的乡村，年轻时背井离乡到东京谋生，他以微薄的薪水养活母亲和三个弟妹，时常囊空如洗。后来岛村自立门户创业，一家银行老板被他那百折不挠的精神所感动，答应贷给他 100 万日元。岛村利用这笔资金，成立了丸芳商会，开始了贩卖绳索的业务。为了打开市场，岛村想出了“先予后取”的方法。

首先，他前往麻产地冈山，找到麻绳厂商，以单价 0.5 日元的价格大量购进 45 厘米长的麻绳，然后按原价卖给东京一带的纸袋工厂。这样做不但无利，反而损失了若干运费和业务费。亏本生意做了一年之后，“岛村的绳索确实便宜”的名声远播，订货单从各地像雪片一样飞来。于是，岛村按部就班地采取行动。他拿进货单据到订货客户处诉苦：“到现在为止，我是一角钱也没赚你们的。如果让我继续为你们这么服务的话，我便只有破产一条路可走了。”

客户为他的诚实做法所感动，心甘情愿地把每条麻绳的订货价格提高为 0.55 日元。然后，他又到冈山找麻绳厂商量：“您卖给我一条绳索 0.5 日元，我是一直照原价卖给别人的，因此才得到现在这么多的订单，如果这种无利而赔本的生意继续做下去的话，我只有关门大吉了。”冈山的厂商也大为惊讶和感动，答应将单价降到每条 0.45 日元。这样，一条绳索可赚 0.10 日元，按当时他每天的交货量 1000 万条算，一天的利润就有 100 万日元。创业两年后，岛村芳雄已名满天下，成为东京横山町有名的岛村大楼业主，并兼有岛村产业公司和丸芳物产公司，成为知名的大老板。

岛村芳雄用真诚感动了客户，也赢得了客户。俗语说“心诚则灵”，这句话对当今的销售新手来说尤其重要。市场经济其实也是诚信经济。大到一个单位，小到一个人，如果没有诚信，经济生活秩序将无法得到保障。许多销售员的销售方法甚至还不如一个小贩，才刚刚与客户接触过，一转身就把客户的基本资料或交办事项忘得一干二净。

要想在产品差异日益减少的今天赢得客户的心是很不容易的，千万不要忽视客户的信息，要珍惜与客户互相信任的关系。因此，打造诚信形象是销售人员的必修课，更是销售职业的迫切要求。

升级训练

推销新手应该如何打造自己的诚信形象呢？

（一）要端正自己的心态

“态度决定一切！”亚当·斯密认为，人性结构中有一种自发的道德准则，它表现在个人层面为自爱、同情、正义、自律等，在市场经济活动中则表现为诚实守信、公平竞争、平等交易。无论对人对己，皆讲求因果，讲求诚信，讲求问心无愧。

古时候，有个年轻人叫赵二。在集市上开了一家酒馆，取名“实惠酒家”。

开始的时候，东西卖得很实惠，碗大，酒香，价钱便宜。每天生意兴隆，客人爆满，不到天黑酒就卖完了。赵二乐在心里，就动了歪点子，把大碗变成小碗，但还是大碗的价钱，并且欺骗客人说在酒里加了名贵的中草药。

客人相信赵二的话，赵二赚了不少钱。尝到甜头之后，赵二又往酒里加水，而且越加越多，几天后，客人越来越少了。

一天，进来一位白胡子老头，问赵二：“你这店里怎么会这么冷清啊？拿笔来，我告诉你一个秘方。”赵二拿来纸笔，老头写了两个字：诚信。赵二于是把酒店名字改为“只赚一文钱”。从此诚实经营，货真价实，坚持一碗酒就赚一文钱，生意重新好了起来。

赵二的故作聪明，让他尝到了聪明反被聪明误的苦果。在讲究诚信的现代，推销新手更要讲信用，守信义，用诚信获得客户的信赖。

（二）不要虚报产品优点

作为一名推销新手，虽然有些事不是自己能够决定的，但在向客户推销产品时，一定要讲诚信，不浮夸。

推销过程中有时需要说实话，一是一，二是二。这样才会“诚招天下客”。

开发市场，面对客户，推销员要以诚相待。诚信能够缩短你与客户之间的心理距离，能够架起你与客户相互沟通的桥梁，从而使营销工作取得成功。

参考文献

[1] 史蒂芬·谢夫曼．电话销售与成交技巧 [M]．籍琰，李巧兰，陈晓，译．北京：电子工业出版社，2008.

[2] 莱文．成功的六大要诀：职场制胜的行动指南 [M]．杜丁丁，译．北京：北京出版社，2005.

[3] 奥里森·马登．推销之神全集 [M]．刘树林，译．北京：中国发展出版社，2006.

[4] 尼尔·雷克汉姆．销售巨人：SPIN 教你如何销售大订单 [M]．石晓军，译．北京：企业管理出版社，2004.

[5] 马丁·爱迪克．中小企业销售技巧 [M]．派力，译．北京：企业管理出版社，2001.

[6] 奥格·曼狄诺．世界上最伟大的推销员 [M]．张曼，译．深圳：海天出版社，1996.

[7] 安宇．销售人员五项基本技能训练 [M]．北京：北京大学出版社，2004.

[8] 曹希波．口到钱来：你的口才价值百万 [M]．北京：企业管理出版社，2007.

[9] 朝林．推销口才：推销员财富之源 [M]．兰州：甘肃文化出版社，2004.

[10] 陈冲．世界上最有效的营销员手册 [M]．北京：地震出版社，2003.

[11] 陈放．创意闪电 [M]．北京：中国城市出版社，1997.

[12] 陈企华．最成功的推销实例：推销员的 MBA 案例读本 [M]．北京：中国纺织出版社，2003.

[13] 陈莞．成功推销的秘密 [M]．北京：经济管理出版社，2003.

[14] 陈文刚，费清．市场营销策划 [M]．武汉：武汉大学出版社，2008.

[15] 程艳霞，马慧敏．市场营销学 [M]．武汉：武汉理工大学出版社，2008.

[16] 邓丽明 . 新市场营销理论与实务 [M] . 南昌 : 江西高校出版社，2007.

[17] 东方言 . 实用口才必备全书 [M] . 北京 : 当代世界出版社，2004.

[18] 凡禹 . 世界销售冠军成功之路 : 美国超级推销大王法兰克・贝德佳的成功课 [M]. 北京 : 企业管理出版社，2006.

[19] 范云峰，姬爱国 . 推销每个人都要面对的 [M] . 北京 : 京华出版社，2004.

[20] 范云峰，张福禄 . 客户沟通就是价值 [M] . 北京 : 中国经济出版社，2005.

[21] 葛芯岚 . 最伟大的推销员传 : 22 位世界顶级销售大师的成长经历 [M] . 哈尔滨 : 哈尔滨出版社，2004.

[22] 古木 . 无敌推销培训计划 [M] . 北京 : 经济管理出版社，2004.

[23] 郝士钊 . 推销训练口才 [M] . 北京 : 当代世界出版社，2006.

[24] 红日 . 世界 500 强企业总裁工作手册 [M] . 北京 : 中国国际广播出版社，2005.

[25] 黄纯灿 . 如何认识上万人 : 拓展人脉的 55 个步骤 [M] . 北京 : 机械工业出版社，2007.

[26] 黄日京 . 直销激励与实战操典 [M] . 广州 : 广东经济出版社 . 2006.

[27] 姜元桥 . 推销技巧 [M] . 北京 : 高等教育出版社，1993.

[28] 蒋云飞，喻祥 . 实战成就实效 [M] . 沈阳 : 万卷出版公司，2004.

[29] 杰夫 . 中国推销员必读大全 [M] . 北京 : 中央编译出版社，2001.

[30] 金巍 . 百分百销售十二步 [M] . 北京 : 民主与建设出版社，2005.

[31] 康敏 . 如何进行以客户为中心的销售 [M] . 北京 : 北京大学出版社，2004.

[32] 兰亦青 . 市场营销学 [M] . 上海 : 立信会计出版社，2007.

[33] 蓝文娟 . 卡耐基成功推销 99 方略 [M] . 北京 : 经济管理出版社，2004.

[34] 郎爱民 . 顶尖销售的 168 个智慧故事 [M] . 北京 : 中国商业出版社，2005.

[35] 劳拉 . 世界最杰出的十大推销大师 [M] . 北京 ：中国民航出版社，2004.

[36] 乐江源 . 普通话口语交际 [M] . 北京 ：对外经济贸易大学出版社，2008.

[37] 李福学，管惟琦 . 市场营销策划实务 [M] . 大连 ：大连理工大学出版社，2007.

[38] 李海龙 . 一触即发 ：发现打动顾客的关键时刻 [M] . 北京 ：北京大学出版社，2006.

[39] 李建军，俞慧霞 . 与客户有效沟通的 N 个技巧 [M] . 北京 ：中国纺织出版社，2006.

[40] 李经康 . 儿子兵法 [M] . 汕头 ：汕头大学出版社，2003.

[41] 李强 . 员工精神 ：优秀员工必备的 8 种职业精神 [M] . 北京 ：中国三峡出版社，2008.

[42] 李兴军，刘金同 . 大学生实用口才与演讲 [M] . 北京 ：清华大学出版社，2006.

[43] 李志荣 . 市场营销 [M] . 北京 ：经济科学出版社，2006.

[44] 历练 . 业务员工具书 [M] . 北京 ：企业管理出版社，2004.

[45] 林毅 . 拜访策略 [M] . 北京 ：北京工业大学出版社，2004.

[46] 刘建军 . 服务为王 [M] . 广州 ：广东经济出版社，2004.

[47] 刘景斓 . 电话行销——超级说服力 [M] . 北京 ：国家行政学院音像出版社，2006.

[48] 刘克苏，王大庆 . 人脉即财脉 [M] . 北京 ：同心出版社，2004.

[49] 吕朝晖 . 市场营销原理 [M] . 北京 ：化学工业出版社，2008.

[50] 吕建华，高瑞明 . 营销主管绩效管理方法 [M] . 北京 ：中国经济出版社，2003.

[51] 罗旭东 . 66 招搞定电话业务 [M] . 哈尔滨 ：黑龙江人民出版社，2004.

[52] 梅明平 . 访问销售训练营 [M] . 广州 ：广东经济出版社，2006.

[53] 牛马 . 走出忧虑 ：船到桥头自然直 [M] . 北京 ：地震出版社，2002.

[54] 漆浩 . 业务员特训教程 [M] . 北京 ：中国盲文出版社，2003.

[55] 企业标准化管理应用中心 . 市场营销管理制度 · 表格 · 文书 [M] . 北京 ：中国言实出版社，2007.

[56] 秦永良 . 市场营销基本技能 [M] . 北京 ：中国劳动与社会保障出版社，2007.

[57] 石咏琦 . 放开自己 ：有效时间管理法则 [M] . 北京 ：北京大学出版社，2006.

[58] 孙鹤翎 . 推销员口才训练 [M] . 北京 ：中国纺织出版社，2002.

[59] 孙武 . 孙子兵法 [M] . 北京 ：北京出版社，2008.

[60] 孙晓波 . 销售就这么简单 ：迅速提高销售业绩的技巧 [M] . 哈尔滨 ：哈尔滨出版社，2005.

[61] 谭一平 . 中式推销 ：一个中国推销老手的 10 年总结 [M] . 北京 ：企业管理出版社，2006.

[62] 檀明山 . 学会说话学会交际 [M] . 福州 ：海峡文艺出版社，2004.

[63] 唐军秋 . 直销点石成金 [M] . 北京 ：海洋出版社，2004.

[64] 王峰，吕彦儒 . 市场营销 [M] . 上海 ：上海财经大学出版社，2006.

[65] 王峰 . 改变命运的 88 个经典细节 [M] . 北京 ：中国华侨出版社，2006.

[66] 王刚 . 瞬间抓住人心的 66 个关键 [M] . 北京 ：中国三峡出版社，2004.

[67] 王兰建 . 精益求精 ：你的客户在用显微镜看你 [M] . 北京 ：中国纺织出版社，2007.

[68] 王士军 . 顶尖业务员电话行销速成手册 ：七天打造冠军业务员 [M] . 北京 ：中国商业出版社，2003.

[69] 魏丽 . 汽车销售员手册 [M] . 北京 ：中国宇航出版社，2005.

[70] 肖建中 . 销售人员十项全能训练 [M] . 北京 ：北京大学出版社，2005.

[71] 许以洪 . 市场营销调研 [M] . 武汉 ：武汉理工大学出版社，2006.

[72] 雪映 . 谈判签约语言艺术 [M] . 北京 ：中国人民公安大学出版社，

2001.

[73] 叶冠 . 销售从被拒绝开始 [M] . 北京 : 企业管理出版社，2006.

[74] 烨子 . 巧销售的 258 个小诀窍 [M] . 北京 : 中国铁道出版社，2004.

[75] 一鸣 . 金牌推销员的成功话术 [M] . 北京 : 企业管理出版社，2008.

[76] 张传忠 . 市场营销理论与实务 [M] . 广州 : 暨南大学出版社，2006.

[77] 张浩 . 最新市场营销管理制度范本大全 [M] . 北京 : 蓝天出版社，2007.

[78] 张良 . 营销训练营 [M] . 深圳 : 海天出版社，2004.

[79] 张宇浩 . 推销员定律 : 指导个人成功与组织成长的完美手册 [M] . 北京 : 企业管理出版社，2005.

[80] 张志军 . 销售新人的七项修炼 [M] . 北京 : 机械工业出版社，2006.

[81] 郑方华 . 销售技能案例训练手册 [M] . 北京 : 机械工业出版社，2006.

[82] 郑一群 . 营销胜术 198[M] . 北京 : 中国经济出版社，2004.